Restaurant 2.0

Strategien, Tipps und Tricks
für die Gastronomie von morgen

Herausgegeben von
Amadeus360 und Stefanie Milcke

Liebe Andrea,
Vielen Dank für deinen Eindruck!
Ich freue mich sehr, dass du
wieder den Weg in unser Team
gefunden hast! Da füllst du die
Lücke, die wir die füllen wollt.

Steffie

D1726056

Restaurant 2.0

Strategien, Tipps und Tricks
für die Gastronomie von morgen

Herausgegeben von
Amadeus360 und Stefanie Milcke

dfv Mediengruppe
Fachbuch

Bibliografische Informationen der Deutschen Nationalbibliothek

Die Deutsche Nationalbibliothek verzeichnet diese Publikation in
der Deutschen Nationalbibliografie; detaillierte bibliografische Daten
sind im Internet über http://dnb.de abrufbar.

ISBN 978-3-86641-347-4
© 2021 Deutscher Fachverlag GmbH, Frankfurt am Main

Umschlag: Grafische Gestaltung Guido Klütsch, Köln
Interviews: Verena Steffel
Fotos: Wenn keine anderen Angaben gemacht wurden, liegen die Rechte der Fotos bei den
jeweiligen Autoren.
Druckvorstufe: Publikations Atelier, Dreieich
Produktion: Thomas Mattner, X-Production, Aschaffenburg

Druck: CPI books GmbH, Leck
Printed in Germany

Inhalt

Vorwort
Liebe Leser:innen,

was waren das für verrückte Monate von ungefähr März 2020 bis mindestens Juni 2021? Unsere gesamte Welt wurde auf den Kopf gestellt von etwas, das so klein ist, dass wir es mit bloßem Auge nicht einmal sehen können. Gleich zweimal und zuletzt ganze sieben Monate am Stück mussten Sie Ihre Lokale schließen – Bars und Diskotheken sogar noch länger. Da bekommt „klein, aber oho" eine ganz neue Bedeutung, oder? Aber wie sagt ein Bekannter von mir so schön? Nichts ist so schlecht, dass es nicht auch was Gutes hat.

Amadeus360 hat die letzten Monate genau dieses Motto gelebt. In intensivem Austausch mit unseren Kund:innen haben wir innerhalb von wenigen Tagen (ja richtig, Tagen!) den allerersten professionellen Gastro-Onlineshop aus dem Boden gestampft und ihn sechs Monate gratis angeboten. Seitdem ist daraus eine ganze Produktserie mit Multistore, Dispatching, KI-Routenplanung und Selfordering geworden, welche 2019 noch nicht einmal ein fixer Gedanke war.

Wir haben die Veränderung nicht gescheut. Wir haben sie umarmt, verinnerlicht und gelebt – und leben sie auch weiterhin. Wenn Sie jetzt dieses Buch in der Hand halten, dann gehören Sie zu den Gastronom:innen, die das ebenfalls tun wollen. Sie nehmen die Herausforderung an und wollen, nein, *werden* die wenigen Lichtblicke der vergangenen Monate in eine Chance verwandeln! Eine Chance für sich und Ihren Betrieb, Ihre Mitarbeiter:innen und Ihre Gäste. Sie haben erkannt, dass der plötzliche Digitalisierungsschub der Branche und vor allem Ihrem Betrieb neuen Aufschwung geben kann.

Dabei soll Ihnen dieses Buch mit vielen praxisnahen Kapiteln voller Tipps und Tricks und inspirierenden Interviews als Leitfaden dienen! Wir haben 25 Expert:innenbeiträge für die erfolgreiche Gastronomie von morgen zusammengestellt.

Planung

Wir steigen ein mit der Planung eines neuen Restaurants oder Standortes. Carsten Girlich begleitet Sie von der Idee (S. 15) bis zur Gründung. Edith Roebers (und ihre Wirteschule) lebt mit Ihnen Ihren Traum (S. 25) mit praktischen Vorlagen für die Konzeptionsphase. Mit Thomas Koch wird Ihr Lokal innen und außen hui – nix pfui (S. 44). Mirko Silz gibt Einblicke, wie er seine „Famiglia" – die L'Osteria – als People Business von 68 zu 140 Läden expandiert hat (S. 62).

Digital und nachhaltig

Der Block digitales und nachhaltiges Restaurant startet mit einem Kapitel über die vernetzte Kasse. Ich zeige Ihnen, wie Sie es vermeiden, durch schlechte Prozesse Geld zu verschwenden (S. 71). Daniela Huber und Fabian Geister von Gewinnblick erklären, worauf Sie bei der Wahl eines neuen Kassensystems achten sollten (S. 90). Im Interview gibt Kerstin Rapp-Schwan Tipps für die Personalplanung und Mitarbeiterführung unterstützt durch Softwaretools (S. 103). In den nächsten Kapiteln stelle ich mit Tante Emma 2.0 Kundenbindungsstrategien (S. 111) und gemeinsam mit Claudia Franz von Bluecode die Gastro-Software der nächsten Generation vor. Mit Katharina Blöcher vom Foodservice Digital Hub wagen wir uns noch weiter in die Zukunft der Gastro (S. 142). Björn Zuev nimmt uns auf einen kurzen Exkurs zum Trend der veganen Gastro mit und erklärt die Hintergründe der Bewegung (S. 148). Gemeinsam mit Jasmin Kleinbub und Ann-Sophie Finner werfen wir einen Blick über die Schulter eines studentischen Startups für moderne Pfandsysteme in der Gastronomie (S. 158). Eva-Maria Seidl – frisch gewählte Beirätin des FoodService Frauennetzwerks – beschreibt, wie frau in der Gastro mit dem Networking-Gedanken vorankommt (S. 172). Ann-Sophie Wolf von Unzer klärt Sie über den perfekten Zahlungsmix online auf (S. 177) und Christian Pirkner von Bluecode vertieft in seinem Interview die Bezahlprozesse der Zukunft (S. 192).

Recht und Risiko

Der Block Recht und Risiko startet mit Tobias Teutemacher und der steuerlichen Einzelaufzeichnungspflicht (S. 201) und Gerd Achilles, der Sie auf die Kassen-Nachschau vorbereitet (S. 215). Anschließend gehen Oliver Huq und Prof. Dr. Clemens Engelhardt auf rechtliche Herausforderungen für Gastronom:innen beim Datenschutz (S. 240) und Mietrecht (S. 251) ein.

Vermarktung

Wir schließen mit Kapiteln rund um die Vermarktung Ihres Restaurants. Barbara Schindler eröffnet mit der Frage, warum Sie Pressearbeit leisten sollten (S. 277). Tobias Kreilaus von Simply POS zeigt Ihnen die Möglichkeiten von Bildschirmwerbung im Lokal (S. 287). Im Sinne von Video Killed The Radio Star erklärt Ihnen Dominik Waitzer von Talkindly, warum Sie Videomarketing in Betracht ziehen sollten (S. 295). Carlos Freding zeigt Ihnen die Macht der Beurteilungssysteme (S.307) und Christian Lemke, wie Sie mit Google Ads starten (S. 314). Das letzte Wort hat Michael Kuriat vom Leaders Club mit seinem Beitrag über die digitale Kommunikation für Gastronom:innen (S. 334).

Viel Spaß beim Lesen!
Ihre Stefanie Milcke

PLANUNG: RESTAURANT & KARRIERE

1. Am Anfang steht eine Idee
Do's and Don'ts bei der Restaurant-Gründung

Beispiel: Ich koche gerne

„Ich koche unheimlich gut und gerne. Zuhause. Viele Zutaten stammen aus meinem eigenen Garten.

Mein:e Freund:innen und Bekannten sagten mir immer, ich müsste unbedingt ein Restaurant eröffnen.

Irgendwann ergab sich diese Möglichkeit. In bester Münchner Lage habe ich mir (und meinen Freund:innen) diesen Wunsch erfüllt. Nachdem ich viel Geld investiert hatte, gingen die Probleme erst richtig los. Ich hatte keine Ahnung von Gastronomie, musste mir für alle Bereiche verantwortliche Mitarbeiter:innen einkaufen und ihnen vertrauen.

Nach wenigen Jahren musste ich schon wieder schließen."

Diese Geschichte habe ich so oder in leichter Adaption viele Male gehört. Machen Sie nicht denselben Fehler!

> **Wichtig:** Sie haben einen Traum, eine Idee, eine Vision und möchten sich mit einem gastronomischen Projekt selbstständig machen? Dann sollten Sie dieses Buch sehr aufmerksam lesen.

Am Anfang steht oft ein Traum, eine Idee, eine Vision, ein Wunsch, vielleicht ja auch ein verlockendes Angebot, einen gastronomischen Betrieb übernehmen zu können. Doch was bedeutet es, ein Restaurant zu eröffnen?

Ich spreche hier in erster Linie Menschen an, die Neu-Gastronom:innen werden wollen. Die Planung ist das A und O. *Amat victoria curam – Der Sieg liebt die Vorbereitung*! Und lassen Sie sich ruhig von professionellen Gastroberater:innen unterstützen. Dies ist gut investiertes Geld und sollte in der Budgetplanung eine wichtige Rolle spielen.

Aus der Idee muss nämlich ein Konzept werden. Nur mit einem schlüssigen Konzept kann ich die Machbarkeit überprüfen, eine Finanzierung bekommen und die entsprechende Location suchen.

Sind Sie bereit zu bedienen?

Was muss ich also alles beachten für die Planung, für mein Konzept? Zunächst muss ich wissen, welche Art Gastronomie ich führen möchte. Was, wie und wo? Gibt es schon die Vorstellung von einem Standort, an dem ich das Projekt umsetzen möchte?

Konzepterstellung

Welche Art der Gastronomie?

Klassisch, systemisch, hip …?
Was soll angeboten werden?

Gibt es ein komplettes Speisenangebot, oder sollen nur Snacks und kleine Gerichte angeboten werden? Gerichte in Bio-Qualität? Vegan/vegetarisch?

Wie sollen die Speisen zubereitet werden?

Cook & Serve?
Cook & Chill?
Sous-vide-Verfahren?

Das sind die aktuellen Schlagwörter. Wird frisch gekocht und gleich serviert oder viel vorbereitet und produziert?

Tipp: Je höher der Grad an Vorbereitungen, desto geringer der Stress im À-la-carte-Geschäft. Unter Umständen benötige ich weniger Hände beim Schicken.

Stellen Sie sich daher folgende Fragen: Lassen sich Speisen außerhalb der Servicezeiten vorproduzieren? Können Mitarbeiter:innen gar im Wechsel eine Produktionswoche arbeiten und haben am Abend frei? Ein entscheidender Vorteil bei der Rekrutierung von Teammitgliedern!

Wie erreiche ich gleichbleibende Qualität?

Wie schaffe ich eine Qualitätssicherung?
Geht das auch ohne qualifizierte Mitarbeiter:innen?

Die Qualität muss immer gleichbleibend sein – gleichbleibend gut. Der Gast kommt mit einer Erwartungshaltung. Wird sie bedient, gewinne ich ihn als Stammgast. Qualität gewinnt immer!

Bestehen schon Rezepte, die kalkuliert werden können?

Alle Speisen/Rezepturen müssen angelegt werden!
Ein genauer Wareneinsatz ist das A und O!

Einkauf, Rezepte und eine gleichbleibende Gewichtung bei der Zubereitung/beim Anrichten entscheiden über den Wareneinsatz und damit über den Netto-Verkaufspreis.

Oder setze ich auf Convenience-Produkte?
Wie soll das Verhältnis Getränke/Speisen sein?

> **Tipp:** Getränke erzielen eine bessere Marge und haben einen wesentlich niedrigeren Arbeits- und Mitarbeiteraufwand.

Wie werden die Gäste bedient?

Selfservice, Buffet oder serviert?
Müssen alle Tische bedient werden?
Kann der Gast Komponenten selbst holen?
Wie viel Fachpersonal brauche ich?

Dies hat Auswirkungen auf die Mitarbeiterplanung: Benötige ich wenige qualifizierte Kräfte, die die Gäste aufnehmen, und ungelernte Kräfte, die die Speisen bringen und abräumen?

Soll es ein Außer-Haus-Angebot geben?

In den heutigen Zeiten ein wichtiges Thema! Kann ich auch in Zeiten einer Pandemie Umsatz generieren und mit meinen Gästen in Kontakt bleiben?

Wie soll das Restaurant heißen?

Ein passender Name muss gefunden werden.
Kurz, prägnant, cool.
Idealerweise heißt das Restaurant nicht so, wie sein:e Besitzer:in/Betreiber:in.
Für welche Idee steht der Name?
In welchem Bezug steht der Name?
Erzählt der Name eine Geschichte?

Gibt es schon die Vorstellung von einem passenden Standort?

Sind mögliche Objekte vorhanden?
- Wie viele Sitzplätze innen und außen hat das Objekt?
- Gibt es überhaupt Außenplätze?

Passt die Immobilie zu meinem Konzept?
- Passt die Miete/Pacht zum geplanten Umsatz?
- Wie lauten die Vorgaben und örtlichen Bestimmungen der jeweiligen Gemeinde? Öffnungszeiten, Sperrstunde?

Ist der Bedarf für mein Angebot vorhanden?
- Welche Art Mitbewerber-Gastronomie gibt es in der Nähe?
- Gibt es bereits ein ähnliches Angebot?
- Was bietet die umliegende Gastronomie an?
- Kann ich mit der weiteren Gastronomie am Platz zusammenarbeiten?

Woher kommen meine Gäste?
- Gibt es Büros, Firmen, Schulen etc. in der Nähe?
- Ist Laufkundschaft zu erwarten?

Wie sieht das Umfeld aus?

- Gibt es ausreichend Parkplätze?
- Anbindung an öffentliche Verkehrsmittel?
- Private Wohnungen in direkter Umgebung?
  Pro: Gäste! Contra: Lärmdiskussionen!

Wie steht es um das Lieferantennetz?

- Kann ich meinen Bedarf an Waren aus dem nahen Umfeld abdecken?
- Nachhaltigkeit ist heutzutage ein großes Thema – auch in der Produktion.
- Kurze Anfahrten sparen Kosten, die sich auf den Einkaufspreis schlagen können.

Wie steht es um Mitarbeiter:innen?

- Wo kann ich Mitarbeiter:innen rekrutieren?
- Gibt es in der Nähe Möglichkeiten, Wohnraum für die Mitarbeiter:innen zu mieten?

Tipp: Machen Sie eine SWOT-Analyse. Wo liegen Stärken und Schwächen (Innensicht) und wodurch entstehen Chancen und Risiken (äußere Einflüsse)? Sind Maßnahmen zu ergreifen? Sind Maßnahmen im laufenden Prozess zu ergreifen?

Strenghts
Analyse der eigenen Stärken

(zum Beispiel besondere Erfolge, USP, Ressourcen, Vorteile)

Weakness
Analyse der eigenen Schwächen

(zum Beispiel vergangene Misserfolge, Kritiken/Online-Kommentare, Verbesserungspotenzial)

Opportunities
Analyse der Chancen

(zum Beispiel gesellschaftliche/technische Entwicklungen, Gesetzesänderungen, lokale Ereignisse, Trends)

Threats
Analyse der Risiken

(zum Beispiel Schulden/Finanzen, Wettbewerber, Qualitätsstandards, Schwachstellen)

Aus dem Nichts war sie da: die perfekte Location. Eine leerstehende Gastronomie oder ein passendes Objekt! Sofort spürst du, dass alles passt. Im Kopf spielt schon der Film mit einer voll besetzten Terrasse. Glückliche Gäste überall ...

Also nichts wie unterschreiben, oder?

Falsch! Zunächst sollte ich mir die Immobilie und ihre Vergangenheit genauestens anschauen:

Warum steht sie leer?
Warum wird ein:e neue:r Pächter:in gesucht?
Wer ist der/die Besitzer:in/Verpächter:in?
Wie steht es um den Zustand des Restaurants?
Muss investiert werden?
Sind bauliche Maßnahmen notwendig?
Wenn ja, woher kommt das Geld hierfür?
Investiert der/die Besitzer:in? Ist ein:e Vermieter:in – vielleicht eine Brauerei – involviert, die Kosten übernehmen kann?
Besteht ein Vertrag mit einer Brauerei? Muss ich die Getränke dort kaufen?

Tipp: Oft investiert die Brauerei in Objekte, dafür müssen die Getränke abgenommen werden. Leider nicht selten zu höheren Preisen als am freien Markt. Ein sogenannter Brauereivertrag/Lieferungsvertrag ist gut zu prüfen.

Wie steht es um die Infrastruktur?

Wie sind die Anlieferungssituation, Lager- und Kühlkapazitäten?
Kann optimal angeliefert werden?
Wo befinden sich die Räumlichkeiten?
Befinden sich Lager und Kühlhäuser ebenerdig, oder muss alles und immer in den Keller gebracht werden?

> **Tipp:** Die höchsten Kosten haben Lieferant:innen heute in der Logistik. Eine oder zwei Belieferungen in der Woche sind gegenüber fünf Anlieferungen ein Argument bei der Einkaufsverhandlung!

Finanzierung, Kosten, Kalkulation

Wie viel Geld benötige ich für die Umsetzung meiner Pläne? Wichtig ist, sich an die Pläne zu halten, damit der Kostenrahmen nicht gesprengt wird und eine Unterfinanzierung droht.

> **Tipp:** Das Budget nicht zu eng halten, in der Regel treten immer unvorhergesehene Kosten auf!

Wie plane ich das Budget?

Wer berät mich in Finanzierungsfragen?
Wer hilft mir, meine Kosten und Abgaben im Auge zu behalten?
Woher stammt das benötigte Geld?
Investiere ich eigenes Kapital, finanziert eine Bank oder habe ich einen oder mehrere Investor:innen?
Wenn ja, wie muss das Geld zurückgezahlt werden?

Wie sieht meine Kostenstruktur aus?

Miete/Pacht
Mitarbeiterlöhne und Lohnnebenkosten
Betriebskosten
Tilgung
geplanter Wareneinsatz
Versicherungen
Verbände

Höhere Kosten für Mitarbeiterausfälle, Steuern etc. stehen den geplanten Einnahmen gegenüber.

Wie schaffe ich Rücklagen?
Wie schaffe ich es, meine Ziel-Kennzahlen zu erreichen?

Marketing und Vermarktung

Ein immens wichtiges Thema! Diese Grundfragen können ebenfalls entscheidend für Erfolg und Misserfolg sein.

Wofür steht mein Restaurant?
Wen will ich ansprechen?
Wer soll zu mir kommen?
Welchen Mehrwert biete ich an?
Habe ich ein Alleinstellungsmerkmal?

Markenbildung

Wie lautet die Unternehmensidentität des Restaurants?
Wie baue ich sie auf?
Wie erschaffe ich eine Marke für das Restaurant?
… und als Arbeitgeber:in?
Wie bewerbe ich mein Restaurant?

Tipp: Es reicht heute bei weitem nicht mehr aus, nur ein Restaurant zu eröffnen, es sei denn, es handelt sich um eine schon weithin bekannte Marke.

Mitarbeiter:innen und Recruiting

Die Pandemie hat den Mitarbeitermangel in der Gastro verschärft!

Sind Sie sich des Mangels an Fachkräften bewusst?
Wie gehen Sie damit um?

Welche Mitarbeiter:innen werden benötigt?
Wie viele Mitarbeiter:innen werden benötigt?

Müssen es überwiegend sehr qualifizierte Menschen sein, oder kann ich mit bildungsneutralen Mitarbeiter:innen arbeiten? Eine unter Umständen entscheidende Frage.

Wo steht mein Restaurant mit welchem Konzept?
Wo kann ich auf Menschen zugreifen?
Können viele Arbeiten auch von nicht gastronomisch ausgebildeten Kräften ausgeführt werden?
Welchen Einfluss hat die aktuelle Lage (zum Beispiel Corona) auf die Personalsituation?
Kann ich unter Umständen eine Unterkunft bieten, wenn Mitarbeiter:innen von weiter herkommen?

Allgemeines

Die letzten zwei Jahre haben uns gelehrt, dass die Welt, wie wir sie kennen, sehr schnell auf den Kopf gestellt werden kann. Folgende Fragen werden uns voraussichtlich noch eine Weile beschäftigen:

Welchen aktuellen Einfluss hat die Corona-Pandemie auf die Branche?
Sind die betreffenden Behörden im Boot?
Welche Unterlagen muss ich einreichen, welche Anträge stellen?
Welche Zeitfenster und Fristen müssen beachtet werden?
Welche Versicherungen sind wichtig und nötig?

Endlich Eröffnung!

Am Tag der Eröffnung muss alles passen. Alle Abläufe sind eingespielt, die Technik funktioniert, die Küche ist vorbereitet, der Service auf den Punkt bereit. Doch was habe ich mir für die Eröffnung einfallen lassen? Bunte Luftballons und einfach aufsperren?

Vielleicht habe ich ja die Menschen an der Entstehung meines Restaurants teilhaben lassen und immer wieder für Content gesorgt, die Neugierde aufrechterhalten und die Spannung gesteigert. Hierzu mehr in den nächsten Kapiteln.

Schlusswort

Schließen möchte ich mit einem lateinischen Zitat von Cicero: „Errare humanum est" – Irren ist menschlich.

Sicher wird es gastronomische Eröffnungen geben und gegeben haben, die trotz aller Widersprüche funktioniert haben. Fakt ist aber, dass viele Fehler vermieden werden können und sich viel Lehrgeld sparen lässt, wenn all diese Themen aus diesem Buch aufmerksam gelesen und beherzigt werden.

Ich wünsche Ihnen viel Erfolg mit Ihrer Gastronomie!

Und sollten Sie Unterstützung benötigen, freue ich mich, von Ihnen zu hören!

Über den Autor

Carsten Girlich ist gelernter Koch, Küchenmeister, Diätkoch und Ernährungsberater, der nach vielen Jahren in verantwortlichen Positionen in Gastronomie, Hotellerie, Systemgastronomie und Catering nun als Gründungsmitglied der gastroPROFIS seit einigen Jahren sein Wissen Betrieben zur Verfügung stellt.

Im Rahmen eines Consultings, der Entwicklung und Umsetzung von Konzepten und Optimierungen, aber auch von Workshops und Mitarbeiterschulungen steht er bestehenden Betrieben und Neugründungen zur Seite. Er begleitet diese und erstellt neue Konzepte für Betriebe, die etwas verändern wollen oder müssen. Hierbei kann er auf ein Netzwerk von qualifizierten Partner:innen zurückgreifen, die sich der Plattform der gastroPROFIS angeschlossen haben.

www.gastroprofis.net
www.snackprofis.com
www.doitfoodconsulting.com

2. Lebe deinen Traum
vom eigenen Café oder Restaurant – endlich!

Viele Menschen träumen vom eigenen Café oder Restaurant. Die Realität ist ernüchternd: 95 Prozent aller Gründer:innen scheitern laut einer Metro-Studie* in den ersten fünf Jahren, die meisten sogar in den ersten zwei Jahren. Der Hauptgrund: Es fehlt eine klare Strategie. In diesem Kapitel bekommst du 10 praktische Tipps für die Gründung deines erfolgreichen und erfüllenden Gastro-Business:

1. Beginne mit dem Warum
2. Ordne das Chaos in deinem Kopf
3. Der Business-Plan? Kein Hexenwerk!
4. Umsatz & Kosten realistisch planen
5. Woher du das Geld für dein Projekt bekommst
6. Lage, Lage, Lage
7. Dein Lieblingsgast
8. Dein Sortiment – weniger ist mehr
9. Mit deinem Star-Team rockst du den Laden
10. Dein großer Tag

Beginne mit dem Warum

Warum ich tue, was ich tue

Mein Herz schlägt für glückliche Menschen in der Gastronomie. Ich träume von einem Service-Paradies, in dem glückliche Gastronom:innen und glückliche Mitarbeiter:innen von Herzen gerne Gäste glücklich machen. Deshalb unterstütze ich Gründer:innen dabei, ihr erfolgreiches und erfüllendes Gastro-Business aufzubauen.

---

* METRO AG (Hrsg.): Die METRO Gründerstudie. Eine Studie von METRO Cash & Carry zu Gründungsmentalitäten von Selbstständigen. Düsseldorf 2014. Online abrufbar unter www.metro-gruender studie.de/~/assets/b3db0942bf484ec289a8328e17be594c.ashx

Und du? Ploppt bei dir immer wieder der Traum vom eigenen Café oder Restaurant auf? Dann ist es sicher kein Zufall, dass du dieses Buch liest.

Plagen dich Angst vor dem Risiko der Selbstständigkeit und
Zweifel, ob du überhaupt ein Unternehmen gründen und führen kannst?
Weißt du nicht, wie du anfangen sollst?
Denkst du, dass du das Geld für dein Projekt nicht hast?
Fragst du dich, ob und wie sich so ein Gastro-Business überhaupt rechnet?
Und warum so viele scheitern?

Dann bist du hier goldrichtig. Und ich habe eine gute Nachricht für dich: Du schaffst das! Alles was du noch nicht kannst, kannst du lernen, wenn du willst.

Dieses Buch ist nicht nur zum Lesen, sondern vielmehr zum Handeln. Also: Let's start!

Warum das alles?

Bevor du anfängst zu planen, überlege dir: *Warum will ich das eigentlich machen?*

Dein *Warum* (Vision & Mission) zu kennen ist grundlegend für die Gründung deines Unternehmens. Es ist dein innerer Antrieb, der dich langfristig motiviert und dir auch auf steinigen Wegen Halt gibt. Wenn du dein *Warum* kennst, wird es viel einfacher, Entscheidungen zu treffen.

Es ist oft gar nicht so einfach, das Warum zu formulieren, aber unverzichtbar! Diese Fragen helfen dir, dein Warum herauszufinden:

Was soll sich in meinem Leben verändern, idealerweise verbessern, wenn ich gegründet habe?
Wer will ich sein oder werden?
Was will ich tun?
Was will ich haben?
Welchen Beitrag will ich mit meinem Unternehmen leisten (in deiner Umgebung, in deiner Branche, in der Welt, in deinem Leben)?

Wenn du dein Warum gefunden hast, ist es Zeit, deine Ideen zu sammeln. Wie das gehen kann, liest du im nächsten Abschnitt.

Ordne das Chaos in deinem Kopf

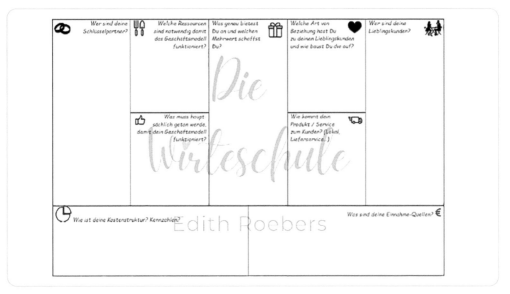

Abbildung 2.1: Business Model Canvas für die Gastronomie.

Siehst du vor lauter Bäumen den Wald nicht? Dann strukturiere deine Ideen in kurzer Zeit im Business Model Canvas.

Lade meine speziell für die Gastronomie angepasste Variante kostenlos herunter
(www.edith-roebers.com\canvas).
Schreibe deine Ideen stichpunktartig in die Felder.

Fange an in der Mitte im Feld mit dem Geschenk-Symbol und beschreibe deine Dienstleistung/Produkte.

Mache weiter im Feld rechts außen: Wer sind deine Lieblingsgäste?

Fülle dann alle anderen Felder aus.

Hänge das Blatt an eine gut sichtbare Stelle, zum Beispiel an den Kühlschrank oder an den Spiegel im Bad. Es ist die Schatzkiste für all deine Ideen. Du kannst es ständig ergänzen und verfeinern.

Ab jetzt geht nichts mehr verloren. Es ist das Fundament für deinen Business-Plan. Und: Das Chaos in deinem Kopf ist ein für alle Mal aufgeräumt und es entsteht jede Menge Platz für neue Gedanken und Ideen. Außerdem macht es superviel Spaß, so kreativ zu sein.

> **Tipp:** Ich empfehle dir, dieses Brainstorming jedes Jahr zu wiederholen, um dein Unternehmen weiterzuentwickeln. Das mache ich selbst auch, immer im Herbst. Trag doch schon mal einen Termin in deinem Kalender ein!

Mit dem Business Model Canvas wird es nun auch ganz leicht, deinen Business-Plan zu schreiben.

Dein Business-Plan? Kein Hexenwerk

Viele Gründer:innen starten einfach so, ohne Plan und ohne Ziel. Sie verlieben sich in eine Location, unterschreiben den Immobilienvertrag und legen los. Das ist ähnlich wie ein Haus zu bauen ohne eine technische Zeichnung. Das kann gut gehen, aber es ist einer der Hauptgründe dafür, dass so viele scheitern.

Deshalb: Schreibe einen Business-Plan – nur für *dich*. Auch wenn du kein Fremdkapital benötigst. Es ist kein Hexenwerk und hat gute Gründe, die ich im Folgenden erläutere.

Wenn du deine Gedanken aufschreibst, werden sie klarer

Politikergeschwafel, Behördendeutsch oder hochgestochene Schachtelsätze motivieren dich nicht. Deshalb verstauben solche Business-Pläne meistens auf Nie-mehr-Wiedersehen in der Schublade.

Schreibe so, als ob du deinen Freund:innen von deinen Plänen erzählst. Es muss kein literarisches Meisterwerk werden, sondern *dich* motivieren. Schreibe deshalb

in der Ich-Form – statt wir,
in der Gegenwart – statt Zukunft,
nutze möglichst viele Tuwörter – statt Hauptwörter,
schreibe konkret in Bildern – statt abstrakt,
schreibe kurze Sätze – statt Schachtelsätze.

So entsteht ein dynamischer Plan, der dich mitreißt. Vergleiche dazu auch einmal diese beiden Beispiele:

„Wir ziehen in Erwägung, nach dem ersten Geschäftsjahr eine Investition zu tätigen für weitere Produktionskapazitäten, damit eine Umsatzsteigerung gegeben ist."

„Im zweiten Geschäftsjahr investiere ich in einen zusätzlichen Backofen. Damit backe ich pro Tag 10 Kuchen mehr. Der Umsatz steigt dadurch von € 1000 auf € 1400 pro Tag."

Lies beide Sätze laut vor. Welcher Satz löst Bilder in deinem Kopf aus? Und bei welchem Satz weißt du, was zu tun ist?

Die Realität beginnt in deinem Kopf

Ein Plan ist zwar keine Zukunftsvorhersage, aber was du dir vorstellen kannst, kannst du auch schaffen. Deshalb: Schreibe alles auf, was du dir vorstellen kannst, und lasse alles weg, was du dir (noch) nicht vorstellen kannst. Formuliere gleich alle Maßnahmen, die dir einfallen, in einer kleinen To-do-Liste:

Was	Wann	✔

So wird dein Business-Plan zu einer Schatzkiste für all deine Ideen. Vereinbare einmal pro Monat einen Termin mit dir selbst und überprüfe, ob du noch auf dem Weg bist. Dein Business-Plan ist dein treuer Begleiter.

Im Finanzteil deines Business-Plans setzt du dich intensiv mit den Zahlen auseinander. Es ist das Einmaleins des Unternehmertums. Wenn du das noch nicht kannst, dann lerne es! Damit übernimmst du Verantwortung für jede:n Investor:in, allen voran für dich.

Der Finanzplan besteht aus der Break-Even-Rechnung, einem Rentabilitäts-, Investitions- und Liquiditätsplan und einem Finanzierungskonzept.

Zahlreiche Vorlagen findest du im Internet. Sie nutzen dir aber nichts, wenn du nicht weißt, wie die Zahlen zustande kommen und wie du sie im täglichen Leben beeinflussen kannst.

Wie viele Mitarbeiter:innen benötige ich für meine Service-Qualität?
Welche Miete kann ich mir leisten?
Welche Verkaufspreise muss ich verlangen?
Wie viele Gäste müssen kommen, damit alle Kosten gedeckt sind?

Das sind nur einige Fragen, auf die du im Finanzplan Antworten findest. Damit deckst du Risiken auf, die dir helfen, gute Entscheidungen zu treffen.

Tipp: Der Finanzplan ist ein böhmisches Dorf für dich? Du bist in bester Gesellschaft! Deshalb habe ich den Workshop „Gastro Success Days" entwickelt. Gemeinsam schreiben wir deine erste Break-Even-Rechnung. Dadurch wird vieles klarer für dich. Versprochen!

Checke hier alle Infos zum Workshop:
https://edith-roebers.com/gastro-success-days

Realistische Umsatz- und Kostenplanung

Wenn du nicht weißt, wie viele Gäste kommen müssen, damit alle Kosten, inklusive deines Unternehmerlohns gedeckt sind, ist dein Unternehmen wie Lotto spielen: reine Glückssache.

Aber so viel Risiko musst du gar nicht eingehen! Es gibt eine Methode, den Umsatz und die Kosten realistisch zu planen: die Deckungsbeitragsrechnung. Dafür brauchst du

die Kosten und
den Durchschnittsbon pro Gast.

Kosten

Die Kosten werden unterteilt in fixe und variable Kosten. Die variablen Kosten steigen und fallen analog zu der Anzahl verkaufter Artikel. In der Gastronomie ist das der Wareneinsatz. In einer Fleißarbeit berechnest du den Wareneinsatz für jeden Artikel:

Zutaten	Menge	Einkauf €	Total €
Total			

Rezeptieren und kalkulieren ist nicht nur wichtig für die Preisgestaltung. Es sorgt auch für eine gleichbleibende Qualität.

Die fixen Kosten sind immer gleich, egal wie viel Umsatz du machst. Das ist die Summe aller Kosten, die nicht zum Wareneinsatz gehören. Also: Personalkosten, Raumkosten und sonstige Kosten. In unserem Beispiel, das wir uns gleich genauer ansehen, gehen wir von 20 000 Euro pro Monat aus.

Bei der Kostenverteilung kannst du zunächst von branchenüblichen Durchschnittswerten ausgehen. Diese können je nach Betriebsart sehr stark variieren. Aber für den Anfang sind sie eine Orientierung.

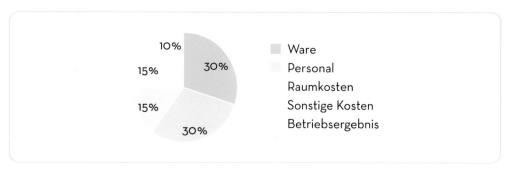

Abbildung 2.2: Fixe und variable Kosten

Durchschnittlich geben die Menschen in Deutschland etwa 15 Euro pro Woche für Essen und Trinken außer Haus aus.

Wie viel deine Lieblingsgäste durchschnittlich bei dir ausgeben, ist eine ganz wesentliche Frage. Darauf basiert dein komplettes Konzept. Planst du ein Café, ein Schnellrestaurant oder ein Fine-Dining-Restaurant? Mach es nicht zu kompliziert. Du musst nicht gleich am Anfang alle Eventualitäten berücksichtigen. In diesem Beispiel gehen wir davon aus, dass jeder Gast pro Besuch 15 Euro (brutto) ausgibt.

Beispiel: Deckungsbeitragsmethode

1 Erfrischungsgetränk	3 €
1 Healthy Bowl	10 €
1 Espresso	2 €
Total	15 €

Wir sprechen vom „Durchschnittsbon". Darin sind auch die Gäste berücksichtigt, die nur etwas trinken oder zusätzlich ein Dessert nehmen.

Mit der Deckungsbeitragsmethode berechnest du in zwei Schritten, wie viele Gäste kommen müssen, damit deine Kosten gedeckt sind. Im Fachjargon: „Break-Even-Point".

Die Formel dafür lautet: Durchschnittsbon pro Gast (netto) – Wareneinsatz pro Gast = Deckungsbeitrag pro Gast. Für unser Beispiel bedeutet das:

€ 15 – 19 % Mehrwertsteuer	12,61 €
Kalkulierter Wareneinsatz	3,78 €
Deckungsbeitrag pro Gast	8,83 €

Das bedeutet: Jeder Gast liefert einen Beitrag von 8,83 Euro, um die fixen Kosten zu decken.

Die Formel dafür ist: Fixe Kosten pro Monat / Deckungsbeitrag pro Gast = Anzahl Gäste pro Monat.

Fixe Kosten pro Monat	20 000 €
Deckungsbeitrag pro Gast	8,83 €
Anzahl Gäste pro Monat	2 265

Wenn du an 21 Tagen pro Monat geöffnet hast (also mit 2 Ruhetagen pro Woche), ergibt das: 2 265 Gäste pro Monat / 21 Betriebstage = 108 Gäste pro Tag.

Jetzt weißt du, dass durchschnittlich 108 Gäste pro Tag kommen müssen, damit all deine Kosten gedeckt sind. Du spürst, ob du dir das zutraust. Du kannst einschätzen, ob das in deiner Lieblingslocation realistisch ist. Du weißt: Wenn weniger kommen, machst du Verlust, und du kannst anfangen zu träumen, wie viel übrig bleibt, wenn mehr Gäste kommen.

Na, wie stark brennt das Feuer in dir? Kann es weitergehen mit der Frage, woher du das Kapital für dein Projekt bekommst?

Woher bekommst du das Geld für dein Projekt?

Fehlt dir das Kapital für dein Projekt? Dann bist du in bester Gesellschaft. Die meisten Gründer:innen haben das benötigte Geld nicht im Sparschwein.

Um Umsatz beziehungsweise Gewinn machen zu können, musst du investieren. Jeder Investition liegt immer der Hoffnung zugrunde, dass mehr Geld an den/die Investor:in zurückfließt. Die Investition in dich und dein Unternehmen gilt als die beste Investition im Leben. Ist auch klar: Du kannst maximal Einfluss nehmen auf den Erfolg. Und sie macht sich bezahlt, denn wenn's in die Hose geht, kann nur eine:r schuld sein: du selbst.

Als Unternehmer:in wirst du dich also mit Investitionsschulden anfreunden müssen. Statt: „Was kostet etwas?", fragst du: „Was bringt es langfristig?" Dein Mindset entscheidet!

So gehst du vor:

Kapitalbedarf	**€**	**Kapitalgeber:innen**	**€**
Bau & Umbau		Eigenkapital	
Ausstattung		Leasing/Finanzierung	
Beratung		Förderungen	
Gründungskosten		Crowdfunding	
Warenlager		KfW- oder LfA-Gründerkredit	
Personalkosten, inkl. Unternehmerlohn		Bankkredit	
Betriebskosten		Kontokorrentkredit	
Vorfinanzierung der Mehrwertsteuer			
Liquiditätsengpässe			
Zwischensumme			
Puffer ca. 20 %			
Kapitalbedarf		Total	

Nimm dir ein bis drei Monate Zeit, um die geeigneten Geldgeber:innen zu finden. Viel Spaß beim „Geldshoppen"!

Dein perfekter Standort

„Ich habe schon die perfekte Location in Aussicht!" Das höre ich oft in Orientierungsgesprächen mit Gründer:innen. Viele haben noch keinen Business-Plan, geschweige eine Finanzierungszusage, und fast niemand hat Erfahrung bei der Standortsuche.

Der Mietvertrag wird einfach so unterschrieben, weil es sich gut anfühlt. Für viele ist es mehr oder weniger der Startschuss für das ganze Projekt. Das kann natürlich gut gehen. Aber leider geht es meistens schief. Viele Einzelunternehmer:innen bezahlen eine Fehleinschätzung und unzureichende Analyse sehr teuer: mit der Insolvenz.

> **Tipp:** Wie sich das verhindern lässt, können wir von den großen Ketten lernen. Sie wissen: „Die beste Lage hilft nichts, wenn sie nicht bezahlbar ist, und eine schlechte Lage ist erst recht nicht bezahlbar."

Große Ketten gehen strategisch vor, und das empfehle ich dir auch:

Schreibe erst den Business-Plan und entwickle in diesem Kapitel ein Standort-Profil. Nimm dir während der Pre-Opening-Phase ausreichend Zeit, einen geeigneten Standort zu finden, und analysiere ihn genau.
Zähle die Besucher-Frequenz am Standort und passe gegebenenfalls die geplanten Umsatzzahlen an.
Aktualisiere den Finanzplan deines Business-Plans aufgrund der Konditionen für die Immobilie.

> **Goldene Regel:** Unterschreibe erst die Finanzierung bei der Bank und *danach* den Immobilienvertrag.

Wenn du all diese Hausaufgaben gemacht hast, bist du auf der sicheren Seite und darfst du bei der Standortauswahl auf dein Herz hören! Solltest du dich unsterblich in ein Objekt verlieben, dann ist das ein gutes Zeichen. Deine zukünftigen Gäste werden spüren, dass du dich in deinem Laden wohlfühlst. Und das steckt an. Aber auch das Drumherum muss stimmen.

In einem Mietvertrag über 3000 Euro mit einer Laufzeit von zehn Jahren unterschreibst du 360000 Euro Verbindlichkeiten, aus denen du so schnell nicht mehr rauskommst. Viele haben Angst vor einer so langfristigen Bindung. Du auch?

Wenn du noch nicht so weit bist, eine solch langfristige Verpflichtung einzugehen, dann ist ein Pop-up-Konzept oder eine Parallel-Nutzung vielleicht eine Alternative für dich. Und sonst: Mut ist, wenn du es trotz der Angst machst.

Die Entscheidung – die mit der Unterschrift manifestiert wird – setzt viel Energie frei. Es gibt keinen Weg zurück. Scheitern ist überhaupt keine Option. Du wirst Verantwortung übernehmen und selbstverständlich dafür sorgen, dass alles klappt!

Den Finanzierungs- und Immobilienvertrag zu unterschreiben ist ein Mega-Meilenstein in deinem Projekt. Feiere ihn angemessen!

Deine Lieblingsgäste

Auf die Frage: „Wer ist deine Zielgruppe?" bekomme ich oft als Antwort: „Jeder ist bei uns herzlich willkommen!" Das ist ein ehrenwerter Spruch von leidenschaftlichen Gastgeber:innen. Sehr gut gemeint, aber nicht unbedingt gut! Denn ob es jedem bei dir gefällt, hängt ausschließlich von den Erwartungen deiner Gäste ab. Und die sind zu breit gefächert, um sie alle zu erfüllen oder gar zu übertreffen.

> Wichtig: Du wirst es nicht jedem recht machen können.

Es ist vielleicht nicht so leicht, sich mit diesem Gedanken anzufreunden, aber er hat etwas Gutes, nämlich: Du hast die Wahl! Wen willst und kannst du denn am liebsten und am besten glücklich machen?

Um das herauszufinden, schließe für einen Moment deine Augen und stelle dir deinen Laden vor. Es riecht nach Kaffee und frisch gebackenem Kuchen. Oder nach frischen Burgern vom Grill. Oder nach … was immer du vorhast. Die Hütte ist brechend voll. Glückliche Gastgeber:innen machen von Herzen gerne eure Gäste glücklich – und du bist mittendrin.

Wer sitzt da?
Wie sehen deine Gäste aus?
Welche Kleidung tragen sie?
Wie alt sind sie?
Sind es eher Männer, Frauen oder Familien mit Kindern?
Wie hoch ist ihr Einkommen?
Wie verbringen sie den Tag?
Was machen sie beruflich?
Woher kommen sie?
Warum kommen sie zu dir?
Was ist ihnen wichtig?
Welche Bedürfnisse oder gar Probleme haben sie, für die du eine Lösung hast?
Und schließlich: Warum sind sie deine Lieblingsgäste?
Was haben all diese Merkmale mit dir zu tun?

Je genauer du dir konkrete Menschen vorstellen kannst und dich in ihren Köpfen auskennst, desto einzigartiger wird dein Business. Die logische Folge: Du unterscheidest dich von deinen Mitbewerber:innen! Wie cool ist das denn?!

Hast du Angst, dass du von deinen Lieblingsgästen nicht leben kannst? Meistens ist diese Angst unberechtigt. Dadurch, dass du mit einem sehr klaren Profil wahrgenommen wirst, werden genau die Gäste kommen, die du glücklich machen willst. Und wenn sich mal jemand anderes zu dir verirrt, musst du ihn ja nicht wegschicken.

Es gibt zwei sehr große Vorteile, deinen Lieblingsgast zu definieren:

Alle Marketing-Aktivitäten werden viel effektiver.
Viele Fragen sind einfacher zu entscheiden. Zum Beispiel Fragen zum Standort, Einrichtung, Service-Design, Team und vor allem: dein Sortiment.

Dein Sortiment – weniger ist mehr

Die meisten Gründer:innen sprudeln gerade so vor kreativen Rezepten und Ideen. Das ist sehr schön, aber ein ständig wechselndes, großes Sortiment macht das Leben unnötig schwer. Du musst viel Ware vorhalten, deine Teammitglieder ständig schulen und die Gäste haben die Qual der Wahl. Weniger ist mehr! Starte mit einer klaren, übersichtlichen Struktur, zum Beispiel:

    2 – 3 Vorspeisen
    3 – 4 Hauptgerichte
    2 – 3 Desserts
    1 Sommerkarte und 1 Winterkarte
    1 Tagesmenü

Auch das Getränkesortiment lässt sich leicht straffen. Erfahrungsgemäß werden mit 20 Prozent aller Getränke 80 Prozent des Getränkeumsatzes gemacht! Es ist sinnvoll, sich auf Bestseller zu fokussieren.

Mit so einer klaren Struktur hältst du dir deinen Rücken frei:

    Du rezeptierst und kalkulierst alle Artikel auf einmal,
    legst 1 x die Anrichteweise und die Abläufe in der Küche fest,
    führst 1 x pro Jahr Lieferantengespräche,
    schreibst 1 x die Speisekarte,
    programmierst 1 x die Kasse und
    trainierst 1 x das Team.

Deine Kreativität muss trotzdem nicht auf der Strecke bleiben. Ganz im Gegenteil: Plane etwa vier kreative Wochen pro Jahr ein und lebe sie voll aus! Du wirst sehen: In dieser geplanten Zeit wirst du viel kreativer sein, als wenn du jeden Tag „nebenbei" das Sortiment aus dem Ärmel schüttelst.

Kurzum: Alles wird viel leichter umsetzbar. Und damit liegst du voll im Trend:

    Spezialisierung: Mit wenigen Artikeln setzt du ein klares Zeichen, wofür du stehst und grenzt dich von Mitwerbern ab. Das zieht deine Lieblingsgäste und -Mitarbeiter:innen an.

Individualisierung: Mit einem spezialisierten Angebot bekommen die Gäste das Gefühl, dass es für sie maßgeschneidert ist.

Einfachheit: Mit weniger Auswahl hilfst du den Gästen, eine Entscheidung zu treffen. Das macht das Leben leichter.

Was das alles bringt?

Mehr Deckungsbeitrag, weil weniger Wareneinsatz
Mehr glückliche Gäste
Mehr glückliche Teammitglieder

Mit deinem Star-Team rockst du den Laden

Wichtig: Du brauchst kein Personal, du brauchst Rockstars.

Das hört sich leichter an, als es ist. Der Arbeitsmarkt anno 2021 ist extrem angespannt, besonders in der Gastronomie. Das ist kein Zufall, sondern das Ergebnis von jahrelanger mangelhafter Führung. Die Branche steht vor einem großen Umbruch und du hast die Chance, sie attraktiver zu machen.

Ein gutes Team entsteht in deinem Kopf: Wenn du willst, dass deine Teammitglieder Gäste glücklich machen, dann tue alles, um sie glücklich zu machen. Schlüpfe in die Rolle des Gastgebers/der Gastgeberin für dein Team, dann bist du ein gutes Vorbild.

Ein gutes Team ist kein Zufall, schon gar nicht, wenn du noch nicht so viel Erfahrung hast, Teams zu führen. Deshalb:

Widme in deinem Business-Plan ein ganzes Kapitel dem Thema „Team".
Entwickle eine Talent-Journey, worin du planst, wie du deine Teammitglieder in jeder Phase der Zusammenarbeit begeisterst: vom allerersten Kontakt bis zum Vertragsende.
Berücksichtige in deinem Business-Modell, welche Qualifikation die Teammitglieder benötigen, um die Aufgaben erledigen zu können. Gut ausgebildete Fachkräfte sind heiß umworben. Das beeinflusst die Personalkosten. Um aus Hilfskräften Stars zu machen,

brauchst du ein Konzept, das leicht umsetzbar ist, und ein strukturiertes Trainingsprogramm. Auch dafür musst du Zeit und Geld einplanen.

Recruitment neu denken

Es ist viel einfacher, Gäste zu bekommen als ausreichend talentierte Teammitglieder. Deshalb verdient das Personalmarketing viel mehr Aufmerksamkeit. Das fängt damit an, die/den Lieblingsmitarbeiter:in zu definieren, genauso wie im vorigen Abschnitt *Lieblingsgast*. Damit gelingt es besser, sinnvolle Personalmarketingmaßnahmen zu planen. Mit klassischen Anzeigen lockst du niemanden mehr hinter dem Ofen vor. Lass dir etwas einfallen, um dich von den vielen anderen Jobanzeigen zu unterscheiden, gestalte das Bewerbungsverfahren möglichst barrierefrei, mache unwiderstehliche Angebote und halte deine Versprechen ein.

Deine potenziellen Talente haben nämlich die Qual der Wahl!

Schaue dir gerne auf DIE WIRTESCHULE TV das Video „10 Ideen, schnell und kostengünstig Mitarbeiter:innen zu suchen" auf Youtube an.

Neue Besen kehren gut!

Das liegt daran, dass neue Teammitglieder top-motiviert sind. Sonst hättest du sie ja nicht eingestellt. Deine Aufgabe als Teamleader ist es, die Motivation hochzuhalten. Wie das geht?

Fange erst gar nicht an, zu demotivieren. Bestimmt erinnerst du dich an negative Erfahrungen, die du als Arbeitnehmer:in gemacht hast.

Sorge dafür, dass deine Teammitglieder gut trainiert sind, damit sie ihren Job so machen können, wie du es dir vorstellst.

Biete Perspektiven, zum Beispiel Weiterbildungsmöglichkeiten und Aufstiegschancen. Wer sich nicht mehr weiterentwickeln kann, gerät in die Routine-Falle. Das ist der Anfang vom Ende.

Entfessele das Gewinner-Gen in deinem Team. Erfolg im Team ist einer der größten Motivatoren, das können wir im Sport beobachten, wenn die Tränen fließen bei der Goldmedaillenvergabe. Definiere, was in deinem Unternehmen Erfolg ist. Wann hat das Team die Goldmedaille gewonnen? Und wie können sie Einfluss nehmen?

Intern könnte Erfolg beispielsweise folgendermaßen definiert werden:

300 glückliche Gäste pro Tag,
ein Durchschnittsbon von 20 Euro oder
eine Produktivität pro Mitarbeiterstunde von 75 Euro.

Möglich ist auch eine externe Auszeichnung, zum Beispiel ein *Award der Gastfreundschaft* oder *Stern der Gastlichkeit*.

> Wichtig: Die Königsdisziplin von Leadership ist es, ein Spiel zu kreieren, das niemals endet und was es sich lohnt zu gewinnen.

Das alles ist 'ne Menge Arbeit, die man nicht „nebenbei" machen kann. Eine wunderschöne Arbeit, womit du viele Menschen glücklich machst. Neben einem gut gefüllten Personalkostenbudget braucht es auch ein Personalmarketing- und ein Weiterbildungsbudget. Eine Investition, die sich lohnt.

Dein großer Tag!

Dein Business-Plan steht. Jetzt geht es darum, ihn zum Leben zu erwecken. Die Umsetzungsphase beginnt. Es sind viele Aufgaben zu erledigen, damit am Tag X – und darüber hinaus – alles klappt.

Wenn du das noch nie gemacht hast, dann ist es ganz normal, dass dich das herausfordert.

> **Schritt 1:** Erstelle ein großes Poster. Schreibe in die Mitte den Namen deines Projektes und drum herum die Teilprojekte, zum Beispiel:
>
> | | | | |
> |---|---|---|---|
> | Standort | Bau | Behörden | Marketing |
> | Ausstattung | Warenwirtschaft | Team | Prozessorganisation |
> | Service-Design | Qualitätsmanagement | | Eröffnung |

Schritt 2: Sammle für ein paar Tage alle Aufgaben, die dir einfallen, ordne sie den Teilprojekten zu, am besten mit Post-its, die kannst du beliebig verschieben und sie sind schön bunt.

Schritt 3: Erstelle aus diesem Poster eine To-do-Liste mit Anfangs- und Enddatum, vielleicht sogar mit einem Balkendiagramm für den perfekten Überblick. Fange bei der Terminplanung mit dem Eröffnungsdatum an und plane dann rückwärts, wann alle anderen Aufgaben erledigt sein müssen.

Jetzt verrate ich dir noch etwas ganz Persönliches: Am 10. September 2004 eröffnete ich meinen eigenen Coffee Shop in München. Das war bisher der schönste Tag in meinem Leben! Und den wünsche ich auch dir von ganzem Herzen.

Nach 10 Jahren verkauften wir den Coffee Shop und ein paar Jahre später gründete ich DIE WIRTESCHULE, um mein Gründer- und Branchen-Know-how weiterzugeben, an solche Menschen wie dich, die vom eigenen Café oder Restaurant träumen. In meinem Erfolgsprogramm „Lebe deinen Traum vom eigenen Café oder Restaurant" bekommst du eine Schritt-für-Schritt-Anleitung. Ich nehme dich an die Hand und begleitete dich auf dem Weg, den ich selbst schon oft gegangen bin.

Klingt das interessant für dich? Dann lass uns in Kontakt bleiben. Ich lade dich herzlich ein in meine Gastro Start Up Community. Stelle hier deine Fragen, diskutiere mit Gleichgesinnten und profitiere von meiner Expertise für erfolgreiches Gastro-Business – kostenlos: https://edith-roebers.com/gastro-start-up/

Oder vereinbare ein unverbindliches Orientierungsgespräch. Darin finden wir gemeinsam heraus, wo du stehst, was deine nächsten Schritte sind und wie ich dir helfen kann.

Buche hier deinen unverbindlichen Gesprächstermin: www. edith-roebers.com/termin. Ich freue mich auf dich. Sehr sogar!

Herzliche Grüße

Edith Roebers
Deine Expertin für erfolgreiches Gastro-Business

Über die Autorin

Edith Roebers ist Expertin für erfolgreiches Gastro-Business. Die gebürtige Holländerin hilft begeisterten Gründer:innen, ihr eigenes Café oder Restaurant aufzubauen, es langfristig erfolgreich zu machen und vielleicht sogar zu multiplizieren.

Sie selbst hat viele Restaurants und Cafés geplant, gegründet und eröffnet. Unter anderem hat sie bei Käfer in München den Unternehmensbereich Messegastronomie und das Franchise-System Coffee Fellows aufgebaut und zum Erfolg geführt.

2020 gründete sie DIE WIRTESCHULE, eine Akademie für Gründer:innen und Jungunternehmer:innen in der Gastronomie. In ihrem einzigartigen Erfolgsprogramm „Lebe deinen Traum vom eigenen Café oder Restaurant" teilt die Hotelfachfrau, Betriebswirtin und Erfolgscoach ihr langjähriges Branchen- und Gründer-Know-how.

Edith Roebers
DIE WIRTESCHULE
www.edith-roebers.com

3. Innen hui, außen pfui?
Planung und Konzeption einer Außengastronomie

Eine funktional gestaltete Terrasse ist mittlerweile ein immens wichtiger Bestandteil der Gastronomie. Die optimale Nutzung stellt immer mehr eine Herausforderung dar. Ihre Gäste möchten so lange und so oft wie möglich draußen sitzen, von den ersten Sonnenstrahlen im Frühling bis in den Herbst hinein – in vielen Regionen mittlerweile sogar ganzjährig. Die Außengastronomie ist bei jeder Altersschicht beliebt wie nie zuvor, mit stetig steigender Tendenz. Machen Sie sich diesen Trend zunutze!

In diesem Kapitel erhalten Sie Empfehlungen und Tipps zur Vorgehensweise bei der Planung einer erfolgreichen Außengastronomie: von Analyse, Grundidee und Konzept über Kalkulation, Genehmigungen und Beratung bis zu Personalplanung, Finanzierung und Möbel.

Ab welcher Betriebsgröße lohnen sich Outdoor-Aktivitäten? Immer! Schon kleine Flächen können bei entsprechender Gestaltung zu einer profitablen Terrasse umfunktioniert werden. Im Sinne der Wirtschaftlichkeit ist es heute notwendig, Absatz-Rückgänge zum Beispiel des „Sommerlochs" durch Außenbereiche aufzufangen. Eine Außenbewirtschaftung erlaubt es Ihnen sogar, zusätzliche Umsätze zu erwirtschaften. Werden Sie aktiv: Für Ihren Umsatz und Profit!

Ein ansprechender Biergarten oder eine attraktiv gestaltete Terrasse sind ein Treffpunkt mit hohem Sympathiewert. Diesem Reiz mag sich kaum jemand entziehen. Erschließen Sie sich Ihr neues Kundenpotenzial und zusätzliche Absatzmöglichkeiten. Treffen Sie die Entscheidung zugunsten eines aktiven Outdoor-Betriebes. Bieten Sie Ihren Gästen Abwechslung mit Ihren Ideen und einem ansprechenden Ambiente bei gepflegten Speisen und Getränken.

Abbildung 3.1: Auf das richtige Ambiente – ansprechend und zum Betrieb passend – kommt es an
© Corradi

Vorgehensweise bei der Planung

Nahezu jede:r Gastronom:in zieht vor Eröffnung eines Betriebes einen Ladenbauer, Architekten oder andere Fachleute zurate. Mit Recht, denn einen Betrieb zu eröffnen, bedeutet im Vorfeld eine professionelle Planung.

Ein wirklich lukratives Terrassengeschäft beginnt bei der Konzeption, die den örtlichen Gegebenheiten, der vorhandenen Fläche und den gastronomischen Möglichkeiten angepasst ist.

> **Tipp:** Ein professionelles Terrassengeschäft bedeutet oft, einen zweiten Betrieb zu führen und diesen auch als solchen zu sehen. Nur wer dies berücksichtigt, wird diesen Bereich auch erfolgreich und profitabel betreiben.

Abbildung 3.2: Ein fast zu gut besuchter Außenbereich

Die richtige Reihenfolge

Kaum ein Wirt würde je auf die Idee kommen, ein Lokal zu pachten, sich die nächstbesten Tische, Stühle und Dekoration zu bestellen und dann ein Schild „Neueröffnung" an die Tür zu hängen. Das wird selten funktionieren. Beim Terrassengeschäft wird aber genau das viel zu oft praktiziert. Dadurch wird eine Menge Umsatzpotenzial liegen gelassen!

Als wichtige Grundlage für Entwicklung, Konzeption und anschließende Realisierung sollten Sie auch bei der Außengastronomie eine sachliche Analyse Ihres Betriebes erstellen. Erst dann startet die weitere Planung.

Gehen Sie systematisch vor

Überlegen Sie zuerst, ob die Außengastronomie als Weiterführung des bestehenden Betriebes oder als eigenständiges Konzept dienen soll.

Tipp: Streben Sie ein harmonisches Gesamtbild an. Fragen Sie sich: Was ist meine Vorstellung, wo will ich hin? Was sind meine Ziele und was passt zu meinem Betrieb?

Führen Sie auf Basis dieser Stichpunkte eine Bestandsaufnahme Ihres Betriebes durch und schreiben Sie diese als Kurzkonzept nieder. Diskutieren Sie die einzelnen Punkte mit Fachleuten, Kolleg:innen, Mitarbeiter:innen oder auch Ihren Gästen. Ist es plausibel und machbar? Dieses Manuskript hilft Ihnen, die richtigen Entscheidungen für die Ausstattung und Ausrichtung Ihrer Außengastronomie zu treffen.

Was ist Ihre Grundidee?

Zur Planung der Eröffnung oder Wiedereröffnung der Außengastronomie sollten folgende Ziele definiert werden:

Stammgäste: Ihre Stammgäste erwarten in der Außengastronomie zumindest in Teilen das bisherige Leistungsangebot bei gleicher Qualität und gleichem Service. Das Angebot sollte nicht zu stark vom Innenbetrieb abweichen. Bestehende Gäste können sich sonst vernachlässigt fühlen.

Neue Gästekreise: Neue Gäste werden aufgrund des Standortes oder der Attraktivität des Außenbereiches angezogen. Sie nehmen vorurteilsfrei das ihnen angebotene Sortiment an.

Schwerpunkte: Ihre Schwerpunkte sollten Sie abhängig von Größe und Konzeption der Außengastronomie setzen.

Objektbedingte Vorgaben

Erstellen Sie im nächsten Schritt eine klare Analyse Ihrer Außenfläche:

Was sind Ihre vorhandenen Möglichkeiten?
Welche Probleme gilt es zu lösen?
Worauf muss geachtet werden?
Was muss geändert werden?

Wichtig: Grundsätzlich ist jeder außengastronomische Bereich erst einmal genehmigungspflichtig.

Daraus ergibt sich:

Beantragung einer entsprechenden Konzession.
Auf städtischem/kommunalem Gelände: erstmalig Konzession, dann jährlich Gestattung.
Die Preise sind regional unterschiedlich. Berechnung meist nach Quadratmetern und Nutzungsdauer. Teilweise auch jährlich pauschal.
In einigen Städten sind jahreszeitlich unbeschränkte Genehmigungen möglich.
Einholen der Genehmigung/Erweiterung des Vertrages beim/bei der Vermieter:in.

Welche Art von Geschäft ist zu erwarten?

Die Aufteilung und Gestaltung der Terrasse ist auch abhängig von Ihrem Betriebstyp. Worauf zielt Ihr Betrieb ab?

Normales Tagesgeschäft, Stoßgeschäfte wie Mittagstisch, Feierabend-Treff oder Ausflugsverkehr?
Planen Sie draußen besondere Veranstaltungen?
Finden öfter Vereinsfeiern statt?
Gibt es vor Ort besondere Attraktionen?
Haben Sie eine ganz spezielle Kundschaft?

Tipp: Betrachten Sie bei allen Planungen das Geschäft immer auch aus der Sichtweise Ihrer Gäste!

Ihr Sortiment

„Weniger ist mehr" gilt auch bei Speisen und Getränken einer speziellen Außenkarte. Reduzieren Sie auf Ihre gängigen Standardprodukte. Welches Preisniveau wird akzeptiert? Machen besondere Terrassenangebote Sinn?

Wichtig: Je nach Wetterlage kann sich das Konsumverhalten der Gäste ändern und Sie müssen schnell reagieren.

Abbildung 3.3: Weniger ist mehr – auch beim Sortiment und der Präsentation

Die Bewirtschaftung der Außenfläche

Bei der Bewirtschaftung spielt die Entfernung zur Küche oder Theke eine große Rolle. Durch lange Laufwege kommt es zu Zeit- und Organisationsproblemen.

Wollen Sie die gesamte Terrasse mit vollem Service bewirtschaften?
Macht eine externe Versorgungsstation Sinn? Eventuell mit einem reduzierten, aber gängigen Standardsortiment.
Vielleicht sogar zur Selbstbedienung?

> **Tipp:** Sehr große Terrassen kann man auch in verschiedene Zonen aufteilen, für verschiedene Angebote – auch mit unterschiedlicher Preisgestaltung.

Grundsätzlich ist jede Terrasse genehmigungspflichtig. Besonders in Citylagen hat sich seitens der Städte eine positive Einstellung zur Außengastronomie entwickelt. Die Gründe liegen auf der Hand:

Die Attraktivität der Innenstädte steigt und mit ihr die Verweildauer.
Mit dem Einzelhandel gibt es eine willkommene Wechselwirkung.

Fakt ist: Ohne eine attraktive Außengastronomie funktioniert keine Innenstadt.

Planung der Grundausstattung

Mit ein paar lieblos nach draußen gestellten Möbeln lockt man keine Gäste mehr. Aber was macht den nachhaltigen Erfolg einer Terrasse aus?

Der Besucher erwartet heutzutage einen gewissen Mindeststandard. Mobiliar mit hohem Sitzkomfort, Schutz vor Sonne, Regen und Wind, an kalten Tagen wärmende Heizstrahler sind ein „Must-have". Auf den ersten Blick günstige Baumarkt-Produkte sind selten für den täglichen Einsatz in der Gastronomie geeignet. Da ist mit Folgekosten durch frühzeitigen Nachkauf zu rechnen.

Tipp: Wer billig kauft, zahlt zweimal. Das gilt auch für alle Terrassenprodukte. Ein guter After-Sales-Service ist sehr wichtig!

Es gibt für jeden Betriebstyp den passenden Einrichtungsstil: designorientierte Trendmöbel, bequeme Stühle aus Kunststoff oder Holz, klassische Biergartenmöbel oder trendige Lounge-Gruppen. Terrassenmöbel sind großen Belastungen ausgesetzt. Eine hohe Gästefrequenz und wechselnde Wetterlagen setzen den Möbeln zu. Wichtige Kriterien vor dem Kauf sind:

Sind die Produkte wirklich wetterfest?
Mit bequemen Kissen steigern Sie den Sitzkomfort.

Brauchen Sie Stühle mit oder ohne Armlehne?

Müssen Sie das Mobiliar oft zusammenstellen oder stapeln?

> **Tipp:** Bieten Sie unterschiedliche Platzkapazitäten an. Kommen Gäste nur zu zweit, blockiert Ihnen das Pärchen an einem 6er-Tisch wertvolle Kapazitäten.

Auf Biergarten-Garnituren setzen sich auch fremde Menschen zusammen. Ihr Ziel sollte die möglichst hohe prozentuale Auslastung der Terrasse sein – sofern die Abstands-Regelungen es zulassen.

Bei größerem Speisenanteil benötigen Sie andere Tischgrößen als im Eiscafé. Rechnen Sie oft mit größeren Gruppen? Dann sollte ein Zusammenstellen der Tische möglich sein.

> **Tipp:** Nicht nur im Abendgeschäft funktionieren zusätzliche Stehtische wie beliebte Thekenplätze mit höherem Getränkeumsatz.

Sonnenschutz und Wetterschutz

Die Anforderungen an Sonnenschirme haben sich verändert. Billige Werbeschirme haben ausgedient. Ging es früher um die reine Funktion des Sonnenschutzes, so sind jetzt eher stimmige Allwetter-Schirmkonzepte gefragt.

Es gibt für jede Anforderung passende Lösungen, in rund, quadratisch oder eckig, vom kleinen Sonnenschirm bis hin zu sturmfesten, großflächigen Schirmlandschaften. Durch ihr Erscheinungsbild werten Großschirme jede Terrasse auf und signalisieren schon aus der Ferne: Hier ist Gastronomie!

Bei den Schirmstoffen hat man die Wahl unter zahlreichen Farbvarianten in diversen Materialien. Auch die Schirmgestelle werden in Wunschfarben angeboten. Die beste Aufstellvariante ist objektabhängig. Meist bieten sich mobile Bodenständer oder fest einbetonierte Bodenhülsen an.

Abbildung 3.4: Durchdachte Schirmsysteme bieten inkludierte Komponenten wie Lautsprecher oder Heizstrahler

Die einfache Bedienung ist sehr wichtig. Per Handkurbel oder Schnellspannsystem, teleskopisch oder elektrisch.

> **Wichtig:** Vor Kaufentscheidung unbedingt nach der Windstabilität fragen!

Seitenarm-Schirme bieten sich als Sonderlösung bei bestimmten räumlichen Gegebenheiten an. Mit einem seitlichen Schirmmast werden große Flächen abgedeckt und man verliert nur wenig wertvollen Platz. Die Hersteller bieten sinnvolles Zubehör wie LED-Beleuchtung, Heizungen oder sogar integrierte Soundsysteme an.

> **Tipp:** Denken Sie beim Neukauf daran, ein Nachrüsten ist oft schwierig und meist teuer.

Alle Markisen sorgen für Sonnenschutz, aber an verregneten Tagen auch dafür, dass die Terrasse genutzt werden kann. Achten Sie bei Markisen unbedingt auf die Qualität der Bespannung: Wasserdichtes Material ist ein absolutes Muss, ebenso ein hohes Mindestmaß an Windstabilität.

Traditionelle Scherenarm-Markisen spielen ihre Vorteile im Einsatz auf wirklich großen Flächen aus. Die extrem stabilen Scherenarme ermöglichen einen besonders weiten Ausfall und machen imposante Anlagenbreiten möglich. Diese Sonnenschutzklassiker werden in der Gastronomie immer beliebter.

Abbildung 3.5: (Beinahe) nahtlos aneinandergrenzende Schirme schaffen eine große wettergeschützte Fläche im Außenbereich

> **Tipp:** Großflächige Überdachungslösungen sind in der Gastronomie stark im Kommen. Das große Plus ist eine ganzjährige Planungssicherheit im Außenbereich.

Wetterunabhängig können so große Flächen in bestehende Gastrokonzepte integriert und Kapazitäten dauerhaft erweitert werden. Seitlich lassen sich diese Anlagen entweder durch Glasschiebesysteme, Faltwände oder auch mit in der Höhe verstellbaren Seitenbehängen schnell jeder Wettersituation anpassen.

Hier ist Fachkompetenz gefragt! Bei den Produkten sollte sich der/die Gastronom:in in die Hände von erfahrenen Firmen der Sonnenschutzbranche begeben.

Windschutzanlagen

Die Sonne scheint, aber es ist windig und zieht von allen Seiten. Dann sind Terrassen oft schlecht besucht. Dieses Problem lässt sich durch eine Windschutzanlage leicht beseitigen.

Windschutzsysteme aus Aluminium und Sicherheitsglas erhöhen durch längere Öffnungszeiten die Auslastung jeder Terrasse und garantieren viele zusätzliche Öffnungstage. Diese Investition in den Terrassenkomfort rechnet sich in kurzer Zeit durch nachhaltig höhere Umsätze.

Wichtig ist die Auswahl der richtigen Befestigung: Meist werden die Module auf Terrassenfläche fixiert oder im Boden einbetoniert. Ein willkommener Nebeneffekt ist der erhöhte Lärmschutz.

> **Tipp:** Ein neuer Trend sind Windschutzelemente mit Doppelfunktion: Als Schutz gegen lästigen Wind und zugleich als zusätzliche Sitzfläche.

Mobile Einzelmodule mit feststellbaren Rollen lassen sich auch als flexible Raumteiler nutzen. Immer beliebter ist höhenverstellbarer Windschutz. Innerhalb von Sekunden kann man auf jede veränderte Wettersituation reagieren: In voller Höhe ausgefahren, bietet er perfekten Schutz gegen Wind und Wetter. Heruntergeschoben sorgt er für eine luftigere Atmosphäre an den besonders schönen Tagen.

Infrarot-Heizstrahler – Wärme auf Knopfdruck

Oft spielen in der Außengastronomie die Temperaturen nicht mit. Hier haben sich anstelle der mit Gas betriebenen Heizpilze die modernen Heizstrahler auf Elektro-Basis fest in der Gastronomie etabliert. Mit Infrarot-Technologie schaffen Sie innerhalb von Sekunden angenehm warme Bereiche.

Die wartungsfreien Heizstrahler nehmen keinen wertvollen Platz in Beschlag. In der Regel werden sie an der Hauswand, unter Markisen und anderen flächigen Überdachungen montiert oder in Sonnenschirmen integriert. Für die Erwärmung der Fläche eines Sitzplatzes betragen die Energiekosten nur etwa 4 bis 5 Cent je Stunde. Die Heizstrahler werden an den normalen Stromkreislauf auf 230-V-Basis angeschlossen und sind über Fernbedienungen, mit Zeitschaltuhren oder per App bedienbar.

> **Tipp:** In der Gastronomie sollte man unbedingt Heizstrahler mit kurzwelligen Wärmestrahlen einsetzen. Die Wirkungsweise ist vergleichbar mit Sonnenstrahlen. Die Wärme wird direkt durch die Luft übertragen und entfaltet ihre Wirkung sofort, wenn sie auf Personen trifft.

Beim Einsatz sogenannter Dunkelstrahler wird die Luft zuerst physikalisch erwärmt. Der entscheidende Nachteil: Schon bei einem leichten Windzug geht ein großer Teil der Wärme verloren und somit wird viel Energie vergeudet.

Terrassen-Accessoires und Atmosphäre

Weitere dekorative und nützliche Details runden das Erscheinungsbild jeder Terrasse ab:

Abends erzeugen Lichtobjekte eine schöne Atmosphäre.
Gaskamine oder Feuerstellen verbreiten Lagerfeuer-Stimmung.
Kuscheldecken erhöhen die Aufenthaltsdauer.
Dekorative Pflanzen eignen sich als Raumteiler und vermitteln Urlaubsgefühle.
Dezente, passende Hintergrundmusik trägt zur relaxten Stimmung bei.

Abbildung 3.6: Kamine schaffen gleichzeitig eine angenehme Atmosphäre und erzeugen punktuell Wärme

Tipp: Attraktive Terrassen sind die Visitenkarte Ihres Betriebes. Hinterlassen Sie einen bleibenden Eindruck!

Verkaufsförderung und Tipps

Servicepavillons und Verkaufsstationen

Ab einer bestimmten Terrassengröße oder bei langen Servicewegen bietet sich eine externe Servicestation an: von der einfachen Schanktheke mit den Hauptprodukten bis zum komplett ausgestatteten Getränke- oder Speisepavillon mit eventuell zusätzlichen Thekenplätzen. Die Servicestation kann ein fast selbstständiger Gastronomiebereich sein oder dem Service zuarbeiten. Das bedeutet: guter Umsatz und schnelle Produktion der Bestellungen auf kleiner Fläche.

Mobile Bestellsysteme

Prüfen Sie nicht nur bei größeren Terrassen, ob sich bei Ihnen der Einsatz von Funkterminals rechnet. Diese Geräte sind mittlerweile sehr ausgereift und durchaus erschwinglich. Umständliches Hantieren mit Stift und Block und die damit verbundenen Verzögerungen gehören so der Vergangenheit an. Ihre Gäste werden schneller bedient. Der zusätzliche Kontrolleffekt verkürzt die Amortisationszeit der Geräte immens. Mit ihnen lässt sich genauestens nachvollziehen, wer wann wo was und wie viel verkauft (und auch mit Ihnen abgerechnet?) hat. Mehr über die Möglichkeiten verknüpfter Kassen lesen Sie im Kapitel 5. *Vernetzte Kasse: Warum Geld verschwenden?* ab Seite 71.

Kein Internet? Geht gar nicht mehr

Ihre Kund:innen surfen im Restaurant oder Café gerne im Internet. Durch den damit verbundenen längeren Aufenthalt Ihrer Gäste können Sie Ihren Umsatz steigern, besonders in Leerzeiten. Nicht selten wird heutzutage die Wahl einer Lokalität nach freier Verfügbarkeit eines WLAN-Zugangs getroffen. Das gilt besonders für jüngeres Publikum und Businessgäste. Zusätzlich wird die Internetverbindung oft auch für cloudbasierte Abrechnungssysteme, für das Streaming von Musik oder andere Zwecke verwendet.

Bekleidung

Für das Gesamterscheinungsbild eines Betriebes sowohl im Innen- als auch im Außenbereich spielt die Bekleidung der Mitarbeiter:innen eine nicht unwesentliche Rolle. Grundsätzlich ist Folgendes zu beachten:

Die Garderobe der Mitarbeiter:innen im Außenservice kann durchaus der Garderobe im Innenbereich entsprechen.
Je nach Bodengegebenheit ist jedoch anderes Schuhwerk erforderlich.
Bei großen Biergärten oder bei teamorientierter Gastronomie unterstützt eine auffällige Sommergarderobe das Image Ihres Betriebes.
Personalisierte Kleidung zeigt dem Gast direkt, wer als Servicekraft zuständig ist.

Personal und Service

Gute Laune und ein freundlicher Service tragen enorm zu einer entspannten und sommerlichen Atmosphäre bei. Hektik ist fehl am Platze. Ein gut organisierter Service fällt jedem Gast positiv auf. Der Umgangston im Außenbereich kann manchmal ruhig etwas lockerer sein.

Versuchen Sie, auch in stressigen Phasen eine relaxte Atmosphäre für die Gäste zu schaffen.

Bis zu einer gewissen Platzkapazität kann mit dem Stammpersonal gearbeitet werden. Stellen Sie rechtzeitig einen bedarfsorientierten Personalplan auf, ausgehend von den Anforderungen im Hochbetrieb.

Aushilfskräfte benötigen meist eine etwas längere Zeit der Einarbeitung.

Da Sie oft wetterabhängig planen müssen, bietet sich eine Regelung über eine Bereitschaftspauschale an.

Bedenken Sie, dass nach einer zehntägigen Schönwetterperiode mit entsprechender Belastung selbst die beste Kraft Erholung benötigt.

Bei großen Terrassen im vollen Betrieb kann eine Art „Dirigent" den zügigen Service delegieren und auf Schwachstellen reagieren.

In Stoßzeiten sollten gute Servicekräfte nicht durch Aufräumarbeiten blockiert sein. Das können Aushilfskräfte (Abräumer) übernehmen.

Tipp: Hohe Kundenfrequenz macht Terrassen zum trinkgeldfreundlichen Bereich.

Planungsphase und Finanzierung

Ihr individuelles Konzept

Der Grundgedanke Ihrer Terrassenplanung steht. Sie sind sich über die Ausrichtung und Gestaltung der Außengastronomie klar geworden. Dann beginnt jetzt die wichtige Zeit der Planung und Vorbereitung. Informieren Sie sich gründlich. Recherchieren Sie nach passenden Lieferant:innen mit den Produkten Ihrer Wahl. Fordern Sie Prospekte oder Produktmuster an. Machen Sie Termine vor Ort mit Fachleuten, die Ihnen sicher noch individuelle Tipps für Ihren Betrieb geben können.

Besuchen Sie Fachmessen, um sich Produkte live anzusehen oder Angebote miteinander zu vergleichen. Der persönliche Eindruck ist immer besser, als Kaufentscheidungen nur anhand oft geschönter Bilder im Katalog zu treffen.

Flächenplanung und Kostenermittlung

Erstellen Sie für die Planung im ersten Schritt eine Skizze Ihrer Terrassenfläche inklusive des geplanten Inventars. Denken Sie an die Laufwege für Gäste und Service und planen Sie genügend Abstellflächen ein. Soll sich die Fläche je nach Jahreszeit in der Größe ändern? Konkrete Angaben und einige Beispielfotos der vorhandenen Fläche helfen Ihren Lieferant:innen, Sie besser zu beraten. Eventuell ist es sinnvoll, eine:n Architekt:in zu beauftragen.

Materialbedarf und Kostenermittlung

Verschaffen Sie sich einen Überblick, welche Produkte auf Ihrer Terrasse benötigt werden oder zum Einsatz kommen sollen. Teilen Sie Ihre Fläche in verschiedene Bereiche und ermöglichen Sie Flexibilität für verschiedene Gruppengrößen, zum Beispiel durch nahtloses Zusammenstellen der Tische. Ermitteln Sie in dieser Planungsphase zugleich die zu erwartenden Kosten für Ihr gesamtes Terrassenequipment.

Die solide Finanzierung

Ohne Investitionen geht es nicht. Bei dem heutigen Wettbewerb steht ein Betrieb ohne Terrasse im Sommer auf verlorenem Posten. Gäste, die sich im Sommer woanders aufhalten, sind schnell verlorene Stammkund:innen. Können Sie sich das leisten? Wohl kaum. Bereiten Sie sich mit einem nachvollziehbaren und schlüssigen Konzept sowie einem Wirtschaftlichkeitsplan vor. Dann erst unterhalten Sie sich mit Lieferant:innen oder der Hausbank über Zuschüsse, eine mögliche Kostenbeteiligung oder eine Finanzierung.

> **Tipp:** Jede:r Geschäftspartner:in, egal welche Produkte er/sie Ihnen liefert, verdient an Ihrem Terrassengeschäft mit und sollte sich auch an den Kosten beteiligen.

Fragen Sie nicht nur die Brauerei nach finanzieller Beteiligung. Kommt vielleicht ein Leasingangebot infrage? Eine Terrasse sollte nicht schrittweise, sondern in einem Guss neu gemacht werden. Sonst geht viel von der Wirkung verloren.

Kalkulation der Gesamtkosten

Legen Sie bei Ihrer Rechnung die Kosten auf die zukünftige Sitzplatzkapazität um. Viele auf den ersten Blick günstig erscheinende Produkte sind selten für den professionellen Einsatz in der Gastronomie tauglich. Dadurch ist oft mit wiederholten Folgekosten durch stetigen Nachkauf zu rechnen.

Amortisationszeit

Bei einer professionellen und in allen Belangen optimierten Außengastronomie können Sie mit vielen zusätzlichen Betriebstagen und einer insgesamt höheren Auslastung als bisher kalkulieren.

> **Tipp:** Rechnen Sie das Umsatzpotenzial auf drei Jahre hoch. Das Ergebnis hilft bei wichtigen Entscheidungen zur Höhe der geplanten Investitionen.

Zeitplan und Inbetriebnahme

Erstellen Sie sich Ihre persönliche To-do-Liste. Halten Sie die Aufgaben nach Wichtigkeit und Termin fest und haken Sie diese nach Erledigung ab. Denken Sie frühzeitig an die Produkte, die individuell auf Maß gefertigt werden. Hier kommt es zu Saisonbeginn regelmäßig zu längeren Lieferzeiten.

> **Tipp:** Absolvieren Sie auf Ihrer neuen Terrasse vor dem ersten Schönwetter-Ansturm einen Probelauf (Soft Opening). Dabei wird das neue Equipment platziert, getestet und es können noch Korrekturen vorgenommen werden. Gleichzeitig wird das Personal instruiert und trainiert.

> **Fazit:** Das Terrassengeschäft wird zukünftig in der Gastronomie weiter an Bedeutung gewinnen. Es ist deshalb unerlässlich, sich ausführlich und professionell mit diesem Geschäftsbereich zu beschäftigen. Die Außengastronomie ist ein solides zweites Standbein innerhalb des Gesamtbetriebes, welches man nicht vernachlässigen darf.

- ✓ Grundidee
- ✓ Analyse des Betriebes
- ✓ Zielsetzung
- ✓ Planung
- ✓ Finanzierung
- ✓ Umsetzung

Viel Erfolg!

Autor und Kontakt

Die Firma TERRASSENPROFIS® ist seit 30 Jahren spezialisiert auf die Planung und Konzeption von professionellen Terrassen in der Gastronomie.

TERRASSENPROFIS®
GF Thomas Koch
Wupperbogen 10
42799 Leichlingen
www.terrassenprofis.de
info@terrassenprofis.de
+49 (0) 2175 – 88 23 67

4. „Erfolg ist nie ein Ergebnis eines Einzelnen, sondern des Zusammenspiels der gesamten Mannschaft."

Interview mit Mirko Silz, CEO bei FR L'Osteria SE

Mirko Silz ist 49 Jahre alt und absolvierte zunächst eine Ausbildung zum Kaufmann für Groß- und Außenhandel, bevor er von 1991 bis 2005 McDonald's-Franchiseunternehmen unterstützte. Von 2006 bis 2011 war er Alleinvorstand der Vapiano SE und führte von 2014 bis 2017 als Franchisepartner der Marke L'Osteria eigene Restaurants in Dresden, seit September 2016 ist er nun CEO bei L'Osteria.

Mirko, als Chef von L'Osteria und mit deinen 30 Jahren Berufserfahrung, unter anderem bei McDonald's und Vapiano, kann man dich als Urgestein der Gastro-Branche und Experte für die Systemgastronomie nennen. Wolltest du schon immer in die Systemgastronomie – oder wie bist du dazu gekommen?

Nein, eigentlich hatte ich ganz andere Pläne. Ursprünglich wollte ich Musik studieren und Profimusiker werden. Das hat sich dann leider zerschlagen. Nach einer kaufmännischen Ausbildung bin ich dann im gewerblichen Immobilienbereich gelandet und hab da einige Zeit gearbeitet. Dort bin ich auch mit den Verantwortlichen der Immobilienabteilung von McDonald's in Kontakt gekommen, und das war dann sozusagen der Startschuss für meine berufliche Laufbahn in der Systemgastronomie.

> „Die Branche bietet ihren Mitarbeiter:innen Karrierechancen, egal welche Vorbildung und Herkunft sie haben."

Was zeichnet denn speziell die Systemgastronomie aus – was sind die Vorteile?

Die Systemgastronomie zeichnet sich durch standardisierte und vereinheitlichte Organisationsstrukturen aus, die auf der einen Seite den Mitarbeiter:innen eine gewisse Orientierung bieten und auf der anderen Seite für die Gäste sicherstellen, dass sie in allen Betrieben das gleiche Erlebnis genießen können. Darüber hinaus ist es die Branche der Chancen und der Vielfalt. Die Branche bietet ihren Mitarbeiter:innen Karrierechancen, egal welche Vorbildung und Herkunft sie haben. Für die Unternehmer:innen bedeutet Systemgastronomie in der Regel ein skalierbares Geschäftsmodell.

> „Erfolg ist nie ein Ergebnis eines Einzelnen, sondern des Zusammenspiels der gesamten Mannschaft."

Seit 2016 bist du jetzt bei L'Osteria und zu deiner „Famiglia" zählen mittlerweile 150 (Stand: September 2021) Restaurants in acht Ländern – warum gerade das L'Osteria Konzept? Und wie hast du solch ein Wachstum in so kurzer Zeit geschafft?

Als ich 2016 als Geschäftsführer zur L'Osteria stieß, betrieb das seit 1999 bestehende Unternehmen 68 Restaurants in 4 Ländern. Ich konnte bereits vor meinem Einstieg ins Management das Unternehmen näher kennenlernen, da ich vorher Franchisepartner der Marke war. So wie unsere Gäste war auch ich sofort vom überzeugenden Preis-Leistungs-Verhältnis begeistert. L'Osteria zeichnet eine hohe Frische-Qualität, gepaart mit einer tollen Restaurantatmosphäre, einem zuvorkommenden Service und jeder Menge italienischer Lebensfreude aus. Natürlich war es auch das Potenzial, das in der Marke L'Osteria schlummerte, und das hat mich absolut überzeugt. Erfolg ist nie ein Ergebnis eines Einzelnen, sondern des Zusammenspiels der gesamten Mannschaft, unseren Franchise-Partner:innen sowie unseren liefernden Unternehmen und Dienstleistenden.

Auf was bist du besonders stolz?

Auf unsere Franchise-Partner:innen und auf unsere rund 5 000 Mitarbeiter:innen in den Restaurants, die täglich ihr Bestes geben, um unsere Marke zu repräsentieren.

> „Die Branche wird breiter, jünger, digitaler."

Wie hat sich die Branche seit deinem Einstieg generell verändert – mal abgesehen von Corona?

Die Branche wird breiter, jünger, digitaler und nachhaltiger. Heißt, immer mehr junge Unternehmer:innen mit betriebswirtschaftlichem Hintergrund und digitaler Affinität stoßen dazu und treiben uns Etablierte in Richtung Innovation. Das hört sich jetzt negativer an, als ich es meine – ich empfinde das als einen sehr positiven Aspekt. Zugleich haben sich die Bedürfnisse der Gäste weiterentwickelt. Digitale Bestell- und Bezahlsysteme sind heute genauso selbstverständlich wie elektronische Reservierungssysteme. Darüber hinaus erwarten die Gäste ein immer umfangreicheres Angebot vegetarischer und veganer Speisen.

> „Veränderte Arbeitswelten bringen andere Formen von Essgewohnheiten mit sich."

Was hat sich jetzt seit Corona verändert?

Auf jeden Fall ist die Nachfrage nach Lieferangeboten gestiegen. Veränderte Arbeitswelten bringen andere Formen von Essgewohnheiten mit sich. Standortqualitäten ändern sich – die Gastronomie wird weniger Verkehrsgastronomie und entwickelt sich mehr zur Nachbarschaftslocation. Die Gäste suchen verstärkt nach Sicherheit. Das bedeutet für uns Gastronom:innen, dass die Gesundheit unserer Gäste und auch die der Mitarbeiter:innen oberste Priorität genießt, um sie angemessen zu schützen.

Was denkst du, kommt in den nächsten 5 bis 10 Jahren auf die Gastro-Branche an Veränderungen zu?

Sozialer, digitaler, nachhaltiger und gerechter sind für mich hier die Schlagwörter. Die Mitarbeiter:innen-Gewinnung und -Loyalisierung wird zu dem Erfolgsfaktor der Zukunft.

Nur denjenigen Gastronom:innen, denen es gelingt, neue Wege zu gehen, wird es möglich sein, dauerhaft erfolgreich am Markt zu bestehen. Dazu gehören für mich auch flexiblere Arbeitszeitmodelle, zum Beispiel eine 4-Tage-Arbeitswoche, die verstärkte Einbindung der Beschäftigten in Entscheidungs- und Innovationsprozesse und auch zwingend der Anstieg der Löhne für die Mitarbeiter:innen. Letzteres sehe ich als gesamtgesellschaftliche Aufgabe. Wir Unternehmen müssen unsere Hausaufgaben machen, sprich investieren und innovieren, um unsere Wertschöpfungsketten weiter zu stabilisieren. Die Politik muss durch die dauerhafte Absenkung der Mehrwertsteuer auf Speisen und Getränke den notwendigen Spielraum dafür sicherstellen und ja, die Gäste sollten ihr Verhalten auch überdenken. „Geiz ist geil" hat aus meiner Sicht ausgedient. Für ein hochwertiges, nachhaltiges Produkt und eine tolle Servicedienstleistung müssen wir alle bereit sein, auch etwas mehr zu bezahlen. In vielen Ländern auf der Welt ist dies bereits Usus.

> „Der Staat muss den schwarzen Schafen unserer Branche endlich den Kampf ansagen."

Und letztendlich müssen die Unternehmen ihre Belegschaft verstärkt am wirtschaftlichen Erfolg partizipieren lassen und wir benötigen dringend einen faireren Wettbewerb. Der Staat muss den schwarzen Schafen unserer Branche endlich den Kampf ansagen. Ohne hundertprozentig transparente Waren- und Geldströme ist es den ehrlichen Gastronom:innen kaum möglich, sich im Markt zu behaupten. Gleiche und faire Bedingungen für alle Marktteilnehmer:innen sollten zu einer Selbstverständlichkeit werden.

Was waren die größten Herausforderungen in der deiner Karriere?

Karriere und Familie in Einklang zu bringen. Es ist auch immer wieder eine Herausforderung, die Waage zwischen betrieblichen Notwendigkeiten und Bedürfnissen der Mitarbeiter:innen zu halten. Darüber hinaus war es sicherlich eine große Challenge, Vapiano 2008/2009 durch die Finanzkrise zu steuern und nun L'Osteria durch die Corona-Pandemie.

Welche drei Eigenschaften sollte ein:e Topmanager:in der Gastro-Branche auf jeden Fall mitbringen?

Empathie, Dienstleistungsorientierung und Resilienz.

Du bist auch im Bundesverband der Systemgastronomie als Präsidiumsmitglied. Warum engagierst du dich dort aktiv?

Ich engagiere mich im BdS, weil mir nicht nur mein eigenes Unternehmen, sondern die gesamte Branche am Herzen liegt. Mit dem BdS verbinden mich die gleichen Werte und Ziele. Darüber hinaus ist es mir wichtig, dass ich mich mit den anderen Mitgliedern austausche und von ihnen lernen kann. Eine faire Tarifpolitik und Sozialpartnerschaft sind weitere Punkte, für die ich angetreten bin und für die ich gern einstehe.

> „Restaurant-Business ist People-Business!"

Welchen Rat gibst du jungen Gastronom:innen mit auf den Weg, die in der Gastro-Branche nicht nur Fuß fassen, sondern voll durchstarten wollen?

Restaurant-Business ist People-Business! Seid euch bewusst, dass 90 Prozent unseres Jobs die Arbeit mit Menschen ist. Zudem: Das ideale Zusammenspiel von „People – Operation – BWA" ist meine klare Empfehlung der Prioritäten in der Unternehmensführung. Über loyale

Mitarbeiter:innen erhält man ein qualitativ hochwertiges Produkt, einen freundlichen, ungezwungenen Service und schafft eine angenehme Restaurantatmosphäre. Das ist das Fundament für loyale Gäste und die beste Voraussetzung für gute Umsätze und Betriebsergebnisse. Wer dagegen die Umsätze an erster Stelle sieht, wird immer Schwierigkeiten mit der Firmenkultur haben, und das kann letztendlich das ganze Unternehmen zu Fall bringen.

Hast du ein Vorbild?

Ja, andere Manager:innen haben es mir besonders angetan, zum Beispiel Howard Schultz, Gründer und langjähriger CEO von Starbucks.

Noch dein Lieblingszitat am Schluss?

„Work hard, have fun, make money!"

DER BETRIEB: DIGITAL & NACHHALTIG

5. Vernetzte Kasse:
Warum Geld verschwenden?

Im Januar 2020 – kurz vor der Pandemie – stieg ich bei Amadeus360 ein, übernahm die Verantwortung für Marketing und Sales und kam zum ersten Mal beruflich mit der Gastronomie in Kontakt. Was für ein Timing! Neu in der Gastro recherchierte ich erst einmal, was die Branche ausmacht, und stolperte über folgende Aussage: Auch ohne die Pandemie überleben vier von fünf gastronomischen Betrieben nicht einmal das fünfte Jahr.

Wie bitte?! Natürlich hielt ich das für übertrieben! Ich recherchierte weiter und weiter und weiter. Die Zahlen variierten leicht, aber alle hatten dieselbe Kernaussage:

> **Wichtig:** Es ist verdammt schwer, ein:e erfolgreiche:r Gastronom:in zu sein! Ehrgeiz, Leidenschaft und gute Gastgeber-Gene sind keine Erfolgsgarantie.

Die gute Nachricht ist: Dank der fortschreitenden Digitalisierung muss niemand mehr ein studierter Betriebswirt sein, um ein erfolgreiches Unternehmen aufzubauen. Viele Stolpersteine lassen sich durch kleine Routinen aus dem Weg räumen. In diesem Kapitel zeige ich, wie Gastronom:innen bis zu 80 Prozent mehr Profitabilität aus ihrem Unternehmen herausholen können – ohne die Kosten zu erhöhen.

Ich schildere einen digitalen Kreislauf und beschreibe praxisnah alle Stationen und deren Optimierungspotenzial:

Wareneinkauf: Einkaufsartikel, Lieferant:innen, Artikelverbrauch, …
Rezepturen: Rezepte, Schablonen, Deko, …
Verkaufsartikel: Auswahl, Bilder, Preiskalkulation, …
Verkaufsstellen: Kellner, To-go, digitale Bestellfunktionen, …
Bestellsteuerung: Kasse, Buchführung, Warenbestand, …
Küche: Organisation, Aufgabensteuerung, freie Kapazitäten, …
Personalplanung: Personaleffektivität, Schichtplanung, Forecasts, …

Als Anbieter von Software für Kasse und Unternehmenssteuerung verfüge ich natürlich vor allem über Beispiel-Screenshots aus unserem Hause. Davon abgesehen werde ich möglichst technologieoffen schreiben – versprochen!

Wareneinkauf

Lieferant:innen & Einkaufsartikel (Marktplatz?)

Fangen wir gleich mal bei einer der aufwendigsten Thematiken in der Gastronomie an: Auswahl und Verhandlung mit Lieferant:innen. Eine kleine Ernüchterung vorweg: Diese zeitintensive Aufgabe können sich nur wenige Gastronom:innen sparen, nämlich diejeni-

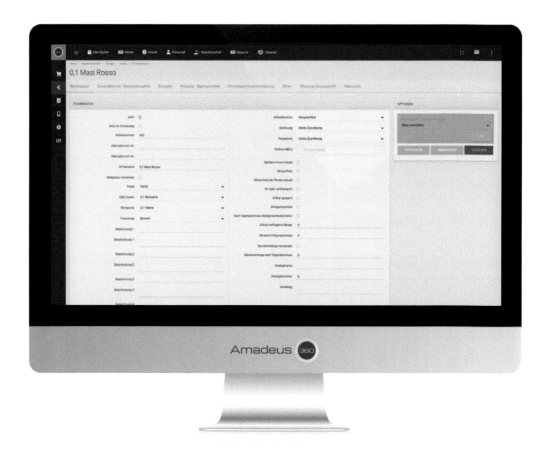

Abbildung 5.1: Ansicht des Einkaufsartikels „Masi Rosso" (Rotwein)

gen, deren Warenwirtschaft an einen digitalen Marktplatz mit direkter Bestellfunktion angeschlossen ist – oder die an ein Franchise wie die Enchilada-Gruppe angeschlossen sind. Für alle anderen gilt: Oft lohnt sich der Aufwand nicht, zwischen vielen Lieferant:innen hin und her zuspringen, nur weil sich der Einkaufspreis der Erdbeeren um 2 Cent das Kilo erhöht hat – außer natürlich das Restaurant heißt „Ristorante Strawberria".

Mit anderen Worten, weniger ist häufig mehr. Sind die Lieferant:innen gefunden und die Preise verhandelt, geht's los mit der Dateneinpflege in die Software, vom Anlegen des Lieferantenverzeichnisses (Kundennummer, Name/Firma, Ansprechpartner:in, Telefonnummer, E-Mail, Adresse) über die Definition der Einkaufsartikel (Einheit, Verpackungsgröße, Preis, Zusatzstoffe) bis zu Nachbestellungen direkt aus der Warenwirtschaft. Dafür werden pro Lieferant:in die gewünschten Artikel gewählt und auf die Bestellliste gesetzt. Am Ende bestätigen und abschicken. Fertig.

Artikelverbrauch planen

Bei der Planung des zukünftigen Verbrauchs kommen wir gleich zum ersten Expertentipp. Ja, langjährige Erfahrung kann auch zu guten Prognosen aus dem Bauchgefühl heraus führen. Wer es aber genauer wissen will, arbeitet stattdessen mit Machine Learning.

> Schon gewusst? Ein paar Fast-Food-Ketten können den Burger-Verbrauch für die nächste Stunde exakt bis auf's Stück vorausberechnen.

Dafür braucht es auf Anwenderseite übrigens keinerlei Technik-Expertise. Das System – im Falle von Amadeus360 das Cloud-Modul „Reporting" – wurde vom Anbieter mit künstlicher Intelligenz ausgestattet. Jetzt kann es selbstständig den voraussichtlichen Verbrauch berechnen. Wie das geht? Basis dafür sind historische Daten aus Kasse und Kassenbuch. Je länger die Verkaufshistorie, desto genauer natürlich die Prognose. Amadeus kann bei ausreichender Datenmenge für die kommenden 5 Tage auf 99 Prozent genau den Verbrauch vorausberechnen. Dafür verwendet es neben den Umsätzen zum Beispiel auch historische Wetterdaten und die Wettervorhersage.

Das eröffnet völlig neue Perspektiven, oder? Hallo Liquiditätsplanung! Keine überteuerten Nachkäufe von Zutaten mehr. Keine kostbaren Waren mehr in der Mülltonne. Waste Management leicht gemacht. Selbst die Personalplanung wird zum Kinderspiel – aber dazu später mehr.

Bleiben wir zunächst einmal beim Warenbestand und bei der Herausforderung, immer die richtige Menge im Lager vorzuhalten. Wieder gibt es technische Hilfsmittel, die die komplexe Aufgabe für die Gastronom:innen lösen. Moderne Kassensysteme haben eine sogenannte Bestandsverwaltung integriert, die selbstständig herunterzählt und rechtzeitig warnt, wenn besonders wichtige Artikel eine kritische Menge unterschreiten – ein klares Signal, dass die nächste Bestellung benötigt wird. Die Küche kann sich die verfügbare Menge am Monitor jederzeit anzeigen lassen. Ist der Bestand 0, verschwindet das entsprechende Gericht dank der vernetzten Kasse selbstständig aus der digitalen Speisekarte – also der stationären beziehungsweise mobilen Kasse und auch dem Selfordering oder Onlineshop. Keine Extra-Wege mehr, kein „das ist leider ausverkauft" und keine enttäuschten Gäste mehr!

Abbildung 5.2: Küchenmonitor mit Bestandsverwaltungsansicht

Automatische Bestellungen

Besonders moderne Systeme erlauben sogar automatische Nachbestellungen direkt im angebundenen Marktplatz. Das ist vor allem bei Artikeln zu empfehlen, die kritisch für das Geschäft sind, wie Verpackungsmaterial für das Außer-Haus-Geschäft oder die allgegenwärtigen Grundzutaten.

> **Fazit:** Um einen wirtschaftlich erfolgreichen Betrieb zu führen, braucht es keinen Finanz-Profi. Wer sein Kassensystem als zentrale Anlaufstelle mit dem Wareneinsatz vernetzt, erhält automatisch Hinweise, wann nachbestellt werden muss.

Rezepturen

Rezepturen anlegen

Damit die vernetzte Kasse weiß, welche Einkaufsartikel in welchem Verkaufsartikel stecken, muss die passende Rezeptur hinterlegt werden. Dafür braucht es üblicherweise Name, Menge, Maßeinheit und Preis der Zutat. Einzelne Artikel – wie Dekoration – können auch als optional definiert und mit Schablonen vorgegeben werden.

Automatische Kalkulation/Deckungsbeitrag

Jetzt kommt die Magie ins Spiel, denn intelligente Warenwirtschaftssysteme helfen nicht nur bei der Mengenkalkulation, sondern auch bei der Preisdefinition. Sie berechnen direkt beim Anlegen der Rezeptur den Deckungsbeitrag eines Gerichts. Der Deckungsbeitrag ist der Anteil, den der Verkaufsartikel zur Deckung der Fixkosten beiträgt.

> **Schon gewusst?** Ein Gericht muss bei der Kosten-Umsatz-Rechnung nicht unbedingt eine positive Bilanz aufweisen. Damit es zum Erfolg des Unternehmens beiträgt, genügt es, wenn der Deckungsbeitrag positiv ist.

Abbildung 5.3: Anlegen einer Rezeptur mit Deckungsbeitragsberechnung

Allergene und Zusatzstoffe

Allergene und Zusatzstoffe nehmen in der heutigen Welt einen immer größer werdenden Stellenwert ein – ich persönliche vermute, weil immer mehr Menschen sensibel reagieren. Das leider berühmteste Beispiel ist die Erdnussallergie, die auch ohne tatsächlichen Verzehr zum Erstickungstod führen kann. Weniger bekannt, aber kaum weniger gefährlich ist die Zöliakie, welche bei den Betroffenen schon in leichten Fällen starke Übelkeit auslösen kann.

> Schon gewusst? In Schottland soll es zu Todesfällen nach dem versehentlichen Glutengenuss von Betroffenen im Restaurant gekommen sein.

Deshalb ist die Gesetzeslage mittlerweile eindeutig: Sie sind verpflichtet, Allergene und Zusatzstoffe anzugeben, und zwar auch im Onlineshop.

> **Fazit:** Die Warenwirtschaft hilft nicht nur bei der Lagerverwaltung, sondern auch bei der Preiskalkulation. Der Deckungsbeitrag sorgt dafür, dass Preise nicht zu niedrig angesetzt werden.

Verkaufsartikel

Verkaufsartikel anlegen

Prinzipiell ist das Anlegen von Verkaufsartikeln kein Hexenwerk und wird sich bei den verschiedenen Programmen nicht großartig unterscheiden. Bei lokalen Kassensystemen erfolgt die Anlage im „Backoffice" der Kasse auf dem Kassenserver. Bei Cloud-Kassen und hybriden Kassen (mit lokalen Bestandteilen und Cloud-Anschluss) werden die Artikel in der Cloud konfiguriert.

Ein Datensatz für alles

Wichtig ist das zentrale Datenprinzip, damit keine parallelen Speisekarten gepflegt werden müssen. Onlineshop, Sommerkarte, Winterkarte, Happy-Hour-Karte – da kommen schnell vier, fünf Karten zusammen – unnötiger Aufwand, wenn alle einzeln angepasst werden müssen. Stattdessen sollte das System mit „Preisniveaus" umgehen können. Dazu später mehr.

Digitale Speisekarte modifizieren

Werden der Onlineshop und/oder ein Selfordering-Modul mitangeschlossen, ist es wichtig, dass der zentrale Datensatz der Artikel um gästefreundliche Benennungen und Erklärungen erweitert wird. In einigen Systemen können sogar Videos hinterlegt werden. Das ist vor allem bei Cocktails oder Gerichten ratsam, die im Lokal besonders in Szene gesetzt werden, zum Beispiel mit Feuer. Trotzdem bleibt es ein und derselbe Datensatz.

Zentrale Artikelverwaltung

Dieses zentrale Datenprinzip geht sogar noch weiter. Ein paar auserwählte Systeme – wie Amadeus360 – können sogar zentral die Artikel für alle Filialen pflegen, die dann täglich in die jeweiligen Betriebe synchronisiert werden.

> **Fazit:** Das zentrale Datenprinzip sorgt dafür, dass mit möglichst wenig Aufwand möglichst viele Systeme aktuell gehalten werden können: Lokale Speisekarte, digitale Speisekarte, Saisonkarten und auch ganze Filialen.

Verkaufsstellen

Was sind Verkaufsstellen?

Verschiedene Verkaufsstellen zu verwalten, bedeutete noch vor nicht allzu langer Zeit vor allem, einen oder mehrere Innenräume im Lokal und einen Biergarten im Blick zu behalten. Heute gibt es oft noch einen Straßenverkauf, Selfordering am zentralen Terminal oder dem eigenen Endgerät der Gäste, einen Onlineshop für die Bestellung von zu Hause und meist auch noch mindestens ein Profil auf einem großen Lieferportal.

Verkaufsstellen verwalten

Damit der Deckungsbeitrag der Verkaufsartikel an allen Verkaufsstellen stimmt und der Preis trotzdem noch attraktiv für die Gäste ist, sollte die vernetzte Kasse mit verschiedenen Preisen umgehen können. Neben standortbasierten Preisniveaus mit Zuschlägen für Innenstadtlagen sind auch Pauschalen oder Mindestbestellwerte für Lieferungen oder andersherum Rabatte für Selbstabholer oder vergünstigte Mittagsangebote längst gang und gäbe. Eine Selbstverständlichkeit für die vernetzte Kasse.

> **Schon gewusst?** Im hauseigenen Onlineshop bestellen die Gäste oft mehr als im markenübergreifenden Lieferportal. Bei AmadeusGo sprechen wir von mehr als doppelt so viel pro Bestellung!*

Onlineshop und Liefergeschäft kalkulieren

Vorsicht: Nicht alle Speisen sind für den Distanzverkauf geeignet.

---

* Gemessen bei einigen Enchilada-Filialen, die uns ihr Bestellvolumen bei Deutschlands größtem Marktplatz verrieten.

Exkurs: Liefergeschäft konzipieren

Speisen	Verpackung	Lieferung
Sind die Speisen stabil genug für einen Transport?	Ist die Verpackung optisch ansprechend?	Soll das eigene Team selbst ausliefern? Versicherung!
Wie viel Transport halten die Speisen aus?	Sind die Speisen optimal geschützt?	Sich einem Lieferportal mit Fahrern anschließen? Preis!
Sind einzelne Gerichte kritisch wie medium Steaks?	Ist die Verpackung trotzdem umweltschonend? Image!	Gibt es lokale Initiativen, die sich anbieten?

Wer Lieferungen anbieten will, sollte auch preislich gut kalkulieren. Anfahrtswege kosten Benzin (= Geld) und Zeit (= Geld). Leerfahrten kosten doppelt Benzin und Zeit und damit viermal so viel Geld. Versuchen Sie daher immer, Rundfahrten mit mehreren Bestellungen zu planen. Anfahrtspauschalen und Mindestbestellwerte können ebenfalls helfen. Bei der Reichweite gibt es kein richtig oder falsch. Das muss jeder selbst herausfinden – am besten mit dem Zwiebelprinzip und von innen nach außen mit verlängerten Fahrtwegen experimentieren.

Schon gewusst? Statt der üblichen 10 bis 30 Prozent Provision (allein für die Provision!) gibt es auch Anbieter, die mit einer Pauschale arbeiten. Bei 50 Euro im Monat – wie bei Amadeus360 – arbeiten sie ab dem zehnten Tag des Monats bereits profitabel.*

Fazit: Ein gastronomischer Betrieb hat heute viele angeschlossene Verkaufsstellen. Mit dem richtigen Verwaltungstool im laufenden Betrieb ein Kinderspiel.

---

* Bei 55 Euro/Bestellung; 10 Bestellungen/Tag und einer angenommenen Marge von 1 Prozent.

Die zentrale Bestellverwaltung ist Ihr zentrales Erfolgsinstrument. Man sieht sie nicht, man riecht sie nicht, man fühlt sie nicht und doch zählt sie zu den mächtigsten Tools in der Gastronomie. Sie macht fast alle manuellen Prozesse unnötig und leitet Bestellungen automatisch an alle angeschlossenen Systeme.

| Waren & Lieferanten | Rezepturen anlegen | Verkaufsartikel definieren | Shop anlegen & Artikel wählen | Shop kräftig bewerben |

Zufriedener Kunde in drei Phasen

Phase 1: Von der Waren-Planung bis zur Angebotserstellung sind idealerweise alle Prozesse mit dem Kassensystem verknüpft. Dadurch ist der aktuelle Bestand stets einsehbar.

Phase 2: Auswahl und Bestellung erfolgt bei Take Away, Delivery oder Self-Ordering im Lokal direkt durch den Kunden.

Phase 3: Sobald die Bestellung beim Kassenserver eintrifft, werden die Folge-Prozesse zentral initiiert, insbesondere Zubereitung und Übergabe an den Kunden.

Zufriedener Kunde

Abbildung 5.4: Digitaler Ablauf von der Zutat bis zum Kunden. © Gastro-MIS GmbH 2020.

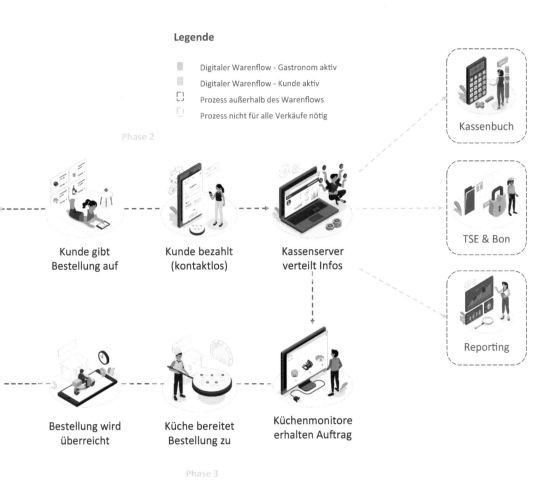

Legende

- Digitaler Warenflow - Gastronom aktiv
- Digitaler Warenflow - Kunde aktiv
- Prozess außerhalb des Warenflows
- Prozess nicht für alle Verkäufe nötig

Phase 2

Kunde gibt
Bestellung auf

Kunde bezahlt
(kontaktlos)

Kassenserver
verteilt Infos

Kassenbuch

TSE & Bon

Reporting

Bestellung wird
überreicht

Küche bereitet
Bestellung zu

Küchenmonitore
erhalten Auftrag

Phase 3

Hier unterscheidet sich die Vorgehensweise je Anbieter. Bei Amadeus360 durchlaufen alle Bestellungen automatisch die folgenden Stationen:

(Onlineshop/Selfordering/Kellner)
Kasse – bonieren
TSE – signieren etc.
Bestandsverwaltung – herunterzählen
Küche – Bon und Aufgabenverteilung
Kassenbuch – GoBD konforme Aufzeichnung
Reporting – Analysen & Controlling

Abbildung 5.5: Kasse mit automatisch eingehender Onlinebestellung

Die Zeitersparnis dadurch ist enorm: Keine Bestellung muss mehr einzeln bedient werden. Die Bestände sind immer aktuell. Bei eingerichteter Bestandsverwaltung können sogar Onlinebestellungen automatisch durchgereicht werden. „Ist das nicht selbstverständlich?", fragen Sie vielleicht. Nun: Sprechen Sie mal mit den Nutzer:innen des bekanntesten Lieferportals.

Schnittstellen

Apropos Lieferportal – das kann mittels Schnittstelle an die zentrale Bestellverwaltung angeschlossen werden. Bei Amadeus360 ist die Schnittstelle sogar in der Lage, das berühmte Tablet und den manuellen Prozess dahinter zu ersetzen. Stattdessen landen die Bestellungen direkt in der Kasse.

Auch Reservierungsprofile beim Reservierungsplatzhirsch können automatisch mit den Bon-Informationen gefüttert werden. Das erlaubt Ihnen, sich auf die Gäste vorzubereiten und beim nächsten Besuch personenbezogene Zusatzverkäufe zu empfehlen. Sie sind regelmäßig ausgebucht? Wie schön! Dann bevorzugen Sie doch die Reservierungsprofile, die regelmäßigen guten Umsatz bringen. Mehr dazu auch im Kapitel 8. *Kundenbindung* ab Seite 111.

Fazit: Die automatische Bestellverwaltung ist ein mächtiges Tool, das viel Zeit (= Geld) spart und Zusatzverkäufe (= Geld) einbringt.

Küche

Küchenmonitoring

Wo wir gerade bei Zeit und Geld sparen sind, lassen Sie uns gleich noch einen genaueren Blick in die Küche werfen. Mit Küchenmonitoring werden die Bestellungen automatisch in die Küche gegeben. In Millisekunden sind diese auch vom Tisch in der hintersten Ecke direkt in der Küche angekommen. Das spart nicht nur wertvolle Zeit, die das Servicepersonal direkt in den nächsten Gast investieren kann. Es minimiert auch noch das Fehlerpotenzial. Unter die Theke gefallene Bons sind damit genauso passé wie unleserliche Handschriften oder verwechselte Reihenfolgen und Tischnummern.

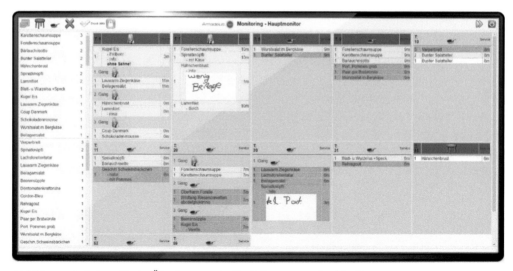

Abbildung 5.6: Automatische Übertragung der Bestellungen an den Monitor

Automatische Aufgabenverteilung

Das ist alles? Dafür soll ich mir teure Monitore zulegen? Nein! Das ist noch längst nicht alles. Jetzt fängt der Spaß erst an. Im selben Moment, indem die vernetzte Kasse die Bestellung eines Tisches direkt an die Küche überträgt, teilt sie diese auch gleich in ihre Bestandteile auf. Damit erhält jede (Koch-)Station direkt die für sie relevanten Arbeitsschritte zugeteilt. Gleichzeitig wird am Monitor aufsummiert angezeigt, wie viele Gerichte, Beilagen oder Getränke von derselben Sorte aktuell noch offen sind. So können beispielsweise alle Schnitzel zeitsparend in einem Rutsch zubereitet werden.

Zusätzliches Bestellvolumen

Auch das war noch nicht alles! Bei vollständig eingerichtetem Küchenmonitoring kann die verknüpfte Kasse Gerichte vorschlagen, die trotz voll ausgelasteter Küche zusätzlich noch zubereitet werden können. Möglich macht das die automatische Aufteilung der Aufgaben auf Arbeitsstationen. Dadurch weiß das System, ob und welche einzelnen Stationen noch Luft für Aufträge haben.

Monitore und das Arbeitsklima

Auch jetzt sind wir noch nicht am Ende des Wunderkindes Küchenmonitor. Unsere Kund:innen berichten uns von einer enormen Steigerung der Mitarbeiterzufriedenheit. Die Küche ist plötzlich ruhig, organisiert und freundlich. „Es bleibt sogar mal Zeit für einen Scherz!", vertraute uns erst neulich ein begeisterter Gastronom kurz nach der Umstellung an. Jeder, der schon einmal einen Fuß in eine Gastro-Küche gesetzt hat, weiß, warum wir das an dieser Stelle betonen.

Schank- und Servicemonitore

Dieselben Mechanismen aus dem Küchenmonitoring finden inzwischen auch beim Schankmonitoring Anwendung. Wie viel Bier muss gerade gezapft werden? Wie viele Latte Macchiato sind noch offen? Hatte Tisch 4 jetzt eine Cola oder ein Spezi? Einfach vom Monitor ablesen, fertig. Nahtlos schließt sich auch der Servicemonitor an, der von den Küchen- oder Schankmonitoren direkt das Signal erhält, welche Bestellung raus zum Gast kann.

Fazit: Die Küche ist einer der manuellsten und damit zeitaufwendigsten und zugleich fehleranfälligsten Bereiche im gastronomischen Betrieb. Küchenmonitoring entschärft die Problemzone nicht nur, es bringt auch noch zusätzlichen Umsatz und verbessert die Stimmung.

Personalverwaltung

Eigentlich wäre das Thema Personalverwaltung ein eigenes Kapitel wert. Doch das würde den Rahmen dieses Buches sprengen. Deshalb reduziere ich es auf die Personalplanung und dort auf jene Bereiche, die direkt mit dem Umsatz in Berührung kommen.

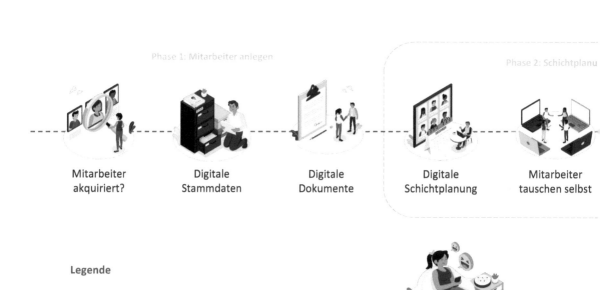

Phase 1: Mitarbeiter anlegen

Phase 2: Schichtplanu

| Mitarbeiter akquiriert? | Digitale Stammdaten | Digitale Dokumente | Digitale Schichtplanung | Mitarbeiter tauschen selbst |

Legende

- Digitale Personalverwaltung - Mitarbeiter aktiv
- Digitale Personalverwaltung - Verwaltung aktiv
- Prozess außerhalb des Personal-Moduls

Zufriedener Mitarbeiter

DATEV Lohn

Abbildung 5.7: Digitale Personalverwaltung im Überblick. © Gastro-MIS GmbH 2020.

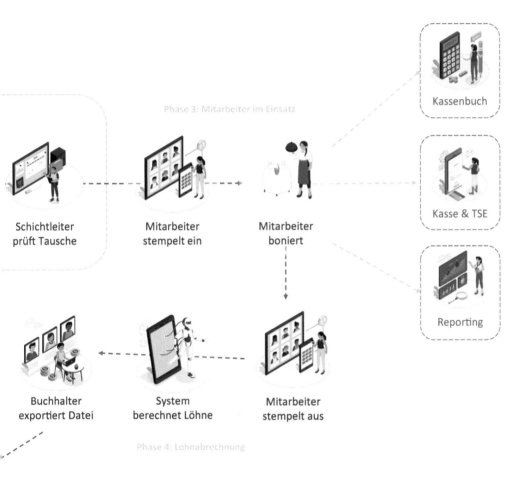

Phase 3: Mitarbeiter im Einsatz

Schichtleiter
prüft Tausche

Mitarbeiter
stempelt ein

Mitarbeiter
boniert

Kassenbuch

Kasse & TSE

Reporting

Buchhalter
exportiert Datei

System
berechnet Löhne

Mitarbeiter
stempelt aus

Phase 4: Lohnabrechnung

Personaleffektivität

Dazu zählt natürlich der ganze Bereich Controlling und Optimierung. Die vernetzte Kasse weiß dank integrierter Reporting-Funktionen nicht nur, wie viel Umsatz zu welcher Stunde mit welchen Artikeln an welchen Verkaufsstationen erwirtschaftet wurde. Bei angeschlossener Personalverwaltung weiß sie auch genau, von welchem/welcher Mitarbeiter:in. Dadurch kann die Personaleffektivität fortlaufend gemessen und optimiert werden. Ein gesunder Erfahrungsaustausch unter den Mitarbeiter:innen oder Standorten ist Gold wert!

Schichtplanung

Die Einsatzpläne lassen sich ebenfalls in der – an die Kasse angeschlossenen – Unternehmenssteuerung in der Cloud erstellen. Amadeus360 bietet speziell dafür beispielsweise auch eine Schichten-Tauschbörse, sodass die Mitarbeiter:innen eigenständig durchtauschen und der/die Schichtleiter:in den Handel nur noch bestätigen muss – vorausgesetzt er/sie ist einverstanden. Das erspart viele „Ich kann am Tag xy aber nicht"-Diskussionen.

Forecasts

Für die Schichtplanung kommen bei modernsten Systemen auch die im Abschnitt „Artikelverbrauch planen" beschriebenen Forecasts aus dem Machine Learning zum Tragen. Wer genau weiß, wie viele Artikel er in den kommenden Tagen verkaufen wird, weiß auch, wie viel Personal er dafür benötigt.

> **Schon gewusst?** Es gibt bereits Systeme, die basierend auf historischen Daten und den Verkaufsprognosen selbstständig Schichtpläne erstellen können.

Auch bei Amadeus360 sind diese automatisch erstellten Dienstpläne keine weit entfernte Zukunftsmusik mehr.

> **Fazit:** Auch bei nicht offensichtlichen Bereichen wie der Personalplanung lässt sich mit dem richtigen System viel Zeit sparen.

Schlusswort

Damit sind wir am Ende des Kapitels „vernetzte Kasse". In einem Satz zusammengefasst: Mit intelligent vernetzten Systemen kann der gastronomische Betrieb mit minimalem Zeitaufwand zielsicher gesteuert und um bis zu 80 Prozent profitabler gestaltet werden. Wie, habe ich in diesem Kapitel gezeigt.

Checkliste: Vernetzte Kasse

- ✓ Wareneinkauf: Weniger ist mehr – nicht verzetteln!
- ✓ Rezepturen: Deckungsbeitrag fortlaufend im Blick behalten!
- ✓ Verkaufsartikel: Einen zentralen Datensatz verwenden!
- ✓ Verkaufsstellen: Preisniveaus, Zuschläge und Rabatte einsetzen!
- ✓ Bestellsteuerung: Die zentrale Bestellverwaltung ist das Herz des Systems!
- ✓ Küche: Automatismen schaffen freie Kapazitäten und machen glücklich!
- ✓ Personalplanung: Personaleffektivität lässt sich messen und steigern!

Über die Autorin

Stefanie Milcke leitet seit Januar 2020 Marketing & Sales bei Gastro-MIS und ist seit Ende 2021 zweite Geschäftsführerin des Unternehmens. Die Marketing-Expertin bringt durch ihre früheren Stationen bei SOFORT, Klarna, der Airbank und dem Plattform-Banking-Spezialisten ndgit langjährige Expertise aus dem Fintech-Sektor mit. Neben ihrer Tätigkeit bei Gastro-MIS engagiert sie sich ehrenamtlich als Host für verschiedene Meetups sowie als Startup-Mentor.

vertrieb@gastro-mis.de
www.amadeus360.de

6. Kassenkauf neu gedacht:
Mehr Erfolg mit dem passenden Digitalisierungskonzept

Die Neuanschaffung einer Kasse ist heutzutage weit mehr als der reine Hardwarekauf. Kassensysteme haben sich zum Herzstück eines Betriebes entwickelt und sind nicht mehr nur das Abrechnungssystem, wie Sie im vorhergehenden Kapitel bereits lesen konnten.

Über die Kasse werden mittlerweile

    alle Prozesse in Service, Küche und Büro gesteuert,
    die Buchhaltung vorbereitet,
    Kennzahlen zusammengeführt und
    im Idealfall Abläufe vereinfacht, digitalisiert und beschleunigt.

Umso wichtiger wird der/die richtige Partner:in für den eigenen Erfolg. Wie also die richtige Wahl treffen? Die Antwort ist: mit einer ausführlichen Analyse des eigenen Bedarfs. Viele Fragen und rechtliche Anforderungen gilt es zu beachten. Wie und warum die Begleitung und Beratung durch einen erfahrenen Kassen- und Digitalisierungsexperten schnelleren und größeren Erfolg bringt und welche Tipps bei der Auswahl helfen, erfahren Sie im folgenden Kapitel.

Neue Kasse? Ganz schön schwer

Spätestens mit der Kassensicherungsverordnung und der Anforderung, bestehende Kassen um eine Technische Sicherheitseinrichtung (TSE) aufzurüsten, wurde jede:r Gastronom:in, Hotelier:e und Kassenbesitzer:in gezwungen, seine /ihre Kasse kritisch zu überprüfen. Viele Kassen waren nicht oder nur mit großem Aufwand aufrüstbar. Einige mussten die Kasse deshalb austauschen. Andere möchten es noch tun, um für die Zukunft gerüstet zu sein und sich zu modernisieren.

Doch das Angebot an Kassenlösungen – gleich ob aus der Cloud oder als lokale Lösung – ist groß. Da fällt die Wahl gar nicht so leicht und wird von vielen Fragen begleitet:

Arbeitet die Kasse finanzamtkonform bzw. wie wird das sichergestellt?

Welche Bereiche und Abläufe sollen abgebildet werden?

Wie arbeiten die Mitarbeiter:innen damit?

Wie stellt man sich zukunftssicher auf?

Wie kann auch die künftige Betriebsentwicklung berücksichtigt werden?

Kasse heute – weit mehr als nur ein Abrechnungssystem

Die Kasse hat sich zum Dreh- und Angelpunkt eines Betriebs entwickelt. In ihr laufen nicht nur Kassier- und Bezahlvorgänge zusammen, sondern sie kann mit cleveren Ergänzungen für erhebliche Entlastung im Alltag sorgen und wichtige Einblicke in Zahlen, Erfolge und Produktivität geben.

Durch angebundene Drittsysteme wie Schankanlagen, Kaffeemaschinen, Küchenmonitore, Hotelsoftware und vieles mehr sowie die Verknüpfung zur Buchhaltung, DATEV etc. ist die Kasse Steuerungsinstrument und Erfolgsmotor in einem (mehr dazu im vorhergehenden Kapitel 5. *Vernetzte Kasse* ab Seite 71).

Die abgedeckten Prozesse und Betriebsabläufe sind vielfältig, wie Sie in Abbildung 6.1 auf der folgenden Seite sehen können.

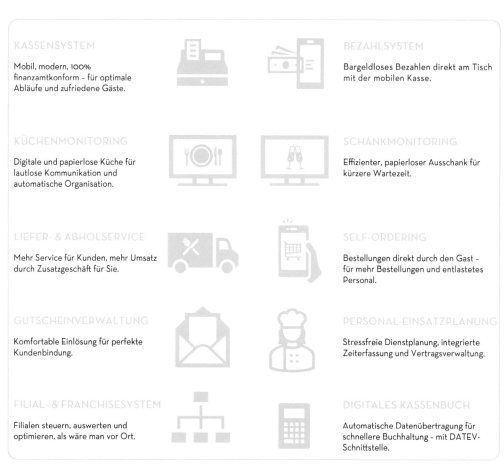

KASSENSYSTEM

Mobil, modern, 100% finanzamtkonform – für optimale Abläufe und zufriedene Gäste.

BEZAHLSYSTEM

Bargeldloses Bezahlen direkt am Tisch mit der mobilen Kasse.

KÜCHENMONITORING

Digitale und papierlose Küche für lautlose Kommunikation und automatische Organisation.

SCHANKMONITORING

Effizienter, papierloser Ausschank für kürzere Wartezeit.

LIEFER- & ABHOLSERVICE

Mehr Service für Kunden, mehr Umsatz durch Zusatzgeschäft für Sie.

SELF-ORDERING

Bestellungen direkt durch den Gast – für mehr Bestellungen und entlastetes Personal.

GUTSCHEINVERWALTUNG

Komfortable Einlösung für perfekte Kundenbindung.

PERSONAL-EINSATZPLANUNG

Stressfreie Dienstplanung, integrierte Zeiterfassung und Vertragsverwaltung.

FILIAL- & FRANCHISESYSTEM

Filialen steuern, auswerten und optimieren, als wäre man vor Ort.

DIGITALES KASSENBUCH

Automatische Datenübertragung für schnellere Buchhaltung - mit DATEV-Schnittstelle.

Abbildung 6.1: Von dem Kassensystem ausgehende Digitalisierungsbereiche in der Gastronomie
Quelle: Gewinnblick GmbH

Nur nach Kassenhardware zu suchen und diese aufgrund von Funktionen zu kaufen, reicht schon längst nicht mehr, um gut für die Zukunft gerüstet sein. Die große Vielfalt an technischen Möglichkeiten bietet verschiedenste Umsetzungsoptionen. Rechtliche Vorgaben müssen bei der Planung ebenfalls berücksichtigt werden:

Erfüllung der Finanzamtkonformität im Sinne der KassenSichV (TSE, Bonpflicht), Dokumentation der Kassennutzung und Prozesse in einer Verfahrensdokumentation, Vorbereitung und Verhalten im Falle einer Kassennachschau und Betriebsprüfung.

Das Vorgehen bei der Beschaffung sowie auch die Auswahl des/der betreuenden Partners/Partnerin, der/die alle erforderlichen Aspekte im Blick hält, muss neu gedacht werden.

Prämien und Förderungen? Na klar!

Digitalisierung ist in aller Munde. Auch wenn es manch einer schon nicht mehr hören kann: Die Optimierung interner Prozesse durch technische Unterstützung ist heute ein wichtiger Beitrag für den Unternehmenserfolg.

Von Service, Küche und Büro bis hin zur Buchhaltung und Verknüpfung von Drittsystemen kann ein Kassen-Projekt viele Prozesse digital beschleunigen. Da wird schon die Planung schnell umfangreich und unübersichtlich – sowohl vom Zeit- als auch Kostenaufwand.

Wer seinen Betrieb modernisieren will, steht nicht allein da! Der Staat stellt dafür verschiedene Prämien und Förderungsprogramme bereit. Dabei den Überblick zu behalten ist allerdings nicht ganz einfach. Ganz unabhängig von Sonderhilfen in speziellen Situationen, wie die Überbrückungshilfe in Corona-Zeiten, gibt es je nach Bundesland verschiedene Programme für kleine und mittlere Unternehmen. Unterstützt werden Beratungsleistungen und auch die Technik selbst – je nach Förderprogramm. Eine gute Übersicht findet sich beispielsweise unter https://digitaleneuordnung.de/blog/foerdermittel-digitalisierung

Grundlage für eine erfolgreiche Antragstellung ist meist ein Digitalisierungskonzept oder Digitalisierungsfahrplan. Dieser Plan soll zeigen, wie die technischen Investitionen zum unternehmerischen Erfolg beitragen werden. Damit das Konzept überzeugt (und später auch erfolgreich umgesetzt wird), braucht es einen erfahrenen Digitalisierungs- und Kassen-Experten.

Tipp: Informieren Sie sich rechtzeitig vor der Beauftragung und setzen sich intensiv gemeinsam mit Ihrem/Ihrer Steuerberater:in und Kassenpartner:in mit dem Thema auseinander. Hilfreiche Links finden sich am Ende des Kapitels.

Tipp von Sascha Matussek, StB Matussek

„Als Steuerexperten für Gastronomie- und Hotelbetriebe erleben wir täglich den Unterschied zwischen Betrieben, die auf der Höhe der Zeit – also nahezu voll digital – arbeiten, und Betrieben, die hinterherhinken:

Die Zusammenarbeit mit digitalisierten Unternehmen ist deutlich einfacher. Und der Effekt ist übrigens auch messbar – und zwar am Gewinn!

Um es deutlicher zu sagen: Aus unserer Sicht führt kein Weg vorbei an einer vernünftig geplanten und gut ausgeführten Digitalisierung. Das betrifft vor allem die Kassenlösung. Wer für diese Modernisierung keine staatlichen Förderungen nutzt, ist selbst schuld.

Was die wenigsten wissen: Auch bei einer Betriebsprüfung hat der Nachweis eines digitalen Betriebskonzeptes inklusive Verfahrensdokumentation positiven Einfluss auf das Prüfungsergebnis."

Sascha Matussek, Steuerberater und Geschäftsführer von StB Matussek, Spezialist für Steuerfragen und Fördermittel in der Gastronomie

Beschaffung ohne Enttäuschung – mit passender Beratung im Vorfeld

Die Funktionen einer Kasse sind essenziell, ganz ohne Frage. Schließlich soll sie die gastronomischen Abläufe bestmöglich unterstützen. Eine maßgeschneiderte Kassenkonfiguration trägt dazu bei. Aber Vorsicht: Nur die Ist-Situation abzudecken, ist zu kurz gedacht. Die digitale Welt dreht sich immer schneller. Wie wird sich die Situation in ein paar Jahren entwickeln? Hält die Kasse den Anforderungen dann noch stand?

Die Zukunftssicherheit der Kasse muss deshalb ebenfalls berücksichtigt werden, mit dem/der richtigen Berater:in ein Selbstläufer. Er/sie behält die unternehmerischen Ziele und Anforderungen im Blick.

> **Tipp:** Am besten starten Sie mit den grundlegenden Fragen:
>
> Was ist mein Ziel als Gastronom:in – was möchte ich mit meinem Betrieb erreichen?
> Wie möchte ich meine Mitarbeiter:innen einbinden und fit machen?
> Welche Bereiche (Küche, Service, Büro, Schank) sollen in meinem Betrieb unterstützt werden?
> Wie müssen die Betriebsbereiche oder Outlets miteinander kommunizieren?
> Welchen Zeitrahmen habe ich für die Einführung?
> Was ist mir im Service wichtig? Erreichbarkeit etc.
> Wie lautet der Notfallplan? Notdienst, Hotline?

Das Konzept ist entscheidend

Analyse der Prozesse und Ziele

Wie bei jeder Neuanschaffung erhoffen Sie sich bei einer neuen Kasse natürlich, Potenziale auszuschöpfen und Prozesse zu verbessern – und das sollten Sie auch. Vorher gilt es allerdings die Ist-Situation zu betrachten: Eine umfassende Analyse stellt sicher, dass das neue Konzept Herausforderungen löst und bereits die nächsten Schritte berücksichtigt.

Eine Betriebsanalyse gibt den nötigen Überblick:

Erfüllung rechtlicher Vorgaben
Interne Prozesse und Bereiche
Zielsetzung und Zeitplan
Projektierung der möglichen Lösung

Für die Beantragung von Fördermitteln wird meist ein Digitalisierungskonzept verlangt. Dieser Fahrplan zeigt, warum, wie und mit welchem Ziel Investitionen getätigt werden und was die nächsten Schritte sind. Auch ohne Nutzung finanzieller Unterstützung sollten Sie nicht auf den Plan verzichten. Warum? Er ergänzt auch die geforderte Verfahrensdokumentation bei einer Betriebsprüfung!

Das Digitalisierungskonzept setzt sich aus mehreren Bestandteilen zusammen, wie Sie in Abbildung 6.2 sehen können.

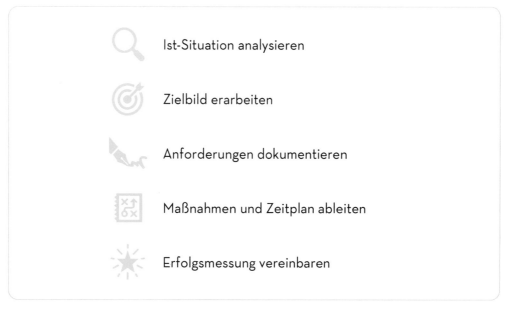

Ist-Situation analysieren

Zielbild erarbeiten

Anforderungen dokumentieren

Maßnahmen und Zeitplan ableiten

Erfolgsmessung vereinbaren

Abbildung 6.2: Bestandteile eines Digitalisierungskonzeptes
Quelle: Gewinnblick GmbH

1. Ist-Analyse: In der Ist-Analyse wird betrachtet, welche Prozesse schneller, einfacher oder reibungsloser laufen könnten – Ihre Schmerzpunkte im aktuellen Betriebsablauf.
   - Wissen Sie, wie häufig ein Gericht am Tag / Monat / Jahr verkauft wird?
     Wenn eine Preiserhöhung um 50 Cent 10 000 Euro mehr Umsatz bringt, wird die Planung deutlich leichter.
   - Wissen Sie, was Mitarbeiter:innen mit mehr Verkäufen am Gast anders machen?

Nutzen Sie diese Erkenntnisse, um alle Mitarbeiter:innen von den Besten lernen zu lassen und damit Umsätze zu erhöhen.

Tipp: Binden Sie Ihr Personal ein. Fragen Sie, was sie verbessern würden, wenn sie ein oder zwei Dinge ändern dürften.

2. Zieldefinition: Als Nächstes wird das Zielbild erarbeitet und die sich daraus ergebenden Anforderungen an die Kassenlösung definiert.
3. Planung: Anschließend wird in einem Stufenplan die Reihenfolge ausgearbeitet. Wann werden welche Betriebsbereiche digitalisiert und welche Maßnahmen durchgeführt?

Tipps von Michaela Lampl, MAHAVI GmbH

„Bei uns hat sich folgende Vorgehensweise bewährt: Bei der Digitalisierung im laufenden Betrieb funktioniert die Einführung stufenweise am besten, insbesondere bei wenig Erfahrung des Personals mit digitalen Kassenlösungen.

Bei Neueröffnungen dagegen konnten wir direkt in einem Schritt das gesamte digitale Zielbild umsetzen. Das bringt schneller den gewünschten Effekt und die Mitarbeiter:innen sind begeistert von ihrer modernen Arbeitsumgebung. "

Michaela Lampl, stellvertretende Geschäftsleitung Operation
MAHAVI GmbH
Betreiber u. a. Parkcafé in München, Strandhotel Berg, Martha Pizzarei und Marthabräu in Fürstenfeldbruck

Die Stufen der Umsetzung

Die Stufen der Umsetzung werden von innen nach außen angesetzt:

Finanzamtkonforme Kasse als Basis zur Sicherstellung aller rechtlichen Anforderungen
Mobile Ausstattung der Kellner mit Handhelds für perfekten Service am Gast
Integration von Kasse und Bezahlsystem für kurze Bestell- und Kassiervorgänge
Integriertes digitales Kassenbuch für vereinfachte Buchhaltung
Küchenmonitoring für eine digitale, papierlose Küche mit einfacher Kommunikation
Schankmonitoring für optimierte Getränkeausgabe durch Schankanlagen
Anbindung von Drittsystemen über Schnittstellen für eine digitale Gesamtlösung
Take-away und Selfordering ergänzen bestehende Umsatzquellen

Wie immer im (Berufs-)Leben gehören vier Schritte untrennbar zusammen: Planung, Umsetzung, Kontrolle, Optimierung. Deshalb muss auf die Inbetriebnahme der Digitalisierung direkt eine Erfolgsmessung folgen. So wird festgestellt, ob die positiven Effekte wie Arbeitsentlastung, Kostenreduktion und verbesserte Kommunikation erreicht wurden.

Die Begleitung von der Beratung über die Erstellung des Digitalisierungskonzeptes für Kassenlösungen bis hin zur technischen Umsetzung und Erfolgsmessung kann nur von einem erfahrenen Digitalisierungspartner übernommen werden. Die Auswahl ist groß, die Eignung lässt sich anhand einiger Kernfragen überprüfen.

Tipps für die Auswahl des Digitalisierungspartners

Die Kompetenz eines Digitalisierungspartners zeigt sich insbesondere in der Erstellung eines passenden Digitalisierungskonzeptes mit Einführungsfahrplan für Ihren Betrieb. Das bestehende Personal muss mitgenommen und etwaige Prozessneuerungen so umgesetzt werden, dass das Arbeiten weiterhin oder sogar mehr Spaß macht. Umso wichtiger ist es deshalb genau zu prüfen, ob die notwendige Eignung gegeben ist.

Fragen zur Prüfung und Auswahl des Digitalisierungspartners:

Produkt- oder Prozessberatung?
Werden auch rechtliche Vorgaben, Prozessoptimierung und die Anbindung von Drittsystemen berücksichtigt?
Ihr Vorteil: Ganzheitliche Beratung

Beratungsnetzwerk

Wie gut ist die Vernetzung mit Lieferant:innen, Steuerberater:innen, Verbänden etc.?
Ihr Vorteil: Mehr Beratungsqualität und Einkaufsvorteile

Anpassbare digitale Gesamtlösung

Kann das empfohlene Kassensystem modular angepasst werden?
Ihr Vorteil: Mehr Flexibilität je nach Unternehmensentwicklung

Finanzamtkonformität

Sind und bleiben die empfohlenen Lösungen finanzamtkonform? Ihr Vorteil: Berücksichtigung zukünftiger Gesetzesanpassungen!

Rechtssicherheit

Werden rechtliche Pflichten wie TSE, Kassensicherungsverordnung, Verfahrensdokumentation (zeitnah) umgesetzt? Achtung: Sie haften selbst!

Betriebsprüfungen

Wird der Stress durch Steuerprüfungen mit routiniertem Vorgehen abgefangen?
Ihr Vorteil: Erfahrung zahlt sich aus.

Wissensvermittlung

Wie erfolgen Schulungen? Durch Fachpersonal live, online, per Video oder per Call-Center? Passgenau auf Ihren Betrieb?

Servicequalität

Wie ist das Serviceverständnis des Anbieters? Service vor Ort, Telefonsupport, Fernwartung, Notdienstzeiten?
Ihr Vorteil: Schnelle Lösungsfindung

Tipp von Michaela Lampl, MAHAVI GmbH

„Unser Tipp: Wenn wir eines aus den vielen Eröffnungen unserer Betriebe gelernt haben, ist es, offen zu sein für Lösungsvorschläge der Experten. Nicht immer ist die Lösung, die einem selbst vorschwebt, auf lange Sicht auch wirklich die beste. Also ruhig mal auf die Profis hören und sich durch neue Ideen inspirieren lassen."

Digital fit für die Zukunft

Bestellungen annehmen, kochen, bedienen, kassieren: Der klassische Gastro-Alltag erfordert in vielen Bereichen echte Handarbeit. Damit ist er langsam und oft auch fehleranfällig. Die gute Nachricht ist: An vielen Stellen können Sie mit digitalen Prozessen die Arbeit erleichtern, Fehler vermeiden, Abläufe beschleunigen und damit auch den Gewinn nachhaltig steigern. Um das zu erreichen, muss die Beschaffung insbesondere der Kassenlösung neu gedacht werden.

> **Wichtig:** Der Kauf eines Kassensystems nur auf Basis der Funktionen ist zu kurz gedacht. Stufenweise Digitalisierungskonzepte haben sich bei der Umstellung in laufendem Betrieb bewährt, die direkte Einführung des Zielkonzepts bei Neueröffnungen.

Einige Prozesse lassen sich sehr leicht digital verbessern. Ein mit der Kasse verknüpftes Küchenmonitoring beendet zum Beispiel Zettelchaos, lautes Annoncieren und umständliches Abstimmen in der Küche. Integrierte Bezahl- und Abrechnungssysteme sparen Zeit bei der Buchhaltung und geben auch noch mehr Einblick in Umsätze und Rentabilität. Ein genauer Blick auf die bestehenden Prozesse lohnt sich also. Setzen Sie dabei auf die Expertise des eigenen Steuerberaters und Kassenspezialisten als Digitalisierungsberater und nutzen Sie Fördermittel. Also los geht's: informieren, beraten lassen, umsetzen, profitieren.

Links zu Fördermitteln

www.gewinnblick.de/
foerdermittel

www.ueberbrueckungshilfe-
unternehmen.de

digitaleneuordnung.de/blog/
foerdermittel-digitalisierung

www.deutschland-startet.de/
existenzgruendung-gastronomie/

Gewinnblick – Sehen, was wirklich zählt

Mit Leidenschaft für Gastronomie und Hotellerie sorgt Gewinnblick durch effiziente Abläufe in Service, Küche und Büro für einen entspannten Arbeitsalltag. Individuelle Beratung, ein umfassendes Digitalisierungskonzept und innovative Kassen- und Bezahllösungen machen unsere Kund:innen zu den Erfolgreichsten in der Branche. Das Ergebnis: mehr Freude am Arbeiten bei Mitarbeiter:innen, den Gewinn im Blick und größte Gäste-Zufriedenheit.

Persönliche Beratung & Service vor Ort

Gewinnblick bietet durch die Bündelung von Kräften eine starke Beratungs- und Servicequalität. Von der Einplatz-Kassenlösung bis hin zu einem alle Filialen umfassenden Kassensystem betreuen über 80 Mitarbeiter:innen mehr als 14 000 Kund:innen von 10 Standorten aus – flächendeckend mit 365 Tage Notfall-Betreuung vor Ort.

Über die Autor:innen

Daniela Huber
Zentrales Marketing
Gewinnblick GmbH
marketing@gewinnblick.de

Fabian Geister
Geschäftsführung
Gewinnblick Württemberg GmbH
info-bw@gewinnblick.de

Gewinnblick GmbH
Hans-Urmiller-Ring 43a | 82515 Wolfratshausen
Telefon: +49 8171 969 65 0 | info@gewinnblick.de
www.gewinnblick.de

7. „Du musst Menschen lieben, um Menschen führen zu können."
Interview mit Kerstin Rapp-Schwan

Kerstin Rapp-Schwan lebt in Hamburg und ist gelernte Industriekauffrau und Diplom-Betriebswirtin. Anders als es ihr Bildungsweg vielleicht vermuten lässt, sieht Kerstin ihre Berufung in der Gastronomie. Neben den vier eigenen Schwan Restaurants und dem Beethoven in Düsseldorf und Neuss engagiert sie sich noch an zahlreichen anderen Stellen: als Vorstand im Leaders Club, gemeinsam mit Tim Mälzer als Consultant in der Agentur Tellerrand und als Gastronomie-Consultant in der Personalberatung Konen & Lorenzen.

Kerstin, dein beruflicher Werdegang ist ja sehr beeindruckend: Man ist geneigt zu fragen, ob dein Tag auch nur 24 Stunden hat, wie unserer. Verrate uns bitte, was von all dem zeichnet dich denn am meisten aus?

Das vielleicht Interessantere ist, was ich nicht bin: ein Kind der Gastro. Das wird gerne so gesehen, klar, als Tochter eines sehr erfolgreichen Gastronomen. Tatsächlich bin ich aber die ersten Jahre völlig anders aufgewachsen. Ich war bereits 14 Jahre alt, als mein Vater – eigentlich ein Topmanager – relativ überraschend seiner Branche den Rücken kehrte. Er gründete gemeinsam mit einem Freund eine Steakhouse-Kette und „fuchste sich rein", und zwar mit großem Erfolg.

Das war dann dein Einstieg in die Gastro?

Ja genau. Ich habe bei seinen Restaurants schon als Schülerin gejobbt. Das hat mir so viel Spaß gemacht, dass ich dabeigeblieben bin – trotz BWL-Studiums. Meine Gastro-Karriere war dennoch kein Spaziergang. Ich habe ganz bodenständig in der Spülküche angefangen, mich dann nach und nach zur Salatküche und der Theke vorgearbeitet.

Wie interessant! Also nicht mit „Vitamin B" gleich oben eingestiegen?

Nein! Ich habe mir meinen Stand in der Gastro selbst verdient und alle Höhen und Tiefen erlebt, die es für Gastronom:innen so gibt von Einbrüchen bis hin zu Überfällen und Messer am Kopf … Trotz dieser Erfahrungen liebe ich die Gastro!

> „Ich kannte die Gastro und ich kannte BWL. Was ich nicht kannte, war die Kombination aus beidem."

Fast direkt nach meinem BWL-Studium kaufte mein Vater seinem ehemaligen Arbeitgeber Maredo ein paar Standorte ab, die dieser nicht weiter betreiben wollte, und bot uns an, sie weiterzuführen. Hochmotiviert nahm ich die Herausforderung an. Ich war ja bereits seit Jahren in der Gastro tätig, hatte viel von meinem Vater beispielsweise im Bereich Mitarbeiterführung lernen können und hatte auch noch BWL studiert. Was konnte da noch schiefgehen?

Die Antwort bekam ich prompt aufs Brot geschmiert: Ich kannte die Gastro und ich kannte BWL. Was ich nicht kannte, war die Kombination aus beidem. Völlig neu war mir zum Beispiel die Mitarbeiterkalkulation mit Bezahlung jeder einzelnen Stunde. Oder auch der Wareneinsatz, der keine Fehlkalkulation verzeiht. Verderbliche Waren sind eben verdorben, wenn man zu viel einkauft.

Schwierig finde ich die Spaltung der Gastro in zwei Lager: die Ehrlichen und die „die es sich leicht machen". Jede Branche hat ihre Herausforderungen, und in unserer sind es eben etwas knappere Margen. Das gehört dazu! Leider gibt es immer noch zu viele, die es sich leicht machen. Sie rechnen offiziell nur den Mindestlohn ab und zahlen den Rest schwarz. Auch an der Kasse wird noch viel vorbeigeschleust. Das verzerrt den Markt und erschwert uns Ehrlichen das Leben. Ich bin davon überzeugt, die Politik muss den Rahmen schaffen und die Umsetzung kontrollieren, sodass es irgendwann nur noch ehrliche Gastronom:innen gibt.

> „Um wieder attraktiv zu sein, muss sich der Umgang mit den Mitarbeiter:innen verändern. Es geht um Wertschätzung!"

Das ist einfach: der Umgang mit dem Personal. Mein Vater hat schon gesagt: „Du musst Menschen lieben, um Menschen führen zu können." Genauso sehe ich das auch. Deshalb bin ich davon überzeugt, dass wir anders mit Personalthemen umgehen müssen. Es war schon vor der Krise schwer, Mitarbeiter:innen zu finden. Mit der Krise und der Abwanderung von Personal in krisensicherere Berufe hat sich das noch verstärkt. Die Branche verliert nicht nur Personal, es kommt auch weniger nach. Jetzt ist die Zeit für Strategien, wie die Branche sich weiterentwickeln kann … muss. Hotels werden vielleicht weniger gefragt, aber Essengehen wird's immer geben.

Um wieder attraktiv zu sein, muss sich der Umgang mit den Mitarbeiter:innen verändern. Es geht um Wertschätzung! Wir Arbeitgeber:innen müssen die Brille der Arbeitnehmer:innen aufsetzen: Warum wollen sie bei mir arbeiten? Mit welchem Ziel? Das geht auch schon in Richtung Marketing: Wenn ich meinen potenziellen Mitarbeiter:innen nicht schmackhaft machen kann, bei mir zu arbeiten, mache ich etwas falsch.

Ich höre zum Beispiel oft, die Arbeitszeiten in der Gastro seien so schlecht. Das sehe ich komplett anders! Wo hast du sonst sieben Tage die Woche und verschiedene Schichten, um deine Arbeitszeiten zu verteilen? Kinderbetreuung lässt sich sehr gut unterbringen, weil man sich super mit dem Partner abwechseln kann. Das Gejammer über die Arbeitszeiten ist halt typisch deutsch. (lacht)

> „Mitarbeitergespräche werden in der Gastro generell viel zu wenig geführt."

Wo siehst du bei der Personalgewinnung typische Fehler und was rätst du Gastronom:innen?

Typische Fehler passieren oft bei der Einarbeitung neuer Mitarbeiter:innen. In der Gastro gibt es viele Quereinsteiger. Dieser „frische Wind" ist neben den alten Hasen ein Vorteil. Aber wenn ich die Neuen nicht ordentlich anlerne, brauche ich mich nicht zu wundern, wenn sie Fehler machen. Deshalb ist ein Einarbeitungsplan so wichtig.

Übrigens muss man sich solche Onboarding-Pläne nicht selbst ausdenken. Leitfäden gibt es zum Beispiel vom Leaders Club. Diese sollten Gastronom:innen wie Checklisten nutzen. Checklisten sind generell sehr hilfreich!

In der Gastro ist es nicht immer einfach, sich an Pläne zu halten. Das Wetter ist anders als vorhergesagt, jemand fällt aus oder eines der Geräte funktioniert nicht ordentlich … und schon müssen die Mitarbeiter:innen anders eingesetzt werden als geplant.

Das ist als kurze Unterbrechung ganz normal. Dann heißt es darüber sprechen, was schon erreicht wurde und was nicht und dann wieder weiter nach Plan! Mitarbeitergespräche werden in der Gastro generell viel zu wenig geführt. Menschen brauchen Gelegenheiten, ihre Themen zu platzieren. Nur so können wir die Entwicklung der Mitarbeiter:innen fördern.

Es ist ganz einfach: Jede:n Mitarbeiter:in ernst nehmen, wertschätzen und ehrliche Gespräche führen. Regelmäßige Schulungen sind selbstverständlich. Verbesserungsmöglichkeiten werden gemeinsam besprochen und dann auch eingehalten! Dafür braucht es regelmäßige Kontrollen. Kontrollen sind keineswegs negativ, denn sie bieten eine Steilvorlage für Lob. Im Gegenteil: Fehlt die Kontrolle, führt das zu Frustration. Der/die Mitarbeiter:in hat sich große Mühe gegeben und wird nicht wertgeschätzt. Deshalb heißt Führen auch sehr konsequent sein. Loben, loben, loben. Menschen wollen gelobt und anerkannt werden.

> „In keiner Branche kannst du so schnell Karriere machen wie in der Gastro - oder so flexibel arbeiten."

Für die Mitarbeitersuche gibt es nicht das eine Erfolgsrezept. Im Gegenteil, es gibt sogar große Unterschiede, je nachdem, wo sich das Restaurant befindet. In welcher Region? In der Stadt oder auf dem Land? Wir selbst suchen momentan auf allen Kanälen, klassisch und auch auf Social Media.

Der Markt ist eng geworden. Deshalb sehe ich es als Aufgabe der gesamten Branche, den Arbeitsmarkt wieder interessant zu gestalten. In keiner Branche kannst du so schnell Karriere machen wie in der Gastro – oder so flexibel arbeiten. Wenn du willst, kannst du von heute auf morgen auswandern und findest immer einen Job. Du kannst fast überall in allen Ländern arbeiten.

In Deutschland ist diese Offenheit leider etwas eingeschränkt. Es gibt eine halbe Million arbeitswilliger Menschen in Deutschland, die nicht arbeiten dürfen. Bei einem meiner Mitarbeiter hat es ein halbes Jahr gedauert, bis er arbeiten durfte. Zuerst musste er den Deutschkurs absolvieren, an zwei Tagen die Woche – halbtags. Da bleibt jede Menge Zeit zum Arbeiten! Aber das ist eine andere Geschichte.

Am besten sind Empfehlungen, weil die Mitarbeiter:innen dann schon eine Vorstellung des Betriebs haben. Dafür ist das „Employer Branding" wichtig. Bei einem Betrieb ist das noch verhältnismäßig einfach. Da kann der/die Chef:in als gutes Beispiel vorangehen. Schwierig wird es, wenn man nicht mehr überall selbst sein kann – so wie in unserem Fall. Dann müssen die Führungskräfte mit eingestimmt werden, damit sie wie eine Stimme sprechen.

Wie gehst du bei der Personalplanung vor? Machen das deine Standorte eigenständig?

Ich unterstütze die Planung noch selbst – trotz mehrerer Filialen. Dafür nutzen wir Kennzahlen wie den Umsatz: Wo und wann wird was bestellt? Danach richten wir die Personalplanung aus. Wichtig ist auch zu berücksichtigen, dass die Mitarbeiter:innen unterschiedlich professionell sind. Langjährige Mitarbeiter:innen sind eingespielt, kennen sich sehr gut aus und arbeiten unter Umständen schneller. Aber auch neue sind wichtig, auch wenn sie anfangs etwas langsamer sind … der Mix macht's. Unsere Planung basiert also auf Erfahrung, aber auch auf Fakten: Wetter-Forecasts, Statistiken vom letzten Jahr. Auch Events wie Kirmes oder Weihnachten spielen natürlich eine Rolle.

Seit der Wiedereröffnung hat sich das Gästeverhalten übrigens deutlich spürbar verändert. Einige Standorte haben sich komplett gedreht. Lokale in Bürogegenden leiden mittags und profitieren mehr am Abend.

Das stellt die Planung natürlich etwas auf den Kopf, aber trotzdem sind Forecasts sehr wichtig. Durch das Extrablatt habe ich Software dafür kennen und schätzen gelernt. Wir arbeiten zum einen mit der guten alten Excelliste, aber auch mit einem neuen Kassensystem, das selbst Vorausberechnungen anstellt. Dazu kommen natürlich noch BWAs und die Inventur.

> „Anfangs fand ich die Digitalisierung ja etwas erschreckend. Man muss sich eben erst darauf einlassen und damit beschäftigen. Jetzt bin ich total begeistert."

Was hat sich bei euch während der Pandemie noch geändert? Habt ihr die ruhige Zeit genutzt?

Haben wir! Wir hatten auch vorher schon schöne Lokale. Mein Mann ist in solchen Dingen sehr gut. Die Zwangspause haben wir genutzt, um uns rundum zu erneuern. Natürlich erkennt man uns noch, aber optisch und auch prozessual haben wir uns noch einmal deutlich gesteigert. Unsere Speisekarten sind jetzt straffer – auf die Renner beschränkt. Unsere IT haben wir moderner aufgestellt. Kerstin ist jetzt digital! (lacht)

Anfangs fand ich die Digitalisierung ja etwas erschreckend. Man muss sich eben erst darauf einlassen und damit beschäftigen. Jetzt bin ich total begeistert. Die Gästeregistrierung funktioniert bei uns in Sekunden, mit Smudos App Luca. Rechnungen werden jetzt digital an unsere Gäste geschickt mit greenbill. Vorbei ist es mit der Papierverschwendung. Und bezahlt wird am liebsten nur noch bargeldlos mit Karte, weil dann alles dokumentiert ist. Betrug ausgeschlossen. Unsere Gäste können inzwischen auch selbst digital vom Tisch aus bestellen. Das funktioniert einfach per QR-Code.

> „Selfordering: Oft trauen sich die Gäste nicht. Dann machen Mitarbeiter:innen den Unterschied."

Selfordering! Das ist auch eines der Themen in diesem Buch. Wir geht ihr damit um und wie gut akzeptieren das eure Gäste?

Gut! Die Bestellfunktion wird bei uns zum Teil sogar sehr gut angenommen. Dabei kommt es auf die Standorte und auf die Tagesform an. Ich hätte am liebsten eigentlich nur noch Selfordering. Im bestehenden Restaurant ist das aber etwas schwieriger zu etablieren. Oft trauen sich die Gäste nicht. Dann machen Mitarbeiter:innen den Unterschied. Wenn sie dazu stehen und wie selbstverständlich damit umgehen, läuft's. Kellnerprovisionen gibt es bei uns ja nicht. Das macht es leichter für die Mitarbeiter:innen, die digitale Bestellung zu akzeptieren. Trotzdem wollen es manche nicht, zum Beispiel weil sie Angst um ihr Trinkgeld haben. Da muss man Aufklärungsarbeit leisten. Wir schulen und trainieren unsere Mitarbeiter:innen, wann immer es möglich ist – gerade bei technischen Neuerungen.

Hast du ein Vorbild?

(Überlegt) Nein, nicht ein Vorbild. Ich denke eher, man kann vieles von vielen lernen. Sehr viel habe ich von meinem Vater gelernt. Seinen Leitsatz „Du musst Menschen lieben, um sie führen zu können" habe ich ja vorhin schon erwähnt. Er hat sehr früh erkannt, wie wichtig Menschen sind. Gastro ist eben ein Menschenbusiness. Man muss die Andersartigkeit von allen akzeptieren und respektieren und sie zum Vorteil aller nutzen.

Mein Vater hat viel Mist erlebt … Er ist mit Rad und Rucksack aus Dresden abgehauen, als die Mauer gebaut wurde, hat aus dem Nichts viel aufgebaut und eine tolle Kindheit für uns geschaffen. An sich selbst glauben und für sich einstehen habe ich dadurch ebenfalls von ihm gelernt.

Noch dein Lieblingszitat am Schluss?

Mein Kollege Heiner Raschhofer aus Österreich hat mal zu mir gesagt: Wenn der liebe Gott dir ein Geschenk machen will, verpackt er es in ein Problem. Obwohl ich nicht besonders religiös bin, finde ich diese Ansicht großartig. Positiv betrachtet ist man also permanent am Auspacken.

8. Kundenbindung:
Tante Emma 2.0

Warum Kundenbindung?

Erinnern Sie sich noch an den Tante-Emma-Laden, in dem man strahlend beim richtigen Namen gegrüßt und mit den Worten „Dasselbe wie immer?" einen bereits halb gefüllten Einkaufskorb überreicht bekam? Nein? Ich auch nicht. Ich bin zu jung. Aber die Geschichten kenne ich in- und auswendig – das Marketing-Paradoxon schlechthin. Erst flüchten wir gut gelaunt in die Anonymität und dann beschweren wir uns, dass uns keiner mehr kennt?

In diesem Kapitel zeige ich Ihnen, wie Sie als Restaurantbetreiber:in mit persönlichen Angeboten und Loyalitätsprogrammen aus der anonymen Masse herausstechen können. Damit die Kundenbindungsmaßnahmen greifen können, müssen wir uns allerdings zunächst um die Basis kümmern.

4 Phasen der Kundenbindung

Akquise-Phase

Jede Kundenbeziehung beginnt mit der Akquise – also der Gewinnung des neuen Kunden/der neuen Kundin. Das bedeutet nicht immer, aber sehr häufig, dass wir aktiv um ihn/sie werben müssen. Dafür müssen wir uns zunächst überlegen, wen wir eigentlich gewinnen wollen.

Wunschgäste definieren – wer?

Wie sehen Ihre Lieblingsgäste aus? Wer soll Ihr Restaurant besuchen und warum ausgerechnet dieses Gästeprofil? (Siehe dazu auch das Kapitel 2. *Lebe deinen Traum vom eigenen Restaurant von Edith Roebers* ab Seite 25.) Ein Weg dafür sind Personas – im Grunde nichts anderes, als sich ein paar Kund:innen bildlich vorzustellen und diese dann zu beschreiben. Um es greifbarer zu machen, stellen wir uns einmal vor, Sie würden ein Café betreiben. Drei der typischen Kund:innen könnten dann so aussehen:

Vorname Nachname	Karl Kaffee-Liebhaber 
Hintergrund	Manager in einem Software-Unternehmen Teamleiter eines fünfköpfigen Teams ständig unterwegs
Demografie (vergleichbarer Personen)	Geschlecht: 70 Prozent männlich Alter 30–45 Einkommen ca. 90 000 Euro
Identifikationsmerkmal	legt großen Wert auf hochwertigen Kaffee holt ihn morgens frisch vom Coffeeshop reagiert sehr gut auf E-Mails

Vorname Nachname	Rudi Ruhe 
Hintergrund	selbstständiger Grafikdesigner nicht verheiratet Blick für Details und das große Ganze
Demografie (vergleichbarer Personen)	Geschlecht: 50/50 Alter 25–40 Einkommen ca. 60 000 Euro
Identifikationsmerkmal	interessiert sich eigentlich nicht für Kaffee braucht einen ablenkungsfreien Arbeitsplatz (kein Homeoffice!) kann sich keinen Tag ohne Internet vorstellen

Vorname Nachname	Susi Social
Hintergrund	Studentin der Kulturwissenschaften Berufswunsch noch unklar wohnt in 20qm-Appartement
Demografie (vergleichbarer Personen)	Zu 70% weiblich Alter 20–25 Einkommen ca. 5 400 € (als Aushilfe)
Identifikationsmerkmal	liebt Kaffee trifft sich mit ihren Freund:innen in Cafés telefoniert gerne sehr aktiv in Social Media

Sehen Sie den Unterschied dieser drei Gästeprofile?

Wunschgäste finden – wo?

Alle drei könnten Ihre Gäste werden. Wie bekommen wir sie dazu, Ihr Lokal auszuprobieren? Vor dem Wie müssen wir uns zuerst mit dem Wo beschäftigen. Wo können wir die drei antreffen, um sie auf Ihr Angebot aufmerksam zu machen? Das meine ich sowohl wörtlich als auch digital. Susi reagiert vermutlich gut auf Social Posts oder Anzeigen. Karl erreichen wie per E-Mail. Und Rudi? Vielleicht ein gut gestalteter Flyer oder eine Anzeige in einer Grafiker-Zeitschrift? Ausprobieren!

Bedarf wecken – warum?

Den Grund, warum die drei ihr Café besuchen wollen, finden wir wieder in der Persona. Karl hat wenig Zeit und möchte unterwegs hochwertigen Kaffee mitnehmen. Rudi kann im Homeoffice nicht arbeiten. Auf der Suche nach kreativen Ideen hat er schon alle Gläser poliert, den Balkon gesaugt und die Rumpelkammer neu gestrichen. Er kann sich dort nicht konzentrieren. Tja und Susi? Susi sucht Gesellschaft – am liebsten von ihren Freund:innen, die inzwischen an anderen Unis studieren.

Kaufentscheidung – wann?

Warum Ihre Wunsch-Gäste Ihr Lokal besuchen wollen, haben wir geklärt. Wo wir sie ansprechen können, auch. Jetzt müssen wir nur noch dafür sorgen, dass sie das auch tun. Vielleicht bekommt Susi ein 3+1 Angebot, mit dem der/die vierte Freund:in gratis verköstigt wird. Vielleicht kann Karl seinen Kaffee schon beim Zähne putzen bestellen und muss ihn später nur noch mitnehmen. Oder vielleicht interessiert Rudi, dass Sie gerade auf das schnellste Internet der Gegend umgestellt haben und er seine Fotografien schneller auf den Server hochladen kann. Lassen Sie Ihrer Kreativität freien Lauf.

Kundenbeziehung

Glückwunsch! Sie haben alle drei davon überzeugt, in Ihr Café zu kommen! Mission erfüllt. Ab jetzt nimmt alles seinen Gang. Richtig? Falsch.

Kundenzufriedenheit

Niemand kann sich jeden Tag, jede Stunde, jede Minute von seiner Schokoladenseite zeigen. Jeder hat mal einen schlechten Tag. Bei den einen fällt es mehr auf, bei den anderen weniger. Deshalb sind Routinen, Checklisten und Abläufe wichtig, die für gleichbleibende Qualität sorgen und die Kundenzufriedenheit fortlaufend überprüfen.

> **Schon gewusst?** Selbst Pilot:innen mit jahrzehntelanger Erfahrung gehen vor und nach jedem Start und jeder Landung eine exakte Checkliste Punkt für Punkt durch - und der/die Kolleg:in wiederholt jeden Punkt. Warum? Weil Erfahrung dazu verleitet, schludrig zu werden.

Geschafft, einige Gäste sind loyal und kehren immer wieder! Aber warum eigentlich? Für Kundenloyalität gibt es viele Erklärungen. Mir persönlich gefällt die, die Sie in Abbildung 8.1 sehen können, sehr gut.

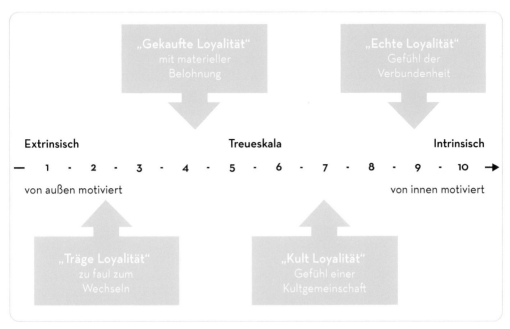

Abbildung 8.1: Kundenloyalität, eigene Darstellung in Anlehnung an Thomas Lindemann, Die unterschiedlichen Loyalitätstypen, http://thomas-lindemann.com/loyalty/6-beispiele-fuer-loyalitaetsprogramme-zur-kundenbindung/

Auf einer Loyalitätsskala von 1 bis 10 sind die Gäste die treuesten, die von innen heraus motiviert sind. Sie fühlen sich als Teil einer Community (vgl. Apple) oder gar wie ein guter Freund, der Sie nicht im Stich lassen würde. Das ist die reinste Form der Kundenbindung.

Auch ganz einfache Tricks können dabei helfen, Treue erzeugen.

Tipp: Schaffen Sie (gefühlte) Wechselbarrieren.

Psychologen haben herausgefunden, dass die meisten Menschen den Schmerz eines Verlusts intensiver empfinden als das Glücksgefühl eines Gewinns.

Diese Verlustangst macht man sich beispielsweise bei Sammelpunkten oder auch VIP-Programmen zunutze. Je länger die Sammelperiode, desto größer wird der Verlust der Bonuspunkte oder Privilegien im Falle eines Wechsels empfunden.

Beispiel: Lufthansa

Die Lufthansa nutzt ein cleveres Bonusprogramm, mit mehreren Ebenen:

Ebene 1: Mit jedem Flug bekommt man Meilen, die für Flüge oder Artikelkäufe eingelöst werden können.

Ebene 2: Gleichzeitig vergibt sie verschiedene VIP-Status: Als Frequent Traveller erhält man Zugang zur Business Lounge mit Verköstigung, Duschen und Ruheräumen und darf ein Gepäckstück mehr mitnehmen.

Als Senator darf man dann in die bessere Senator-Lounge und unter anderem bei jedem Flug (oder Kontrolle) an der gesamten Warteschlange vorbeimarschieren. Das spart auf internationalen Flügen ordentlich Zeit. Auch Wartelisten-Priorität gehört dazu. Ach ja, und ein echter Hingucker war es, als sich die leitende Stewardess aus der ersten Klasse zu mir in die Economy begeben, mich namentlich begrüßt und mir ein Glas Champagner in die Hand gedrückt hat. So schafft man Kundenerlebnisse.

Ob so was wirkt? Sie können darauf wetten, dass ich ausschließlich Lufthansa gebucht habe, um den Status zu er- und behalten. Ich „beweine" heute noch, beim Gepäck wieder limitiert zu sein und die Warteschlange voll „genießen" zu dürfen.

Das können Sie auch! Reflektieren Sie Ihre Marke und entwickeln Sie ein passendes Programm.

Rückgewinnung

Loyale Kund:innen verzeihen auch mal ein Missgeschick mehr als „Nomaden". Trotzdem wird es immer Kund:innen geben, die abspringen. Deshalb ist auch der Prozess der Rückgewinnung wichtig.

Feedback-Schleifen/Qualitätssicherung

Wie also können Sie Karl, Rudi und Susi zurückgewinnen, wenn sie mit einem anderen Café flirten? Ganz einfach: Sie sehen ihnen tief in die Augen und fragen: „Na, wie war ich?" Ok, Scherz beiseite. Sie sollten Ihre Gäste tatsächlich regelmäßig nach ihrer Meinung fragen, aber ohne sozialen Druck. (Fast) niemand will den Kellner bloßstellen: „Die Suppe war versalzen, die Kartoffeln roh, und war die Holzkohle wirklich vom Rind?" Stattdessen kommen Gäste kommentarlos einfach nicht wieder. Fragen Sie also mit ernsthaftem Interesse und Diskretion.

Beschwerdemanagement

Was tun, wenn das Feedback negativ ausfällt oder sich ein Gast richtig beschwert? Erstens: durchatmen! Zweitens: durchatmen! Drittens: ruhig bleiben und der Beschwerde-Routine folgen. Je standardisierter, desto weniger laufen Sie Gefahr, die Kritik persönlich zu nehmen.

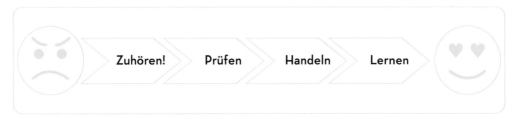

Abbildung 8.2: Der Umgang mit Beschwerden

Umgang mit Absprüngen

Um ernst genommen zu werden, droht manch einer übereifrig mit Kündigung beziehungsweise Absprung. Nichts wird so heiß gegessen, wie es gekocht wird. Soll heißen: Viele lassen sich noch umstimmen. Kommunizieren Sie offen und ehrlich und hören Sie zu. Das hilft (fast) immer.

So, jetzt aber genug mit der Theorie. Auf in die Kundenbindung!

Empfehlungsmechanismen

Bewertungen

Der Klassiker – zumindest seit sich das Internet flächendeckend verbreitet hat – sind Gäste-bewertungen. Mehr über den Umgang damit erfahren Sie im Kapitel 23. *Die Macht der Beurteilungssysteme* ab Seite 307.

Tell-a-friend

Wir springen deshalb gleich zur Freundeswerbung – ein mächtiger Hebel, wenn er clever eingesetzt wird.

Beispiel: Best Secret

Der Online-Outlet-Store für Markenkleidung richtet sich nur an einen geschlossenen Mitgliederkreis. So entsteht ein Gefühl der Exklusivität.

Gleichzeitig bietet der Shop aber jedem Mitglied, das eine:n Freund:in dazugewinnt, eine Prämie von 50 Euro. So viel zum Anreiz.

Ausgeschüttet wird die Prämie dann nach der ersten Bestellung des Freundes/der Freundin. Diese Maßnahme stellt die Qualität der potenziellen Neukund:innen sicher und schließt „Fake-Accounts" aus.

Denselben Mechanismus findet man übrigens auch bei Sky, n26 und zahllosen weiteren Unternehmen – zu Recht, denn es wirkt.

Auch Sie als Gastronom:in können ähnliche Anreize nutzen.

In Ihrem Lokal findet eine Feier statt? Warum drücken Sie nicht jedem Gast einen Gutschein für den nächsten Besuch in die Hand?
Sie führen digitale Stempelkarten? Warum nicht bei den ersten zehn Käufen des/der neugeworbenen Freundes/Freundin den Bonus beiden anrechnen?
…

Ideen gibt es viele. Seien Sie kreativ – mal wieder.

Meinungsführer

Stellen Sie sich einen Gast vor, der nicht nur einen neuen Gast für sie anwirbt, sondern unzählige – meist ohne dass Sie ihn dafür entlohnen. Das sind Meinungsführer oder „Opinion-Leader". In der Regel charismatische Menschen mit großen „Freundeskreisen", die aus der eigenen Überzeugung heraus empfehlen. Multiplikatoren eben. Wenn wir die gewinnen könnten … Sie haben Glück, in der heutigen Zeit sind sie Social Media sei Dank deutlich einfacher zu erkennen. Also nix wie los, oder?

Instrumente der Kundenbindung

Empfehlungen sind schön und gut. Was, wenn die neuen Gäste nur einmal kommen? Auf Nimmerwiedersehen … oder aus den Augen, aus dem Sinn?

Kundenkarten

Eines der ältesten Kundenbindungsinstrumente ist die Kundenkarte, die den Kund:innen bei jedem Blick in den Geldbeutel daran erinnert, lieber zu Ihnen als zum Wettbewerber zu gehen. Oft unterstützt durch Rabatte …

Bonusprogramme

… oder Bonusprogramme. Vielleicht eine Stempelkarte oder Sammelpunkte bis zur nächsten Rabattstufe oder oder oder. Ich denke, Sie kennen die Beispiele.

Communities

Etwas raffinierter sind Kundenclubs oder Communities gerne auch markenübergreifend. Ihre Silvester-Party ist die beste der Gegend mit ganz außergewöhnlichen Kaffee-Spezialitäten? Geben Sie VIPs ein Vorbestellrecht für die Tickets. Oder mixen Sie einen besonderen Kaffeedrink nur für Mitglieder.

Beispiel: Amazon Prime

Sicher wissen Sie, dass Amazon als Online-Buchhändler entstanden ist. Wussten Sie auch, dass das Unternehmen auf dem Weg zum Vollsortimenter mit seinem VIP-Club „Amazon Prime" quasi aus Versehen das Distanzgeschäft maßgeblich geprägt hat? In einer Zeit, in der Versandbestellungen gerne noch ein, zwei oder gar drei Wochen gedauert haben, versprach Amazon seinen Mitgliedern Lieferung bis zur Haustür in zwei Tagen! Das war revolutionär!

Mit Betonung auf „war". Denn heute empfinden wir das als normal. Was als einzigartiger Vorteil angesehen wird, kann sich also auch ändern. Bleiben Sie deshalb aktiv und prüfen Sie Ihre Angebote und Vorteile regelmäßig.

Newsletter

Wenden wir unseren Blick nun in die kommunikative Richtung. Newsletter sind vielleicht schon ein alter Hut, aber immer noch wirksam, wenn Sie die Interessen der Leser treffen. Schicken Sie relevante News zu Angeboten, Veranstaltungen oder neuen Kaffeekreationen. Vielleicht haben Sie nur Fairtrade-Kaffee im Programm, der die Kaffee-Bauern in der Anbauregion nicht ausbeutet – ja, das ist leider selten. Dann sprechen Sie darüber. Machen Sie sich interessant und zeichnen Sie ein Bild.

Social Media

Direkt nahtlos schließt sich die Verwendung von Social Media an. Knapp zehn Jahre lang war Facebook das Nonplusultra. Inzwischen haben sich Instagram, TikTok, Snapchat und Co dazugesellt. Wichtig ist, was zu Ihnen passt und wo Sie Ihre potenziellen Gäste antreffen. Über die richtige Kommunikation via Social Media könnten wir allein ein ganzes Buch füllen. Daher an dieser Stelle nur ein Rat – *der* Rat: Seien Sie authentisch. Mehr über Social Media finden Sie im Kapitel 25. *Digitale Kommunikation* ab Seite 334.

Kundenbindung 2.0

360-Grad-Kundenprofile

Nach all der klassischen Kundenbindung wird es jetzt Zeit, einen Blick in die Zukunft zu werfen: 360-Grad-Kundenprofile. Wobei: Ist das wirklich noch Zukunftsmusik? Sehen Sie selbst – und begrüßen Sie mit mir Luca Ritter.

Abbildung 8.3: Fiktives Beispiel für ein Gästeprofil (Desktop)

Der eigene Name

Bevor wir dazu kommen, wie Sie dieses Profil nutzen können, ein letzter Tipp aus der alten Welt: Jedes Gästeprofil beginnt mit dem Namen.

> **Schon gewusst?** Relevanzfilter im Gehirn schützen uns davor, im Wirrwarr der Reize unterzugehen. Deshalb können wir auf einer lauten Cocktailparty konzentriert Gespräche führen. Der eigene Name wird aber nie gefiltert. Ihn hören wir aus dem größten Trubel heraus – der „Cocktailparty-Effekt".*

Dale Carnegie formuliert es so: „Vergessen Sie nie, dass für jeden Menschen sein Name das schönste und wichtigste Wort ist."**

---

* Nach dem Kognitionsforscher Edward Colin Cherry
** Dale Carnegie, „How to Win Friends and Influence People", eigene Übersetzung

Es gibt fast unendlich viele Möglichkeiten, den Namen Ihrer Gäste zu verwenden. News-letter-Programme ergänzen die Anrede automatisch. Servietten, Gläser, Untersetzer, sogar Kinderbücher ... fast alles lässt sich inzwischen personalisieren und mit Namen bedrucken. Nutzen Sie die Macht des Namens und Ihre Gäste fühlen sich wert und geschätzt.

Datenquellen

So, und jetzt wird's spannend! Schon heute – auch ohne das Fitnesstracker-Szenario aus dem Interview mit dem FoodService Innovation Hub (Seite 142) – können Sie viel über Ihre Kund:innen lernen.

Restaurantbesuche

Eine der aufschlussreichsten Informationsquellen ist der Restaurantbesuch. Sie begegnen den Menschen persönlich, erleben sie mit der Familie oder Freund:innen. Oft lernen Sie Menschen nach ein, zwei, drei Gläsern Wein sogar ohne ihre Fassade kennen. Alles in al-lem ein Privileg, das nicht viele Unternehmen von sich behaupten können. Nutzen Sie diese Chance! Sprechen Sie mit Ihren Gästen und seien Sie ein guter Zuhörer. Fragen Sie beim nächsten Besuch nach dem Hund Fiffi, Tante Erna oder dem kleinen Tim und Ihren Gästen geht das Herz auf. Relevante Informationen, zum Beispiel die Namen der Kinder, sollten Sie sich gut einprägen oder notieren.

Marketing-Aktionen

Kundeninformationen einsammeln kann sehr mühsam sein, insbesondere, wenn die Kund:innen ihre Informationen als sensibel erachten. Gleichzeitig freuen sie sich aber, wenn man sie zu ihren Gunsten verwendet. Dass es auch ganz einfach geht, sollen diese beiden Fallbeispiele zeigen:

Beispiel: Gehaltsvergleich

Wir Deutschen sind schon ein seltsames Volk. Wir definieren unseren Wert über unser Gehalt und betrachten diese Information zugleich als unser sensibelstes Gut. Um nichts in der Welt wollen wir unser Gehalt preisgeben. Würde uns jemand auf der Straße an-sprechen und fragen: „Wie viel verdienst du im Jahr?", würden wir ihm (zumindest inner-lich) den Vogel zeigen. Und das wäre noch die friedlichste Reaktion!

Ploppt dagegen am Computer ein Banner auf mit den Worten: „Willst du wissen, wo du im Gehaltsvergleich stehst?", geben wir die Daten schneller ein, als wir „DSGVO-kon-form" aussprechen können.

Beispiel: Otto Fotobuch

Auch andere private Informationen beispielsweise zu unserer Familie beschützen wir gerne vor externen Quellen. Das Versandhaus Otto erkannte sehr früh den Wert von Kundendaten wie der Information, in welchem Alter die Kinder sind. Der Rücklauf auf Umfragen war aber durchwegs sehr verhalten.

Deshalb schenkte Otto eines Tages allen Kund:innen einen Gutschein für ein kostenloses Fotobuch. Schon in der ersten Woche erhielt die Aktion enormen Rücklauf. *Jeder* wollte sein Gratis-Fotobuch. Zu sehen waren:

> die Lieblingsurlaubsziele
> die Namen aller Familien-Mitglieder
> Alter und oft auch Geburtstage der Kinder
> Hobbys der Kinder
> Interessen der Eltern
> Haustiere
> ...

Das Unternehmen führte sowohl Kinderkleidung und -spielzeug als auch Bedarfsartikel für Haus und Haustier sowie Reiseutensilien und hatte mit der Aktion eine wahre Goldgrube entdeckt.

Was Sie aus diesen Beispielen lernen sollen? Seien Sie kreativ! Schenken Sie Pärchen einen Gutschein zum Hochzeits-/Jahrestag. Laden Sie Kinder zur Piñata-Geburtstagsparty ein (mit Gutscheinen für die Kids). Veranstalten Sie Thementage für Fernweh-Erkrankte, Wet-T-Shirt-Contests im Biergarten oder Live-Musik-Abende ... Alles, was zu Ihnen passt, ist erlaubt. Schaffen Sie Anlässe und beobachten Sie, wer auf welche Angebote reagiert hat.

Reservierungen

Reservierungen können viel mehr, als die Auslastung planbar zu machen und die Vorfreude Ihrer Gäste zu steigern.

Mit dem richtigen Reservierungspartner (zum Beispiel Amadeus360 mit OpenTable Schnittstelle) lernen Sie bei Reservierungen auch noch richtig viel über den Gast. Für eine digitale Reservierung braucht es ein digitales Gästeprofil. Einmal die Systeme verknüpft und die Kasse überträgt automatisch alle Bons.

Da Cafés weniger intensiv mit Reservierungen arbeiten, stellen wir uns jetzt vor, Sie führen ein Restaurant und betrachten wieder das Profil von Luca. Mit jedem Besuch schärft sich Ihr Bild von Luca.

Wie viele Gäste bringt Luca üblicherweise mit?
Wie viel Trinkgeld gibt er?
Wie oft sagt er kurzfristig ab?
Wie lange bleiben die Gäste?
Wie viele Getränke werden konsumiert?
Wie viel Zeit vergeht zwischen seinen Besuchen?

Stellen Sie sich vor, was Sie mit diesen Informationen anfangen können! Sie wissen jetzt, wie lukrativ ein Besuch von Luca ist und wie viel Umsatz er Ihnen im Laufe eines Jahres bringt. Sie können deshalb bei voller Auslastung entscheiden, ob sie seine Reservierung bevorzugen. Außerdem wissen Sie, welche Weinsorten er bevorzugt, dass er auf Burger steht und zugleich für Feinheiten wie Ziegenkäse zu haben ist. Mit anderen Worten: Sie kennen seine Vorlieben und können sich auf seinen Besuch vorbereiten.

Abbildung 8.4: Digitales Gästeprofil (mobile) bei OpenTable

Online-Bestellungen

Gehören Sie zu den Gastronom:innen, die Take-away und/oder Delivery in ihr Angebot integriert haben? Großartig, dann kennen Sie ja noch eine Informationsquelle: Lucas Online-Bestellungen. Sie wissen, in welcher Gegend Luca wohnt. Sie kennen sein Online-Bestellverhalten und eine mögliche Abweichung von seinen Restaurantbesuchen. Vielleicht blenden Sie ihm im Shop seinen Lieblingswein ein oder bieten ihm im Restaurant zusätzlich die Vorspeise aus der letzten Online-Bestellung an – aber bitte DSGVO-konform.

Social Media

Viele Kundendatenbanken, „Customer Relationship Management"-Programme (CRM), können heute auch Social-Media-Profile verknüpfen. Hier lernen Sie viele weitere Insights. Hat Luca eine neue Freundin? Ist er verlobt oder gar verheiratet? Ist er eng mit seiner Großmutter? Geht er gern auf Partys oder auf Reisen? Wann war sein letzter Urlaub? Seien Sie aufmerksam.

In der aktiven Gästekommunikation über Social Media steckt mindestens noch einmal so viel Bindungspotenzial. Das Zauberwort dafür ist Interaktion. Vergessen Sie die Megafon-Kommunikation und führen Sie echte Konversationen mit Luca. „Ein guter Zuhörer ist der beste Gesellschafter!"*

Retargeting

Sie können im Internet sogar verfolgen, welche Seiten Luca aufruft und wonach er sucht. Hier sind wir dann allerdings an dem Punkt angelangt, an dem (zumindest in Deutschland) datenschutzmäßig Anonymität erforderlich ist. Was das heißt? Etwas überspitzt formuliert: Ihr System darf zwar wissen, dass es Luca einen Tequila Sunrise als Banner einblenden soll, weil er diesen Cocktail auf dem letzten Urlaubsfoto in der Hand hält. Sie dürfen dabei aber nicht wissen, dass die Person, die diesen Banner zu Gesicht bekommt, Luca ist. Willkommen im Retargeting.

Schlusswort

Bereits gestern war Kundenbindung ein mächtiges Instrument. Heute können Sie so viel mehr über Ihre Gäste erfahren und zur Kundenbindung verwenden. Warten Sie mal ab, was morgen alles möglich sein wird! Oder nein. Warten Sie nicht, legen Sie los!

---

* Frei nach Dale Carnegie, „How to Win Friends and Influence People".

Checkliste: Kundenbindung in 3 Schritten:

✓ Schritt 1: Grundlagen schaffen
- Lieblingsgäste definieren: Wer? Wo? Warum? Wann?
- Loyalität fördern: möglichst „verbundene Loyalität"
- Wechselbarrieren schaffen: Verlust von Privilegien etc.
- Beschwerdemanagement: fortlaufend verbessern

✓ Schritt 2: Kundenbindung starten
- Empfehlungen fördern – Bewertungen bis Tell-a-friend
- Kundenbindungsprogramme – Vorteile schaffen
- Kundenbindungskommunikation – Social, Newsletter, ….

✓ Schritt 3: Technologie einsetzen
- 360-Grad-Kundenprofil
- Datenquellen identifizieren
- Informationen aktiv nutzen

Über die Autorin

Stefanie Milcke leitet seit Januar 2020 Marketing & Sales bei Gastro-MIS und ist seit Ende 2021 zweite Geschäftsführerin des Unternehmens. Die Marketing-Expertin bringt durch ihre früheren Stationen bei SOFORT, Klarna, der Airbank und dem Plattform-Banking Spezialisten ndgit langjährige Expertise aus dem Fintech-Sektor mit. Neben ihrer Tätigkeit bei Gastro-MIS engagiert sie sich ehrenamtlich als Host für verschiedene Meetups sowie als Startup-Mentor.

vertrieb@gastro-mis.de
www.amadeus360.de

9. Gastro-Software der nächsten Generation:

Das Kunden-Smartphone als Prozess-Optimierer

Wer kennt das nicht? Schönes Wetter, der Biergarten und die Gaststube sind voll. Die Kund:innen möchten bestellen oder bezahlen, reklamieren oder brauchen Salz und Pfeffer, Essen steht auf dem Tresen und muss zum Tisch, Getränke werden warm oder kalt und müssen ebenfalls zum Tisch, Bonuspunkte oder Rabatte sollen eingelöst und verrechnet werden und ein Stück Zitrone oder ein Paar Eiswürfel wären auch noch schön! Zu viel auf einmal, Hugo und seine Kolleg:innen geraten in Hektik.

Unmut entsteht – bei Personal und Gästen. Situationen, die sich mit einfachen Maßnahmen vermeiden lassen. In diesem Kapitel erfahren Sie daher, wie Sie mit digitalen Kundenerlebnissen – Customer Journeys – die Zufriedenheit von Gästen und Personal erhöhen und nebenbei auch noch Ihren Umsatz steigern.

Warum Sie auf digitale Kundenprozesse setzen wollen

Von weiten Wegen und ausverkauften Artikeln

Es ist inzwischen schon ein Klassiker in der Gastro im Bereich digitaler Kundenprozesse: das mobile Bonieren mit Smartphone-ähnlichen Endgeräten durch das Servicepersonal. Der Service sendet Bestellungen direkt vom Tisch aus an Kasse und Küche und spart sich den Weg zurück zum stationären Kassencomputer an der Theke. Dadurch gewinnt er wertvolle Zeit für den eigentlichen Service am Gast. Sogar Enttäuschungen verhindert das System, weil ausverkaufte Speisen nicht mehr in der mobilen Kasse boniert werden können – zumindest bei aktiver Bestandsverwaltung. Mehr dazu lesen Sie auch in dem Kapitel *5. Vernetzte Kasse* ab Seite 71.

Dasselbe gilt übrigens auch für das mobile Bonieren durch den Gast selbst – genannt „Selfordering". Auch hier erscheinen nur Artikel in der digitalen Speisekarte, die noch verfügbar sind, und der/die Gastronom:in spart sich doppelt Zeit: erstens den Weg zum Tisch, um die Bestellung aufzunehmen, und zweitens die Wartezeit, bis sich der Gast entschieden hat.

Abgetrennte Räume

Gerade in bayerischen Wirtschaften, die oft aus mehreren gemütlichen Räumen („Stuben") anstatt einem großen Gastraum bestehen, wird durch Selfordering noch ein weiteres altbekanntes und doch immer noch präsentes Problem behoben. Anni, worum geht's?

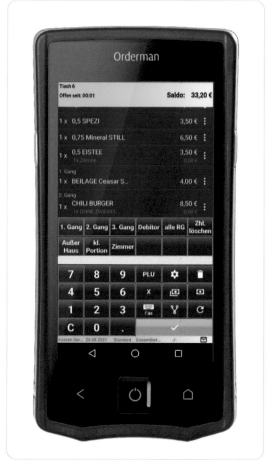

Abbildung 9.1: Mobiles Bonieren am Orderman „Handheld"

Nur schnell eine Kleinigkeit essen. Lange Wartezeit, um die Bestellung aufgeben zu können. Schön wäre noch ein Kaffee nach dem Essen, und die Bedienung sagt: „Ich komme gleich." Aber ich wollte doch Wasser mit Sprudel und nicht still ... „Die Rechnung bitte!" Schon zum dritten Mal geordert! Rechnung dauert lange, Zeitdruck! Ich muss zurück zur Arbeit!

Mit Selfordering ist Anni nicht darauf angewiesen, die Aufmerksamkeit der Bedienung zu erlangen. Sie kann jeden Artikel ordern, zu jeder Zeit, von jedem Tisch. Dank QR-Code am Tisch weiß die zentrale Bestellverwaltung sofort, wo Anni heute sitzt. Als Stammgast plaudert Anni zwar gerne mal mit Hugo, will aber bestellen oder bezahlen, wann es in ihren Zeitplan passt – insbesondere bei Getränken. So landet auch das eine oder andere Getränk mehr auf der Liste. Das bedeutet Extra-Umsatz!

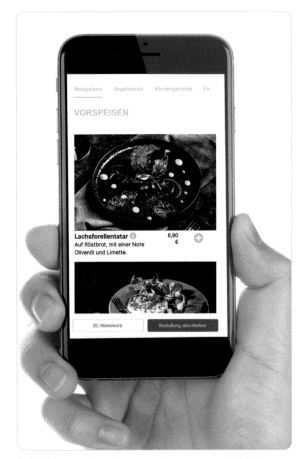

Abbildung 9.2: Digitale Speisekarte mit Bestellfunktion

Corona hat uns die letzten zwei Jahre viel gelehrt und hält uns auch 2021 noch immer in Atem, wenn auch anders als erwartet. Endlich durfte die Gastronomie wieder öffnen! Halleluja! Sogar die Innenräume! Doch die Restaurant-Landschaft zeichnet ein anderes Bild: geschlossene Innenräume, stark eingeschränkte Öffnungszeiten und einsame Gastroinhaber:innen, die emsig durch die Gasträume flitzen, um alleine alle Kundenwünsche bedienen zu können. Das Personal ist abgewandert – nach anderthalb Jahren Jobunsicherheit kann man es ihnen eigentlich auch nicht verdenken. Auch Hugos Kolleg:innen hat's erwischt.

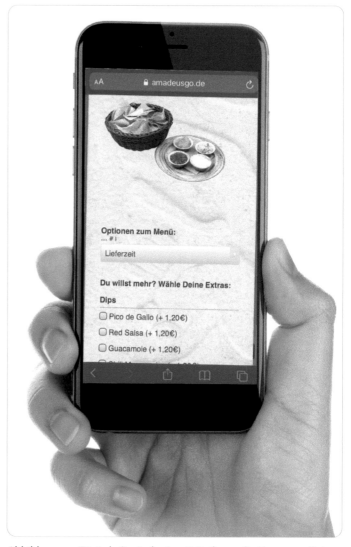

Abbildung 9.3: Digitale Speisekarte mit Beilagen-Optionen am Beispiel Enchilada

Die Hütte ist voll. Pling. Pling. Pling. Eine Bestellung nach der anderen blinkt in der Kasse auf und wandert dank der zentralen Bestellverwaltung automatisch in die Küche. Hugo hat alles im Griff. Heute hat er – aufgrund der Anzahl der Gäste – im Selfordering die Einstellung auf „Gast muss sofort digital bezahlen" gestellt. So können alle Gäste mit wenig Zeit sofort digital ordern und bezahlen. Ist die Bestellung fertig, liefert Hugo sie an den Tisch. Auch für ein, zwei nette Sätze bleibt noch Zeit, bis die nächsten Speisen abholbereit sind. Ist der große Ansturm vorüber, ändert Hugo die System-Einstellung fürs digitale Bezahlen einfach wieder ab und kassiert die Tische selbst. Persönlich ist eben persönlich.

Gezielterer Personaleinsatz

Kleiner Denkanstoß gefällig? Warum nicht aus der Not eine Tugend machen und neue Prozesse etablieren, die langfristig Personal sparen? Setzen Sie Ihr Personal doch da ein, wo es Ihrem Betrieb am meisten nutzt. Je nach Vergütungsmodell lässt sich dadurch auch die eine oder andere Kellner-Provision einsparen oder zu den beratungsintensiven, hochpreisigen Menüs verschieben.

Weniger Sonderwünsche

Lieben wir nicht alle diese Gäste, die das klassische Schnitzel bestellen, aber mit Pute statt Schwein, und bitte keine Pommes, sondern Kartoffelsalat, aber auf jeden Fall ohne Gurken, und bloß kein Essig, sondern Joghurtdressing? Interessanterweise nehmen diese Sonderwünsche ab, sobald die Gäste selbst bestellen sollen – weil das System nur Optionen bietet, die auch hinterlegt sind, zum Beispiel die Wahl der Beilage oder, wenn gewollt, des Dressings. Wenn gewollt!

Warum auch Ihre Gäste digital bedient werden wollen

Kürzere Wartezeiten im Lokal

Zuvor schon kurz aus der Sicht des Gastronomen/der Gastronomin geschildert, muss die kürzere Wartezeit auch in Sachen Kundenzufriedenheit noch einmal angeführt werden.

Anni kann sich im selben Restaurant über den für sie gefühlt „schlechten Service" ärgern oder glücklich und zufrieden mit gut gefülltem Magen das Lokal verlassen. Der/die Gastronom:in hat die Wahl. Dass Anni sich Mittagslocations sucht, bei denen sie ihre kurze Mittagspause einhalten kann, ist auch klar.

> **Wichtig:** Zufriedene Kund:innen = Wiederkehrende Kund:innen.
> Kundenbindung leicht gemacht.

Vorbestellungen für kurze Essensphasen

Vielleicht gehört Ihr gastronomischer Betrieb auch zu jenen mit einer ganz besonderen Bewirtungssituation in einem Stadion, einer Fähranlegestelle oder einer Schule. Hier haben die Gäste nur wenige Minuten zum Abholen und/oder Konsumieren der Bestellung – ein fließender Übergang zwischen Selfordering und Onlineshop. Schauen wir dabei einmal Paul über die Schulter.

Beispiel: Paul und der Meistertitel

Pauls Lieblingsverein, der FC Pauern, spielt im Stadion um den Meistertitel – und Paul ist natürlich live dabei! Wie die meisten Fans will auch er zur Halbzeitpause schnell ein neues Getränk besorgen und am besten noch einen Hotdog dazu. In der Fanzeitschrift hat er von der neuen App mit Selfordering gelesen und bestellt schon vor Ende der ersten Halbzeit seinen Pausensnack digital. Der Pausenpfiff ist kaum erklungen, da steht Paul bereits an der Ausgabestelle im Aufgang C und zeigt den Abholcode vor. Als das Siegtor direkt nach dem Wiederanpfiff erfolgt, jubelt er längst wieder von seinem Platz aus, den Hotdog in der Hand. Sein Sitznachbar hatte weniger Glück. Er befand sich gerade mitten im Gang, als das Tor fiel. Oder war es am Ende gar kein Glück?

100 % kontaktlos, 100 % hygienisch

Anni tut es. Paul tut es. Max auch! Mindestens zweimal pro Woche! Kontaktloses Bezahlen zum Beispiel per Karte oder Handy auflegen. Kontaktlose Zahlungen waren weltweit schon vor COVID-19 im Trend. Deutschland hinkte zwar ein wenig hinterher, aber der Trend war bereits erkennbar. Wie eine Umfrage der Bitkom im August 2020 – also nach einem halben Jahr Pandemie – zeigt, sind wir inzwischen auch gut dabei. Mehr als die Hälfte der Befragten bezahlt mindestens einmal pro Woche kontaktlos per Karte, mehr als ein Drittel mit dem Smartphone oder der Smartwatch.

Tipp: Wer hier auf die richtige App setzt, profitiert gleich doppelt. Touristen machen es bereits mit AliPay und WeChat vor: einfach eine visuelle Zahlungsart per Scan nutzen. Fertig. In Deutschland wäre es beispielsweise eine Bluecode-fähige App. Dazu später mehr.

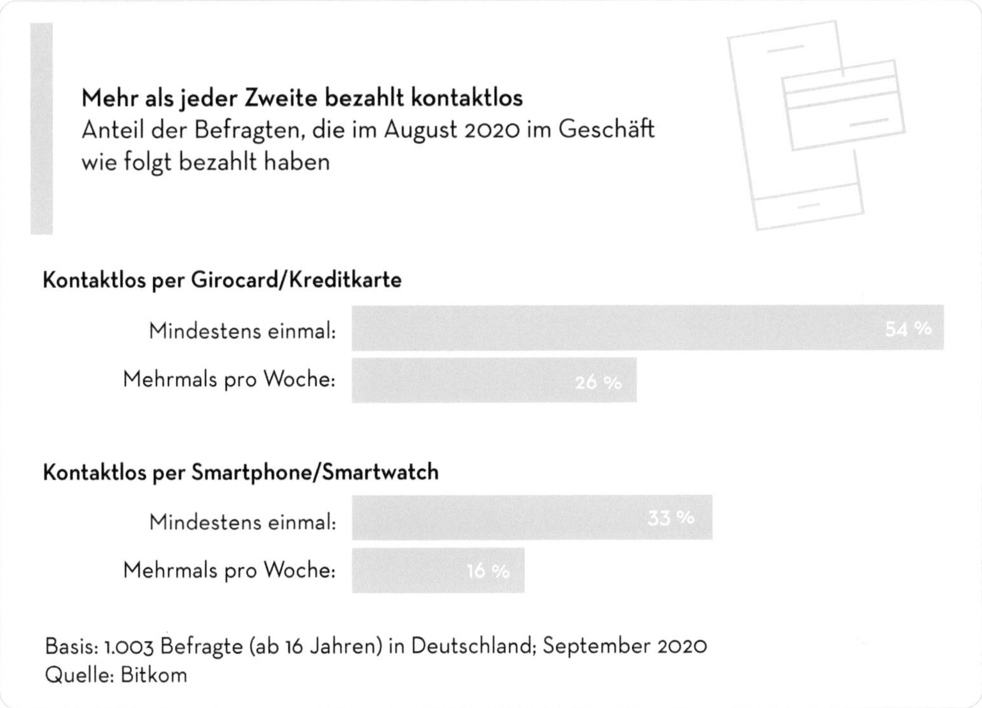

Mehr als jeder Zweite bezahlt kontaktlos
Anteil der Befragten, die im August 2020 im Geschäft
wie folgt bezahlt haben

Kontaktlos per Girocard/Kreditkarte

Mindestens einmal: 54 %

Mehrmals pro Woche: 26 %

Kontaktlos per Smartphone/Smartwatch

Mindestens einmal: 33 %

Mehrmals pro Woche: 16 %

Basis: 1.003 Befragte (ab 16 Jahren) in Deutschland; September 2020
Quelle: Bitkom

Abbildung 9.4: Umfrage zu kontaktlosem Bezahlen in Deutschland*

Längst vergangen sind die Zeiten, in denen das größte Ärgernis der Vordermann war, der die neuste Wochenkarte am Bahnhof unbedingt mit Karte zahlen wollte … „Wo hab ich noch die Karte?", murmelt er und kramt in seiner Tasche. „Ah hier …" Der eigene Zug fährt ein. „Mist! Karte konnte nicht gelesen werden", flucht der Vordermann. Sie wollen helfen: „Äh … Versuchen Sie mal da, hier …", und ihr Zug fährt aus. Danke, Herr Vordermann!

---

* Eigene Darstellung nach Frauke Suhr, Mehr als jeder Zweite bezahlt kontaktlos (Bitkom-Studie), online abrufbar unter https://de.statista.com/infografik/23068/anteil-der-befragten-die-in-den-letzten-vier-wochen-kontaktlos-bezahlt-haben/

Heute geht das so: Karte auflegen. Danke für die Zahlung – und tschüss! Schnell, bequem und vor allem virenlos. Tut mir leid, Corona. Viel Glück beim nächsten Mal!

Geringerer Bezahlschmerz bei digitaler Zahlung

Übrigens haben Psychologen nachgewiesen, dass die Evolution uns einen Streich gespielt – oder einen Gefallen getan – hat, wenn es ums Bezahlen geht. Wir empfinden tatsächlich physischen Schmerz insbesondere bei der Herausgabe von Bargeld, weil das Schmerzzentrum im Gehirn getriggert, also angeregt wird. Warum? Vielleicht weil Schmerz dazu dient, das Überleben zu sichern und Schmerzvermeidung dementsprechend die Überlebenschancen erhöht? Das lässt sich in unserer Zeit ja auch von Geld sagen, mehr oder weniger.

Wie auch immer, diese Trigger lassen sich deutlich abmildern, je weniger spürbar die Zahlung ist. Damit sind tatsächlich die fünf Sinne gemeint. Bargeld sieht man, fühlt man – manchmal riecht man es sogar – und gibt deshalb weniger aus. Da sind digitale Prozesse klar im Vorteil für die Gastronom:innen.

Kostenkontrolle durch Ausgaben-Tracking

Interessanterweise fühlen wir beim digitalen Bezahlen nicht nur weniger Schmerz, wir können die Ausgaben auch besser im Blick behalten. Sei es in der eigenen Banking-App oder in einer externen App, die verschiedene Konten zusammenführt („aggregiert"). Alle digitalen Zahlungen werden automatisch akribisch protokolliert und meist auch noch nach Zweck sortiert. Sogar Spartöpfe für bestimmte Zwecke lassen sich definieren, um das eigene Ausgabeverhalten noch besser zu kontrollieren.

Exkurs: Warum Ihre Gäste mit Bluecode zahlen wollen

Bleiben wir gleich mal beim Thema Bezahlen und wenden uns einen Moment einer einzigartigen Zahlungsart zu. In Österreich ist er längst ein Klassiker. Sogar in Afrika kennt man ihn, und in Deutschland ist er nun auch auf dem Vormarsch: der kürzeste Checkout der Welt. Ach, was sag ich, des Universums!

Ok, Scherz beiseite. Der sogenannte 1-Scan-Checkout von Bluecode ist tatsächlich hierzulande die schnellste, sagen wir mal, gewollte Zahlung. Schneller sind nur noch geklaute Kartendaten, von Karten ohne NFC-Blocker im Geldbeutel … leider. Für die eigene Sicherheit darf natürlich die Zwei-Faktor-Autorisierung nicht fehlen. Bei Bluecode ist das erstens das eigene Smartphone und zweitens der Fingerabdruck oder auch eine Ziffernkombination. Deshalb ist auch der schnellste Checkout sicher!

So funktioniert die Zahlung: Bei Amadeus360 an der stationären Kasse haben Sie die Wahl, ob der Gast oder der Kellner die Zahlung initiiert. Wir wollen uns wieder der rein digitalen Journey zuwenden. Anni, bestellst du Cocktails für uns?

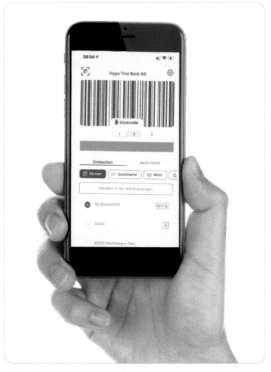

Abbildung 9.5: (Blue)Code zum Scannen mit der Kasse für den 1-Scan-Checkout

Beispiel: Anni gibt eine Runde aus

Es ist Samstagabend. Anni ist mit den Mädels in ihrem Lieblingslokal. Das Auto hat sie vorsorglich zu Hause stehen lassen. Der Magen ist bereits gefüllt durch ein üppiges Abendessen. Jetzt geht es an den gemütlichen Teil des Abends. Anni öffnet auf ihrem Smartphone eine Bluecode-fähige App und scannt den QR-Code am Tisch, wählt dann einen Gin Tonic und zwei Pina Colada aus der digitalen Speisekarte aus und entscheidet sich zum Bezahlen für Bluecode. Einmal mit dem Finger geswiped und die Getränke sind nicht nur bezahlt, Anni erhält auch noch die Bonuspunkte und löst zudem einen Gutschein ein. Bevor die Kasse den Betrag abschließt, kann dank Bluecode noch eine Verrechnung stattfinden. Somit wird in der Kasse alles korrekt verbucht. Da freuen sich Anni und der Gastronom!

Bevorzugtes Bonusprogramm überall nutzen

Anni liebt veganes Essen, bei Ihrem Bio-Markt BioBoni sammelt sie Punkte oder virtuelle „Stempel", die sie wieder einlösen kann. Das Gleiche gilt auch für Restaurants, Baumärkte oder sogar Tankstellen. Jeder kann sein bevorzugtes Kundenbindungsinstrument integrieren, um Anni als neue Kundin zu gewinnen.

Präferierte Zahlart aus den Ökosystemen

Anni ist Deutsche und hat die Qual der Wahl aus allen typisch deutschen Zahlungsarten. Bei ausländischen Touristen sieht das oft anders aus. Stellen wir uns eine typische Touristenattraktion vor, vielleicht ein Schloss oder ein Museum. Viele Gäste dort sind mit den einheimischen Zahlungsarten nicht vertraut. Aber AliPay und WeChat können sie im Schlaf bedienen. Noch ein Pluspunkt: Dank Geolocation, also dem Standort des Smartphones, wird jedes Restaurant in den verschiedenen Bluecode-Apps gefunden.

Beispiel: Han Ming im Urlaub

Han Ming ist mit der Familie auf Europatour. Er hat nur wenige Tage Urlaub und will alle berühmten Orte sehen. Heute besucht er das Schloss Neuschwanstein. Er hat keinen Cent der örtlichen Währung dabei. Braucht er auch nicht, denn das Museum und auch die Kantine akzeptieren WeChat Pay. Die Bedienung tippt oder scannt dafür die Artikel ein und schließt den Vorgang mit der Taste „mobile Zahlart" ab. Die Bedienung scannt dann den QR-Code auf Han Mings Smartphone. Diese Funktion kann er sogar im Ausland offline nutzen. Han freut sich, denn so kann er ohne teures Roaming zahlen wie zu Hause!

Hoher Datenschutz

Datenschutz ist für uns alle sehr wichtig. Insbesondere unsere Zahlungsdaten müssen sicher sein! Auf deutschen Servern bitte! Mit Codes, die nur für wenige Minuten gültig sind und sich dann erneuern! Mit anderen Worten: Bei der Registrierung meines Bankkontos mit Bluecode wird auf meinem Handy ein Token meiner Bank abgelegt (beispielsweise 4711). Nun weiß nur meine Bank, wer ich bin. Auf meinem Handy liegen keine persönlichen Zahldaten!

Erfolgsfaktoren einer digitalen Journey

In diesem Kapitel haben wir Ihnen gezeigt, dass digitale Guest Journeys eine großartige Chance sind, das Gästeerlebnis zu verbessern, die Zufriedenheit von Personal und Gästen zu erhöhen und quasi nebenbei auch noch den Umsatz zu steigern. Aber ist das Ganze ein Selbstläufer? Die klare Antwort darauf lautet: Nein!

Beispiel: Hugos erste Versuche mit Selfordering

Als Hugo Selfordering neu eingeführt hat, wollte es nicht so recht laufen. Die Gäste haben es einfach nicht akzeptiert. Er verstand überhaupt nicht, warum. Schließlich nahm er sich viel Zeit, die Funktion seinen Gästen zu erklären. Trotzdem kam es nicht in Fahrt. Was Hugo nicht bedacht hatte, war: Gäste haben digital viel weniger Geduld als im Gespräch. Seine digitale Speisekarte hatte lange Ladezeiten, nur 5 von 20 Speisen waren bebildert und zum Abschluss waren knapp 10 Schritte nötig. So machte die digitale Bestellung keinen Spaß. Kaum hatte Hugo den Prozess optimiert, lief's plötzlich rund.

Shop-Speisekarte planen und gestalten

Damit Ihnen das nicht passiert, listen wir hier die typischen Fallen für digitale Bestellsysteme – wie Selfordering oder den Onlineshop – auf.

No-Gos für digitale Bestellsysteme:

Lange Ladezeiten: 2 bis 3 Sekunden sind bereits lang!
Große Leerflächen: Der Shop wirkt kaputt.
Keine Oberkategorien zum leichteren Navigieren.
Keine (nicht durchgängige) Verwendung von Bildern.
Schlechte Bildqualität.
Unverständliche Namen und/oder keine Beschreibung der Speisen.
Für Transport ungeeignete Speisen – Konsistenz, Form, Garzustand.
Bedienelemente außerhalb des Sichtfeldes.
Buttons sind für Mausklicks und nicht Fingertipps optimiert.
Keine Mobilversion des Shops.
Zu viele Schritte bis zum Checkout und keine Anzeige der Bestellschritte.
Kein vertrauenswürdiger Zahlvorgang.

Wenn Sie diese Fehler vermeiden, kann schon fast nichts mehr schiefgehen!

Zielgruppe beachten

In den Kapiteln zur Planung eines neuen Restaurants am Anfang des Buches haben Sie bereits davon gehört, und auch beim digitalen Gästeerlebnis spielt sie eine entscheidende Rolle: Ihre Zielgruppe und die typische Nutzungssituation. Die tollsten digitalen Abläufe sind, auf gut Deutsch gesagt, für die Katz, wenn sie Internet brauchen, Ihr Betrieb aber im inneren einer handyfreien Zone liegt: Schulen? Sicherheitsbereiche? Schwimmbäder? Oder sich ihr Angebot vorwiegend an Generationen richtet, die (noch) nicht digitalaffin sind oder – und auch das gibt es nach wie vor – die Region, in der Sie sich befinden, noch kein flächendeckendes mobiles Internet hat.

Fragen für die digitale Zielgruppenanalyse:

Besitzt/verwendet die Zielgruppe Smartphones?
Wann bestellt die Zielgruppe am liebsten?
Wie lange brauchen sie für eine typische Bestellung?
Können Bestellungen im Voraus erfolgen? (Mittagspause!)
Wie hoch ist der Bon/Warenkorb üblicherweise?
Lässt er sich durch leichte Veränderungen steigern?
Welche Endgeräte/Browser verwenden Ihre Gäste?
Werden Zwischenzahlungen direkt bei Bestellung akzeptiert?
Welche typischen Ausstiegspunkte gibt es?
Welche Zahlungsarten werden bevorzugt?
Beeinflusst die digitale Zahlung das Trinkgeld-Verhalten?

Von Websitetracking bis Verkaufsanalysen

Die zentralen Charakteristika Ihrer „Lieblingsgäste" – wie Edith Roebers sie in ihrem Kapitel *Lebe deinen Traum vom eigenen Restaurant* (ab Seite 25) nennt – müssen Sie unbedingt schon vor der Gründung in Erfahrung gebracht haben. Kleine Nuancen lassen sich wunderbar mit Analyse-Programmen herausfinden. Ihre Umsätze im Lokal inklusive Verkaufsstellen, Kellner und Uhrzeiten analysieren Sie am besten direkt in ihrer verknüpften Kasse. Alles rund um den Onlineshop oder Ihr Selfordering ist besser bei Webanalyse-Programmen aufgehoben. Hier lassen sich beispielsweise typische Ausstiegspunkte entlarven und so kleine, aber mächtige Stellschrauben identifizieren.

Woher (Kanäle) kommen meine Nutzer:innen?

Kann ich Partnerseiten als Quellen nutzen?

Welche Suchbegriffe nutzen sie in Google & Co?

Wie lange bleiben sie auf meiner Seite?

Welche Gerichte betrachten sie am längsten?

Welche Gerichte bestellen sie am häufigsten?

Wie viele schließen den Kauf nicht ab?

Warum schließen sie ihn nicht ab?

An welchem Punkt steigen sie aus?

Ist meine Nutzerführung nicht stringent?

Gibt es technische Hürden? Z. B. Nicht sichtbare Buttons?

Welche Geräte/Browser verwenden meine Nutzer:innen?

Wo sitzen meine Nutzer:innen (regional)?

Wie sind die Altersgruppen verteilt?

Sind Rückschlüsse auf Interessen möglich?

Team einbeziehen!

Last, but not least ein Tipp, der klarer nicht sein könnte und doch viel zu oft vernachlässigt wird: Schulen Sie Ihr Team rechtzeitig und umfänglich in jeder neuen Technik. Nichts ist absurder als ein Mitarbeiter, der einem Gast selbstsicher erklärt, Bestellungen müssen selbstverständlich wie immer bei ihm bezahlt werden, obwohl der Gast gerade per Selfordering bezahlt hat. Ein Blick auf die Kasse löst zwar die Situation auf – es ist aber für alle sehr unangenehm!

Schluss mit lustig!

In diesem Kapitel haben Sie eine ganze Reihe von Tipps gelesen, wie das digitale Kundenerlebnis „Digital Customer Journey" Ihren Betrieb verbessern kann. Jetzt sind Sie dran! Damit nichts schiefgeht, hier noch einmal die wichtigsten Punkte im Überblick.

- erspart überflüssige Wege,
- zeigt ausverkaufte Artikel,
- verkürzt Wartezeiten.

- schafft Abhilfe bei Personalmangel und in Stoßzeiten,
- erzeugt Extra-Umsatz,
- erspart Kellner-Provision bei Standard-Artikeln,
- beschleunigt Prozesse,
- kontaktlos/virenlos bestellen und zahlen,
- reduziert Bezahlschmerz,
- liefert einen CO_2-neutralen Beleg.

- beschleunigt den Zahlvorgang,
- funktioniert rein visuell wie AliPay – keine Karte, kein Kontakt!,
- erhöht Datenschutz und Sicherheit,
- vergibt und verrechnet Mehrwerte, Stempel, Coupons, Rabatte,
- liefert einen CO_2-neutralen Beleg,
- vermeidet Bargeld und ist somit sicherer.

- dämmt Sonderwünsche ein,
- ermöglicht Vorbestellungen (kurze Essenszeiten).
- Beachten Sie die digitalen No-Gos!

Einen Vertrag mit einem Bluecode Acquirer abschließen
(Bluecode Acquirer finden sich auf der Website Bluecode.com)
Die Vorabintegration der AmadeusKasse aktivieren
Wählen, ob der Kellner oder der Gast Zahlungen starten soll
Loslegen!

Über die Autorinnen

Claudia Franz verfügt über mehr als 30 Jahre Payment-Expertise u. a. bei Concardis, Sofort Überweisung / Klarna und jetzt bei Bluecode. Es gibt in Deutschland keine Zahlart, die sie noch nicht vertrieben hat!
b2bsales@bluecode.com
www.bluecode.com

Stefanie Milcke leitet seit Januar 2020 Marketing & Sales bei Gastro-MIS und ist seit Ende 2021 zweite Geschäftsführerin des Unternehmens. Die Marketing-Expertin bringt durch ihre früheren Stationen bei SOFORT, Klarna, der Airbank und dem Plattform-Banking-Spezialisten ndgit langjährige Expertise aus dem Fintech-Sektor mit. Neben ihrer Tätigkeit bei Gastro-MIS engagiert sie sich ehrenamtlich als Host für verschiedene Meetups sowie als Startup-Mentor.
vertrieb@gastro-mis.de
www.amadeus360.de

10. „Einige Zukunftsideen sind bereits greifbarer, als man denkt!"

Interview mit Katharina Blöcher, Co-Initiatorin des Foodservice Digital Hub

Katharina Blöcher ist 34 Jahre alt und kommt aus Leipzig. Die studierte Betriebswirtin hat sich dem Thema „Digitalisierung in der Restaurant-Industrie" verschrieben und promoviert aktuell dazu an der Universität Leipzig. Parallel engagiert sie sich zusammen mit Michael Kuriat, Gründer der TNC Group, im Foodservice Digital Hub. Gastronomie und Technologie zu vereinen, ist für sie eine Herzensangelegenheit.

Katharina, kannst du uns kurz erklären, was der Foodservice Digital Hub ist?

Gerne! Der Foodservice Digital Hub ist im Prinzip ein Netzwerk, das sich mit digitalen Innovationen für die Gastronomie beschäftigt. Mit unseren Think Tanks, also „Denkfabriken", greifen wir spannende Veränderungen auf und entwickeln Zukunftsszenarien mit innovativen, digitalen Anwendungen bis hin zu Prototypen. Darüber hinaus organisieren wir (digitale) Vorträge, Diskussionsrunden und regionale Meetups unter Gleichgesinnten.

Wie ist das entstanden?

Die Initiative beruht auf einer Kooperation zwischen der TNC Group in Leipzig – mit Michael Kuriat – und der Universität Leipzig – mit mir als Initiatorin. Wir sind bereits 2017 mit Innovations-Workshops gestartet, um Vordenker zur Digitalisierung der Branche an einen Tisch zu bekommen. Man fängt ja immer erst einmal klein an, auch wenn man eine ganze Branche verändern möchte, und jeder ist willkommen. Manchmal sind es die Gastronom:innen selbst, manchmal aber auch Startups, die ganz konkrete Probleme lösen wollen. „Wir möchten die Beteiligten noch stärker miteinander vernetzen."

Was genau ist das Ziel eurer Initiative?

Gerade nach so einem Jahr, das bis hin zur Existenzbedrohung viele „Überraschungen" parat hielt, könnte man sagen: Hilfe zur Selbsthilfe!

Als eine Art Austauschplattform rund um digitale Themen in der Gastronomie wollen wir die Beteiligten in diesem Bereich noch stärker vernetzen. Akteure aus Forschung und Praxis sprechen dabei auf Augenhöhe – von Gastronom:innen über Zulieferer und Industriepartner bis hin zu innovativen Tech-Firmen, Forscher:innen und Startups. Aktuell sind wir 16 Partner, darunter die Enchilada Gruppe und Paulaner.

Unser erklärtes Ziel sind greifbare digitalisierte Lösungen bis hin zu Software-Anwendungen, die aktuelle Probleme und Herausforderungen in der Branche meistern. Dabei geht es immer um praktische, sofort anwendbare Ideen, die sich so nah wie möglich an den Anforderungen von Gastronom:innen und Gästen orientieren. Wir wollen den Gastronom:innen schließlich das Leben erleichtern und sie nicht mit realitätsfernen Programmen überfordern oder – was häufig auch befürchtet wird – sie durch Technik ersetzen. Im Endeffekt sollen sie wieder mehr Zeit für Zwischenmenschlichkeit und Gastfreundschaft bekommen, also in der Regel das, warum sie Gastronom:innen geworden sind.

Gemeinsam bauen wir „digitales Wissen" in der Branche auf, indem Erfahrungen und Best Practices in der Gruppe ausgetauscht werden. Gastronom:innen, die erst am Anfang ihrer digitalen Transformation stehen, können von innovativen Vorreitern der Branche lernen. Gleichzeitig bringen Technologie-Partner, Startups und Digital-Experten neues Wissen ins Netzwerk ein. Gemeinsam sind wir einfach stärker und besser.

Wie sieht die Zusammenarbeit im Team denn konkret aus, speziell auch jetzt während Corona? Gab es Herausforderungen?

Bisher fanden vor allem Innovationsworkshops an verschiedenen Orten Deutschlands mit je zehn Teilnehmer:innen unterschiedlichster Ausrichtung innerhalb der Branche statt. Vom Startup bis zum Konzern und vom kleinen Restaurant an der Ecke bis zur Franchise-Kette war alles mit dabei. Wir arbeiten mit „Design Thinking"-Ansätzen, um die Treffen methodisch zu unterstützen und die größtmöglichen Lehren aus ihnen ziehen zu können.

Aber Corona hat uns tatsächlich ein bisschen zum Pausieren gezwungen. Wenn Gastronom:innen ums Überleben kämpfen, haben Innovations- und Zukunftsthemen natürlich nicht die größte Priorität – klar. Im September kann es jetzt aber endlich mit drei „Think Tanks" weitergehen – wenn möglich auch wieder mit Treffen vor Ort, ansonsten digital.

Womit beschäftigt ihr euch aktuell?

Brandaktuelle Themen beziehen sich wenig überraschend auf digitale Bestellmöglichkeiten und transportieren sie in die Zukunft, sprich das vernetzte Management von Daten und Systemen über einheitliche Schnittstellen. Aber auch Technologien wie künstliche Intelligenz und Robotics fließen mit ein.

> „Einige Zukunftsthemen sind bereits greifbarer, als man denkt."

Klar, einige Zukunftsthemen sind bereits greifbarer, als man denkt: Zum Beispiel gibt es auch in Deutschland bereits Restaurants, in denen Roboter die Gäste bedienen oder das Essen zubereiten. Wahnsinn, oder? Dieses Ergebnis meiner Recherche hat mich damals selbst überrascht.

Ein anderes Beispiel: Die Sprachsteuerung, die von McDonald's im McDrive genutzt wird, könnte zum Beispiel in der Annahme von Out-of-Home Bestellungen eingesetzt werden.

Genauso, wie wir es in anderen Bereichen gesehen haben, wird auch in der Gastronomie der Umgang mit Daten zu den wichtigsten Entwicklungen gehören. Es geht um die Frage: Können Restaurants ihre Daten sinnvoll einsetzen, um ihre Prozesse zu optimieren und neue Marketingmöglichkeiten zu nutzen?

Dabei reden wir übrigens nicht nur von Kundendaten, sondern auch von Bestell- und Produktdaten. Es geht um datenbasierte Einkaufsprozesse, die Bestellungen beim Lieferanten nach Bedarf steuern, Waste Management, personalisierten Service oder Cross- und Upselling-Kampagnen und natürlich anlassbezogene Marketing-Aktivitäten.

Stellt euch vollkommen neue Restaurantkonzepte vor. Eines der Konzepte aus unseren Innovationsworkshops greift beispielsweise aktuelle Gesundheits- und Ernährungstrends auf. Stellen wir uns folgendes Szenario vor:

Wir besuchen ein Restaurant, das nicht nur weiß, wie wir uns heute körperlich fühlen, sondern auch berücksichtigt, wie viele Kalorien wir bereits zu uns genommen haben. Mithilfe dieser Informationen stellt das digitale Menüboard das richtige Gericht individuell für uns zusammen. Über unseren Fitnesstracker wertet das Restaurant unser Bewegungsprofil mit den heute schon geleisteten Schritten aus und passt den Preis für das Tagesmenü an. Eine clevere Methode, um die Motivation für das tägliche Workout zu steigern. Menschen mit weniger Einkommen wären nicht mehr gezwungen, auf billiges Junkfood zurückzugreifen, sondern könnten sich mit guter Gesundheit eine hochwertigere Ernährung erarbeiten. Sicher keinen Kaviar, aber darum geht es ja auch nicht.

Ja! Studien, die zeigen, dass solche Trends an Relevanz gewinnen, gibt es mehr und mehr, zum Beispiel von Nestlé oder vom Nutrition Hub in Berlin.

> „Wir müssen einen Mehrwert darin sehen, Informationen über uns preiszugeben."

Bleibt da nicht der Datenschutz auf der Strecke?

Könnte man meinen, aber nein. Der Datenschutz hat beim Umgang mit Kundendaten immer oberste Priorität! Dabei geben uns die gesetzlichen Vorgaben, wie die DSGVO, genaue Rahmenbedingungen vor. Ohne die Zustimmung der Gäste funktionieren solche Konzepte natürlich nicht.

Was die Bereitschaft angeht, unsere Daten abzugeben, können wir uns selbst beobachten: In einigen Bereichen haben wir uns längst daran gewöhnt. Wichtig ist, dass wir einen Mehrwert darin sehen, Informationen über uns preiszugeben. Dennoch werden Privatsphäre und Transparenz bei der Datennutzung immer wichtiger. Das Gesetz sieht vor, dass jeder Einzelne selbst Kontrolle über die Nutzung seiner Daten hat.

Wann denkst du, können wir solche Szenarien live erleben?

In etwa zwei bis vier Jahren kann ich mir das durchaus vorstellen.

> „Teilnehmer:innen können Erfahrungen der anderen für sich selbst nutzen."

Wie können Gastronom:innen heute schon von eurer Arbeit profitieren?

Für alle, die auf Basis von Innovationen langfristig erfolgreicher sein wollen, gilt, dass sie zunächst in Vorleistung treten müssen. Wir unterstützen dabei, indem wir den Part beisteuern, den sie nicht selbst leisten können, etwa indem wir passende Partner vermitteln oder Wissensaustausch forcieren.

Durch das Teilen von Best Practices können Teilnehmer:innen Erfahrungen der anderen für sich selbst nutzen. Vielleicht geht es um die Auswahl eines bestimmen Tools, wie man dieses integriert und einsetzt, oder auch darum, wie man seine Mitarbeiter:innen in der Anwendung schult. Wenn jeder etwas beisteuert, haben alle dazugewonnen.

Warum engagierst du dich persönlich bei dem Thema?

Ursprünglich komme ich aus dem Bereich Customer Relationship Management. Aber auch die Gastronomie hat mich von Kind auf begleitet. Mit der Initiative hatte ich die Gelegenheit, zwei Herzensthemen zu vereinen – das war natürlich großartig für mich.

> „Jeder kann sich am Netzwerk beteiligen."

Kann jede:r Gastronom:in bei euch Mitglied werden oder euch unterstützen?

Jeder kann sich am Netzwerk beteiligen – sei es als Teilnehmer:in in den Think Tanks, mit Erfahrungsaustausch im Netzwerk, oder indem neue Lösungen auch mal im eigenen Betrieb getestet werden. Interessent:innen können jederzeit dazustoßen.

Wie wird die Reise weitergehen?

Wir sind in der glücklichen Lage, dass das Bundesministerium für Wirtschaft und Energie die Bedeutung unseres Netzwerks erkannt hat. Für das aktuelle Jahr haben wir eine Förderung erhalten, um die Workshops fortzuführen und das Netzwerk zu vergrößern. Ziel ist es, unser Netzwerk langfristig zu etablieren, um Gastronom:innen auf ihrem digitalen Weg zu unterstützen und spannende und hilfreiche Lösungen zu entwickeln.

11. Mehr als Tofu:
Vegane Produkte in der Gastro

Vegane Ernährung hat sich in den letzten Jahren zu einem Trend entwickelt, der auch in die Gastronomie Einzug hält. Warum ihr zumindest erwägen solltet, auch vegane Speisen auf die Karte zu setzen, erfahrt ihr in diesem Kapitel.

Warum solltest du auch vegane Komponenten bieten?

Reflexion des bisherigen Angebotes,
Erweiterung des Kundenstammes (wenn Bedarf besteht),
Steigerung des Umsatzes,
Re-Branding der eigenen Firma.

Die stark wachsende Nachfrage nach veganen Gerichten birgt ein enormes Wachstumspotenzial für deine Gastronomie – egal, ob du ein Restaurant, ein Café oder eine Kantine betreibst.

Gerade in der Gastronomie ist es von großer Bedeutung, die kulinarischen Bedürfnisse der Menschen zu erkennen, um sie bedienen zu können. Wer die Entwicklungen der Gesellschaft vernachlässigt, verpasst den Sprung in ein zeitgemäßes Speisenangebot.

> **Wichtig:** Als Gastronomiebetrieb heutzutage nicht auch vegane Gerichte auf der eigenen Karte zu führen, ist schlicht und einfach nicht mehr zeitgemäß.

Das Ernährungsverhalten unserer Gesellschaft wandelt sich rasant. Pflanzenbasierte Ernährung ist mehr als nur ein Trend: Laut aktuellen Statistiken ernähren sich bereits über eine Million Menschen in Deutschland vegan – und diese Zahl wächst täglich. Zudem ernähren sich weitere zehn bis zwölf Millionen Deutsche vegetarisch. Prognose: rasant zunehmend.

Für konventionelle Gastronomiebetriebe gilt es, diesen Wandel und das damit verbundene Potenzial zu erkennen, um am Ende nicht das Nachsehen zu haben. Durch meine Arbeit als zertifizierter veganer Ernährungsberater und meine Nähe zur veganen Community kann ich dich dabei unterstützen, langfristig das volle Potenzial deiner Gastronomie auszuschöpfen.

Für dich als Gastronom:in lohnt sich die Erweiterung deiner Speisekarte um vegane Alternativen in vielerlei Hinsicht: Es geht um nicht weniger als die Entdeckung einer unendlichen Vielfalt an Möglichkeiten. Zum einen erschließt du dir einen neuen und – bei entsprechender Speisenqualität – zahlungsfreudigen Kundenstamm. Zum anderen stellst du deinen Betrieb zukunftsträchtig auf und stärkst deinen positiven Ruf bei den Gästen – der wohl größte Pluspunkt.

> **Tipp:** Mit einem pro-veganen Angebot auf deiner Speisekarte bedienst du übrigens neben den Wünschen von veganen Menschen gleichzeitig die Bedürfnisse von Vegetarier:innen und gesundheitsbewussten Gästen.
>
> Auch viele Nicht-Veganer:innen beziehungsweise Nicht-Vegetarier:innen legen zwischendurch gerne fleischfreie Tage ein. Du bietest damit außerdem eine Auswahl für Kund:innen mit Laktoseintoleranz und wirst auch bei Gästegruppen mit gemischten Ernährungsbedürfnissen vermehrt wahrgenommen.

#plantbased – woher kommt die steigende Nachfrage?

Die Zeiten, in denen gedacht wurde, Veganer:innen ernährten sich nur von Luft, Liebe und Salat, sind mehr als vorbei. Selbst die Supermärkte und Discounter ziehen mit: vegane Burgerpatties und Hack-„Fleisch", das echtem Fleisch teilweise erschreckend ähnlich sieht, Joghurt- und Käsealternativen und pflanzliche „Milch", so weit das Auge reicht. In Deutschland ernähren sich rund 1,3 Millionen Menschen vegan. Täglich sollen 200 weitere dazukommen – ein Trend mit rasantem Wachstum. Die Gründe dafür sind vielseitig.

Tierleid

Der wohl häufigste Grund für Menschen, nicht nur auf Fleisch, sondern auch auf Eier, Milch, Joghurt, Käse und alle Lebensmittel mit tierischen Inhaltsstoffen zu verzichten, ist und bleibt der Aspekt des Tierwohls. In den letzten Jahren stieg das Bewusstsein dafür, wie viel Tierleid nicht nur mit Fleisch und Fisch, sondern auch mit Milch und Co verbunden ist. Verständlich also, dass einige Menschen hinterfragen, ob der eigene Genuss wirklich Tierqualen rechtfertigt.

Gesundheit

Ein weiterer wichtiger Grund, der für vegane Ernährung spricht, ist der Gesundheitsaspekt. Neben Bakterien, Viren und Antibiotikaresistenzen als Resultat schlechter Tierhaltung oder Verarbeitung bringen einige tierische Produkte gesundheitsschädliche Eigenschaften mit sich.

In diversen wissenschaftlichen Studien wurde der Veganismus als gesündere Ernährungsform praktisch totdiskutiert. Das Ergebnis? Achtet man auf eine gesunde und ausgewogene sowie abwechslungsreiche pflanzliche Kost und supplementiert fehlende Nährstoffe wie Vitamin B12, spricht absolut gar nichts gegen eine vegane Ernährung.

Nachhaltigkeit

Zu guter Letzt wäre da noch der Aspekt der Nachhaltigkeit und des Umweltschutzes. Der CO_2- und Wasserverbrauch bei der Herstellung von Fleisch, Milch, Käse und Co liegt im Schnitt deutlich höher, als es bei der Herstellung pflanzlicher Lebensmittel der Fall ist – zumindest solange nicht bevorzugt Obst und Gemüse vom anderen Ende der Welt konsumiert werden.

Vegan in der Gastronomie:

Kleine Szene-Restaurants in den hippen Großstadtvierteln machen es schon seit Jahren vor. So langsam kommt das Angebot nach Vegan Options auch in die ländlicheren Gastronomiebetriebe. Doch nicht nur reine Gastronomiebetriebe, auch Hotels aus aller Welt schließen sich dem veganen Trend an. Auf Seiten wie Vegan-Welcome lassen sich bereits zahlreiche Hotels finden, die ein zufriedenstellendes Angebot aus veganen Optionen anbieten. Reisende aller Länder nutzen solche Portale, um gezielt nach Gastronomie- und Hotel-betrieben Ausschau zu halten.

> Wichtig: Ein ausreichendes veganes Angebot kann durchaus zum Wettbewerbs-vorteil führen.

Veganes Fastfood

Wer denkt, vegan sei automatisch gesund, der hat weit gefehlt. Besonders bei Menschen, die sich nicht primär aufgrund des Gesundheitsgedankens vegan ernähren, steigt die Nach-frage nach veganem Fastfood. Burger, Schnitzel, Nuggets, Fisch und Meeresfrüchte sind als pflanzliche Varianten bereits in Großstädten wie Berlin zu finden, ebenso in zahlreichen Supermärkten und Discountern. Im Gegensatz zu gesunden veganen Essensangeboten wie Buddha-Bowls, Bananenbrot und Co ist veganes Fastfood als fester Bestandteil in einem Gas-tronomiebetrieb durchaus noch ein Alleinstellungsmerkmal. Falls ein:e Gastronom:in da draußen das Angebot des eigenen Betriebs wirtschaftlich rentabel aufstocken möchte, sollte er/sie die hohe Nachfrage nach veganem Fastfood nutzen, solange das Angebot noch ver-hältnismäßig gering ist.

Die veganen Topseller in Gastronomiebetrieben

Bananenbrot. Das gute alte Bananenbrot kennt man schon eine Weile. Dabei müssen But-ter, Eier und Milch nicht zwangsläufig fester Bestandteil des kuchenähnlichen Brotes sein. Butter und Milch können durch pflanzliche Varianten ersetzt werden, statt Eiern reicht auch Backpulver völlig. Nutzt man statt weißem Industriezucker Agavendicksaft oder Kokosblü-ten-Zucker, kann das Ganze noch verhältnismäßig gesund gestaltet werden.

> Wichtig: Auf der veganen Dessertkarte sollte das klassische Bananenbrot in der veganen Variante auf keinen Fall fehlen.

Bowls. Bowls, Bowls, Bowls! Diese sind gerade voll im Trend. Je bunter, desto besser, und darüber hinaus auch sehr einfach als vegane Variante herzustellen. Die Buddha-Bowl beispielsweise besticht durch ihre nährstoffreiche Zusammensetzung von gesunden Fet-ten, hochwertigen Proteinen und komplexen Kohlenhydraten – nichts, was durch eine vegane Ernährung ausgeschlossen wird. Die sehr gefragte Poké-Bowl hingegen enthält – zumindest in der Standard-Variante – rohen Fisch. Quasi Sushi aus der Schüssel. Der Fisch kann aber ganz einfach durch Tofu, Tempeh und Co ersetzt werden.

Wichtig: Vegane Bowls decken gleich zwei Hypes ab: die gefragten, gesunden Bowls und den Trend der veganen Ernährung.

Burger. Vegane Burger sind – anders als andere vegane Fastfood-Gerichte – schon verhältnismäßig gut etabliert. Große und kleine Fastfoodketten haben auf die Frage nach veganem Fastfood mit pflanzlichen Burgern geantwortet. Da der Burger nun mal mit das meistgefragte Fastfood-Gericht ist, empfiehlt es sich für jede:n Gastronom:in, in der Sparte eine ausreichende Auswahl(!) an veganen Burgern auf seine/ihre Speisekarte zu setzen.

Wichtig: Mit nur einem einzigen veganen Burger auf der Karte hebt man sich kaum noch ab.

Pizza. Kaum ein Gericht ist so beliebt wie Pizza. Im Gegensatz zu dem relativ großen Angebot an veganen Burgern kommt die vegane Pizza heute noch eindeutig zu kurz. Und falls es sie doch mal gibt – dann wird ganz einfach der Käse weggelassen. Wenig befriedigend, um ehrlich zu sein. Käse ist wohl eines der am meisten genutzten Argumente, das für viele Menschen gegen Veganismus spricht. Dabei gibt es heutzutage echte Alternativen: von Parmesan, der dem tierischen Mitstreiter in Sachen Geschmack und Konsistenz wirklich sehr ähnlich ist, über veganen Frisch- und Scheibenkäse bis zu pflanzlichem Streukäse, der sogar schmilzt und Fäden zieht.

Wichtig: Gegen eine deftige Pizza Margeritha mit schön viel Käse spricht nichts mehr. Grund genug, die Unterversorgung der hohen Nachfrage als Wettbewerbsvorteil zu nutzen.

Mehr über vegane Ernährung im Detail

Für alle, die's genau wissen wollen, folgen jetzt noch wichtige Begriffe und Erklärungen zur veganen Ernährung. Bei Fragen gerne zur Kontaktseite (Seite 157) vorblättern und das Telefon zur Hand nehmen!

Veganismus ist eine aus dem Vegetarismus hervorgegangene Lebensweise. Veganer:innen verzichten auf alle Nahrungsmittel mit tierischem Ursprung. In der strengsten Form meiden Veganer:innen auch andere Tierprodukte wie Leder und lehnen die Nutzung von Tieren zum Beispiel für Tierversuche ab. Der Veganismus stützt sich auf Argumente aus den Bereichen Tierethik, Umweltschutz, Welthunger, Gesundheit und Religion.

Übersicht: Besondere Formen veganer Ernährung	
Bio-vegane Ernährung	beschränkt sich zusätzlich auf Lebensmittel, die unter ökologischen Gesichtspunkten produziert wurden. Biologisch-vegane Landwirtschaft schließt Tierhaltung aus, sodass beispielsweise nicht mit Gülle gedüngt wird.
Frugane Ernährung	beschränkt sich auf die Früchte von Nahrungspflanzen, da deren Verzehr nicht die Zerstörung der Pflanze zur Folge hat. Dazu gehören etwa Obst, Nüsse und Samen.
Vegane Rohkost	beschränkt sich auf die veganen Teile einer Rohkosternährung (während Rohkost allgemein ebenso rohes Fleisch, Fisch, Eier, Rohmilch usw. enthalten kann).
Die High-Carb-Diät	basiert in erster Linie auf Kohlenhydraten wie Vollkorngetreide, Hülsenfrüchten, stärkehaltigen Wurzeln und Knollen sowie Gemüse aller Art. In geringerem Umfang kommen Nüsse und Samen dazu, aber keine zugesetzten Fette.
Pudding-Veganer:innen	ernähren sich konsequent vegan, aber überwiegend von stark verarbeiteten pflanzlichen Lebensmitteln. Für sie sind hauptsächlich ethische Gründe entscheidend. Gesundheitliche Aspekte sind eher untergeordnet. Sie achten daher weniger auf eine ernährungsphysiologisch ausgewogene Zusammensetzung der Kost.

Exkurs: Nährstoffversorgung von Veganern und Mischköstlern im Vergleich

Die folgende Beschreibung der Nährstoffversorgung bezieht sich auf gesunde Erwachsene. Davon abweichende Lebensphasen, wie beispielsweise Schwangerschaft, Kindheit oder bei Leistungssport, haben einen eigenen, spezifischen Nährstoffbedarf.

Unkritische Nährstoffe

Ballaststoffe: Die Ballaststoffzufuhr liegt bei Veganern deutlich über der teilweise zu geringen Zufuhr der Durchschnittsbevölkerung. Die Aufnahme an Ballaststoffen übersteigt die Mindestaufnahmemenge hierbei sehr deutlich.

Cholesterin: Der Körper bildet Cholesterin in ausreichender Menge selbst und ist somit nicht auf die Zufuhr von außen angewiesen. Cholesterine kommen nur in tierischer Nahrung vor. Daher weist die vegane Ernährung durchweg günstige Werte in diesem Bereich auf. Im Vergleich hierzu nehmen „Mischköstler" eine vielfache Menge an Cholesterin auf und liegen teilweise über der von der DGE empfohlenen Höchstmenge.

Einfach/mehrfach ungesättigte Fettsäuren: Wenn es um die Aufnahme von gesättigten, einfach ungesättigten sowie mehrfach ungesättigten Fettsäuren geht, folgen Veganer:innen am häufigsten den Empfehlungen der DGE. Mischköstler weisen teils einen zu hohen Anteil gesättigter Fettsäuren sowie eine zu geringe Aufnahme mehrfach ungesättigter Fettsäuren auf. Die gesamte Zufuhr ernährungsphysiologisch eher unerwünschter gesättigter Fettsäuren ist bei veganer Ernährung in der Regel nur halb so hoch wie in der Durchschnittsbevölkerung.

Magnesium: Die Zufuhr an Magnesium liegt bei Veganer:innen deutlich über der teilweise zu geringen Zufuhr der Durchschnittsbevölkerung.

Sekundäre Pflanzenstoffe/Antioxidantien: Wer viel Obst und Gemüse zu sich nimmt, nimmt auch mehr Carotinoide, Isoflavone und andere protektive sekundäre Pflanzenstoffe wie beispielsweise Lycopin auf.

Vitamin E: Veganer:innen nehmen wesentlich mehr Vitamin E auf als Mischköstler und übertreffen die Mindestaufnahme-Menge an Vitamin E häufig. Mischköstler liegen dagegen im Durchschnitt darunter.

Potenziell kritische Nährstoffe

Calcium: Durch den Verzicht auf tierische Nahrungsquellen wie Milch und Käse können bei unausgewogener veganer Kost hinsichtlich der Calciumzufuhr Nachteile auftreten.

In Studien lag die durchschnittliche Calciumzufuhr der Veganer sehr deutlich unter den empfohlenen Richtwerten. Neben dem Calciumgehalt von Nahrungspflanzen ist auch dessen Bioverfügbarkeit zu beachten. Oxalate (Rhabarber) und Phytate (Getreide, Hülsenfrüchte, Erdnüsse) können die Calciumresorption behindern. Um Mangelerscheinungen auszuschließen, wird der Verzehr von calciumreichem Mineralwasser und Lebensmitteln wie Grünkohl, Brokkoli, Sesamsamen, Haselnüssen, Sojabohnen und Tofu oder die Calciumsupplementierung empfohlen.

Eisen: Die durchschnittliche Eisenaufnahme der Veganer:innen liegt über jener der Mischköstler. Veganer überschreiten im Durchschnitt die DGE-Mindestaufnahmemenge deutlich, Veganerinnen liegen leicht unterhalb der empfohlenen Mindestaufnahme der DGE.

Wichtig: Der Eisenbedarf liegt bei einer veganen Ernährung etwa 1,8-fach höher. Das liegt an der niedrigeren Bioverfügbarkeit des pflanzlichen Eisens. Dadurch wird der eigentlich sogar erhöhte Referenzwert vor allem bei Veganerinnen in der Regel nicht erreicht. Vitamin C verbessert die Eisenaufnahme aus pflanzlicher Ernährung.

Langkettige Omega-3-Fettsäuren: Die Zufuhr dieser Fettsäuren kann bei einer unausgewogenen veganen Ernährung sehr gering sein.

Delta-5-Desaturase: Diese Enzyme verarbeiten die Omega-6-Fettsäure Linolsäure zu DGLA und Arachidonsäure. Vitamin- und Mineralienmangel, Stress und Alter können die Bildung verlangsamen. Hingegen können Vitamin B und C, Magnesium und Zink diese Enzyme aktivieren.

Proteine: Die Durchschnittsbevölkerung ist bei einer ausgewogenen Ernährung vor einer Protein-Unterversorgung geschützt. Bei Veganer:innen dagegen kann die Eiweiß-Aufnahme je nach Auswahl der Lebensmittel signifikant geringer ausfallen. Die bei einer erwachsenen Person täglich erforderliche Proteinzufuhr von etwa 0,8 bis 1 Gramm pro Kilogramm Körpergewicht kann aber auch ohne Nahrungsergänzungsmittel durch pflanzliche Produkte erreicht werden. Dazu zählen vor allem Reis, Quinoa, Linsen, Bohnen, diverse Nüsse und Nussmus sowie verschiedene Sojaprodukte.

Vitamin D: Vitamin D kann bei ausreichender Sonnenstrahlung vollständig von der Haut gebildet werden. Reicht die Sonnenexposition nicht aus – in Deutschland ist das für die Hälfte des Jahres der Fall –, greift der Körper auf das Vitamin D zurück, das er über die Sommermonate speichern konnte. Ist auch das zu wenig, ist eine Aufnahme über die Nahrung erforderlich. Vitamin D ist außer in Avocado (3,43 µg Vitamin D/100g),

Pfifferlingen (2,1 µg/100 g) und Champignons (1,9 µg/100 g) fast ausschließlich in tierischen Lebensmitteln enthalten. Veganer:innen liegen daher in Untersuchungen über die ausschließlich via Nahrung zugeführte Vitamin-D-Menge nochmals erheblich unter der bereits deutlich zu geringen Vitamin-D-Aufnahme der Mischköstler.

Zink: Veganer:innen nehmen zumeist weniger Zink zu sich als Mischköstler. Bei Frauen liegt der Wert aber immer noch oberhalb der DGE-Referenzwerte. Bei Männern variiert das Ergebnis je nach Studie. Mal wird sie als ausreichend, mal als zu niedrig gemessen. Die Bioverfügbarkeit von Zink in pflanzlicher Nahrung liegt hierbei allerdings noch unterhalb der Bioverfügbarkeit nicht-pflanzlicher Nahrung.

Kritische Nährstoffe

Jod: Die Jodzufuhr ist bei Veganer:innen häufig zu gering – und zwar noch geringer als der ohne Ergänzungsmittel häufig ebenfalls zu geringe Wert der Mischköstler. Infolge eines schweren Jodmangels besteht die Gefahr einer Schilddrüsenunterfunktion.

Vitamin B12: Vitamin B12 ist im Körper nötig für die Zellteilung, die Blutbildung und die Funktion des Nervensystems. Nach etablierter Fachmeinung enthält keine pflanzliche Nahrung für den menschlichen Bedarf ausreichende Mengen der verwertbaren Form des Vitamins. Daher empfehlen die großen ernährungswissenschaftlichen Organisationen allen Veganer:innen eine Supplementierung von B12. Dies sollte in Form von angereicherten Lebensmitteln oder Vitamin-Präparaten geschehen. Abhängig vom Füllstand des B12-Speichers in der Leber und den individuellen Voraussetzungen können bei erwachsenen Veganer:innen ohne Vitaminaufnahme mehrere Jahre vergehen, bis sich Symptome des Vitamin-B12-Mangels einstellen. Wissenschaftler:innen warnen daher vor Falschmeldungen, die behaupten, Veganer:innen müssten kein zusätzliches Vitamin B12 zuführen. Um eine Mangelversorgung frühzeitig zu erkennen, können Veganer:innen ihren Vitamin-B12-Status regelmäßig überprüfen.

Vegan als Umsatzbringer

Der vegane Hype ist so ausgeprägt wie noch nie und steigt rasant an. Ein Stagnieren des Trends ist in den nächsten Jahren nicht zu erwarten – im Gegenteil. Mittlerweile ziehen auch Supermarkt- und Discounter-Ketten nach. Höchste Zeit also, den eigenen Gastronomiebetrieb vegan aufzustocken. Nutzt man Trends, wie beispielsweise die hohe Nachfrage nach veganem Fastfood, können diese Gerichte auf der eigenen Karte schnell zum Alleinstellungsmerkmal und echten Kassenschlager werden.

Über den Autor

MKA Gastro Pine Products konzentriert sich auf die Herstellung und den Vertrieb von hochwertigen Produkten aus Pinienkernen. Bei unseren Produkten stehen sowohl die Nachhaltigkeit als auch die bestmögliche Verwertung der Grundprodukte im Vordergrund. So verarbeiten wir fast 90 Prozent der Grundprodukte vollständig, womit sich der nicht brauchbare Teil sehr stark verringert. Dadurch und durch die ideale Pflege der Bäume ist der Weg zu „Zero Waste" gegeben.

Aufgrund der regionalen Herstellung können wir die Prozesse der Herstellung und die Lieferketten transparent darstellen und bei Fehlern schnell und geregelt eingreifen. Unsere Produkte sind vom Drang nach Perfektion und der Konzentration auf das Grundprodukt geprägt. Unter anderem bieten wir folgende vegane Produkte an:

PinienVurst
Pinienmilch in verschiedenen Varianten (Natur, Kokos und Vonig)
Pinienbutter
Pinienkernöl (kaltgepresst und geröstet)
Pinienkerne natur
Pinienflocken

Demnächst gibt es Pinienessig, und saisonal (meist von Oktober bis Februar) bieten wir auch vegane handgefertigte Pralinen an.

Björn A. Zuev
MKA Gastro Pine Products
Holstenstraße 8–10
23552 Lübeck
0176 68 570 162
Instagram: @mkagastro
Facebook: @MKA – Die mit der Pinie

12. Beschaffung neu gedacht: Moderne Pfandsysteme für die Gastronomie

Freuen Sie sich auf ein Kapitel über einen der zukunftsträchtigsten Trends in der Gastronomie: Mehrwegsysteme für Delivery und Take-away. Wir erläutern die Vorteile und zeigen anschaulich, was es bei der Einführung eines modernen Pfand- beziehungsweise Mehrwegsystems zu beachten gibt, und gehen auf die speziellen Vorzüge bei der Verwendung von Glas ein.

Moderne Mehrwegsysteme sind in aller Munde

Die Ressourcenknappheit und Verschmutzung unseres Planeten stellt uns als Menschheit vor große Herausforderungen und beeinflusst immer stärker unser tägliches Leben. Auch die Gastronomie kann und sollte ihren Beitrag zur Linderung dieser Probleme leisten. Wenn wir ehrlich sind, gibt es nur eine Lösung zur Bewältigung der Klimakrise: Wir müssen unsere Gewohnheiten ändern und den Alltag nachhaltiger gestalten! Mehrwegsysteme tragen genau dazu bei. Sie schonen Ressourcen und reduzieren den Plastikkonsum deutlich. Teilen statt besitzen, ist das Motto.

„Fridays for Future", Foodsharing zur Vermeidung von Lebensmittelverschwendung, gemeinsames Müllsammeln – das sind nur einige Beispiele für Nachhaltigkeitsinitiativen. Auch die Politik kommt langsam in Fahrt und hat am 3. Juli 2021 Einwegplastik verboten, um die stetig anwachsenden Berge an Plastikmüll zu reduzieren. 2023 wird die Mehrwegpflicht für gastronomische Betriebe folgen: Der Zwang, für Speisen und Getränke bei To-go-Bestellungen eine Mehrwegverpackungsalternative anzubieten.

Schon gewusst? Als Vorreiter geht die Stadt Tübingen sogar noch einen Schritt weiter und erhebt ab 2022 eine kommunale Verpackungssteuer für Einwegverpackungen. Andere Städte und Kommunen wollen nachziehen. Die Folge? Das Angebot an Einwegverpackungen wird begrenzt, da Einwegplastikverpackungen wegfallen. Das bedeutet, Gastronom:innen kaufen andere Einwegverpackungen aus Zuckerrohr, Bambus oder beschichteter Pappe, was die Preise für diese Einwegverpackungen spürbar steigen lässt.

Auch die Thematik „Müllvermeidung" – oder neudeutsch Waste Management – wird in unserer Gesellschaft immer brisanter. Spätestens durch den Delivery- und Take-away-Schub während der Pandemie zeigte sich sehr deutlich, wie viel Einwegverpackungsmüll durch das Außer-Haus-Geschäft anfällt. So wird der Wunsch der Gäste nach nachhaltigen Verpackungsalternativen zunehmend lauter. Für viele Gastronom:innen gibt es neben dem Bestreben, einen klimaneutralen Fußabdruck zu hinterlassen, aber noch weitere Argumente wie das Geschmackserlebnis, welches häufig unter der Plastikverpackung leidet.

Kurz: Das Thema moderne Pfandsysteme für die Gastronomie ist gekommen, um zu bleiben. Doch die entsprechende Industrie der Anbieter steckt oft noch in den Kinderschuhen. Die Systeme unterscheiden sich vor allem durch Form, Größe und Material der eingesetzten Mehrwegboxen, das Preismodell und die Ausleihmöglichkeiten. Im Folgenden wird eines dieser Mehrwegsysteme vorgestellt: das Social Startup PAVAO.

Wer oder was ist PAVAO?

PAVAO ist ein junges Startup aus Karlsruhe, das sich der Müllproblematik von Einwegverpackungen und den Herausforderungen von Mehrwegsystemen annimmt. Es verwandelt To-go in ein Genusserlebnis und bietet Gastronom:innen eine Lösung für die baldige Mehrwegpflicht.

Das System schützt die Gesundheit der Gäste vor Mikroplastik und die Umwelt vor der anhaltenden Verschmutzung, es rettet das Geschmackserlebnis und wertet die optische Komponente einer Außer-Haus-Bestellung auf. PAVAO setzt auf nachhaltige Mehrwegverpackungen aus dem altbewährten Werkstoff Glas.

Der Gast entscheidet seinen Gewohnheiten und Vorlieben gemäß, ob er das PAVAO Mehrwegsystem digital oder analog nutzen möchte. Zur Wahl stehen das klassische Pfand oder in der digitalen Variante pfandfrei per App. Gastronom:innen können so allmählich auf einen einfachen, kontaktlosen, bargeldfreien und schnellen Leihvorgang umstellen und sowohl traditionelle als auch digital orientierte Gäste abholen. Die PAVAO App bietet dabei folgende Funktionen:

Bestandsübersicht der Mehrweggläser,
Anzeige der eingesparten Einwegverpackungen,
automatisierte Nachbestellung.

Abbildung 12.1: To-go-Suppe im PAVAO-Mehrwegglas

Warum ein Mehrwegsystem und warum überhaupt Glas?

Bitte zuerst hinsetzen, bevor Sie den nächsten Satz lesen: Laut WWF konsumieren wir jede Woche Mikroplastik von der Größe einer Kreditkarte. Wollen wir wirklich zwei daraus machen?

Stichwort „Vertrauen": Warum also nicht auf einen Werkstoff setzen, der kein Mikroplastik abgibt, der schon seit Jahren verwendet wird und anerkannt ist – Glas? Auch außerhalb der Gastronomie nutzen und schätzen wir Glas, wir sind damit vertraut. „Glas kann zerbrechen", ist vielleicht der erste Gedanke. Gleichzeitig könnte es aber auch die Gelegenheit sein, mit Gegenständen achtsamer umzugehen. Der allseits beliebte Latte macchiato wird schon immer im Glas serviert. Die Glasbierflasche wird anstandslos von den Gästen in den Park getragen – und in der Regel unfallfrei auch wieder raus.
Stichwort „Geschmackstreue": Gastronom:innen haben mit Glas die Möglichkeit, ihre Speisen und Getränke in einer Verpackung auszugeben, die durch ihre Beschaffenheit eine Geschmacksverfälschung verhindert. Der gute Geschmack und die Qualität der

Lebensmittel bleiben erhalten. Stellen Sie sich den Asia Reis oder die Käsespätzle statt in einer weißen, quietschenden Styroporverpackung in einem stilvollen, hochwertigen Glas vor (siehe Abbildung 12.2 und 12.3). Diese Bilder zeigen deutlich: Nicht nur der Geschmack spricht für Glas. Glas gibt Ihnen die Möglichkeit, Ihre Gäste nicht nur geschmacklich, sondern auch optisch von ihrem To-go-Angebot zu überzeugen.

Abbildung 12.2: Essen in einer Styroporverpackung

Abbildung 12.3: PAVAO Mehrwegglas für eine Bowl

Stichwort „Stil": Geiz ist geil hat ausgedient. Heute zählen Eigenschaften wie Stil, die hervorragend auf sozialen Medien wie Instagram demonstriert werden können. So bietet sich gleichzeitig auch noch eine gute Werbefunktion für den eigenen Betrieb.

Stichwort „Hygiene": Im Vergleich zu Plastikmehrwegverpackungen überzeugt Glas außerdem durch seine hohen Hygienestandards. Plastik muss zertifiziert werden, um im Gastronomiebereich für Lebensmittel eingesetzt werden zu können. Glas dagegen ist von Natur aus lebensmittelecht. Das heißt es gibt weder Geschmack noch Geruch an die Lebensmittel ab, mit denen es in Kontakt kommt, und gilt als ungiftig. Glas trocknet schneller als Plastik und erschwert dadurch die Bakterienbildung.

Stichwort „Flexibilität": Glas garantiert eine universelle Einsetzbarkeit, ob für Eis, Cocktails, Müslis, Salatsoßen oder Käsespätzle – ein Material für alles. Einige Mehrweganbieter mit Plastikbehältern geben an, dass sie nur für bestimmte Getränke geeignet sind. Eine Beschränkung, die es mit Glas nicht gibt: Und wieder – ein Material für alles.

Abbildung 12.4: PAVAO Saftflasche für Limonaden, Eiskaffee oder Haferflocken

Stichwort „Liquiditätsmanagement": Da die Politik das Verbot von Einwegplastik zunehmend durch gesetzliche Regelungen wie die Mehrwegpflicht ab 2023 oder die Einführung einer kommunalen Verpackungssteuer vorantreibt, ist davon auszugehen, dass die Nachfrage nach Einwegverpackungen aus alternativen Materialien (Zuckerrohr, Bambus, Pappe) zunimmt und diese somit in Zukunft teurer werden. Indem ein Mehrwegsystem eingeführt wird, sind die Gastronom:innen nicht mehr von der Preiserhöhung der Einwegverpackungen betroffen und sparen somit direkt Kosten.

Stichwort „Zeitmanagement": Neben dem finanziellen Vorteil schenkt PAVAO das wahrscheinlich wertvollste Gut zurück: Zeit. Durch einfache Routinen und Automatismen wie Mindestbestände an Mehrweggläsern muss sich der/die Gastronom:in um nichts mehr kümmern. Fällt der Bestand unter die festgelegte Mindestmenge, werden Mehrweggläser automatisch nachbestellt und geliefert. So sparen sich die Gastronom:innen die aufwendige Prüfung des Bestands und die anschließende Nachbestellung, sodass dem Gast mehr Zeit entgegengebracht werden kann.

Stichwort „Image": Gastronom:innen, die früh ein Mehrwegsystem anbieten, werden eine Vorreiterrolle einnehmen. Pioniere der Nachhaltigkeit, die mit Weitblick beispielhaften Klima- und Umweltschutz leisten und somit zum Wohle aller beitragen. Dieser Imagegewinn wird sich nicht nur im Umsatzplus niederschlagen, er stellt auch einen großen gesellschaftlichen Wert dar. Mehr und mehr Gäste werden zukünftig darauf achten, dass Gastronomien sozial und ökologisch handeln. Ein Mehrwegsystem ist *die* Chance, ihnen genau das zu bieten – eine nachhaltige Alternative zu Einwegverpackungen.

Stichwort „Ökologischer Fußabdruck": Wer nicht versehentlich zum Greenwasher werden will, sollte bei der Wahl des Mehrwegsystems auch auf ganzheitlich nachhaltige Prozesse achten. Unter welchen ökologischen und sozialen Bedingungen werden die Mehrwegbehälter hergestellt? Welche Emissionen werden dabei verursacht? Wie werden sie vor jeder Nutzung aufbereitet und wie werden sie recycelt, wenn sie ausgedient haben?

Abbildung 12.5: PAVAO Schmuckglas für eine Bowl

Stichwort „Fototauglichkeit": Es mag im ersten Moment absurd klingen, aber heutzutage ist die Optik von Speisen und Getränken nicht mehr nur deshalb wichtig, weil das Auge bekanntlich mitisst. Fotos bestellter oder selbst kreierter Speisen und Getränke auf sozialen Medien zu posten, ist längt zum Standard-Prozedere für viele geworden, gerne auch mit Kennzeichnung der Location (Achtung: Werbeeffekt) – allerdings nur, wenn die Optik stimmt.

Stichwort „Gästebindung": Zu guter Letzt ein immer wichtig werdender Aspekt: Durch die Rückgabe der Gläser werden die Gäste zum erneuten Bestellen angeregt.

Warum sollten Gastronom:innen auf jeden Fall auf Mehrwegsysteme mit Glas setzen?

Investition in eine nachhaltige, ressourcenschonende und plastikfreiere Zukunft
Schutz der Gesundheit durch den Verzicht auf Mikroplastik in der Nahrung
Imagegewinn als Vorreiter und nachhaltigkeitsbewusster Betrieb
Generierung neuer Gästegruppen und Bindung bestehender Gäste
Kostensenkung dank günstiger Mehrwegprozesse

Abbildung 12.6: PAVAO Mehrweg-Saftflasche für Lebensmittel aus dem Unverpackt-Laden

Über den Nutzen für Gastronom:innen haben wir nun ausgiebig berichtet. PAVAO ist darüber hinaus auch für Einzelhändler:innen wie den Unverpackt-Laden um die Ecke einsetzbar, wenn die Kund:innen ihre Mehrweggläser vergessen haben. Genauso können aber auch Bäcker:innen oder Metzger:innen PAVAO nutzen und ihre Ware ökologisch durchdacht an die Kund:innen ausgeben. Nicht zuletzt können auch Messen oder Firmenkantinen PAVAO als Mehrweglösung einsetzen und ihren Gästen eine nachhaltige Mehrwegalternative bieten.

Diese Vielfalt an unterschiedlichen Interessensgruppen kann PAVAO aufgrund der unterschiedlichen Formen und Größen der Behälter abdecken. Wie von einem flächendeckenden Mehrwegsystem erwartet, können alle Behälter bei allen PAVAO Partnern abgegeben werden, was den Nutzwert beim Gast enorm steigert.

Beispiel: Mehrweg – aber nicht mehr Weg

Clara holt sich morgens auf dem Weg zur Arbeit einen Latte macchiato to go. Mittags geht sie gemeinsam mit Kolleg:innen los, um sich eine Bowl im PAVAO-Mehrwegglas zu holen, und gibt einfach das Kaffeeglas aus dem Café bei ihrem Lunchbesuch ab – Umwege sind unnötig.

Schauen wir uns Clara einmal genauer an:

Wer ist sie?
Was ist ihr wichtig?
Warum setzt sie auf Mehrweg?
Welche Gewohnheiten hat sie?

Schauen wir genauer hin und nehmen uns den Steckbrief von Clara Friedrich vor: Clara ist 33 Jahre alt, verheiratet, hat ein Kind, arbeitet in einer Werbeagentur als Führungskraft und lebt in Karlsruhe. Clara ist ein Genussmensch. Deshalb holt sie sich auch jeden Morgen einen frischen Latte macchiato direkt von einem Café auf dem Weg zur Arbeit. Anstatt mittags eine kurze Fastfood-Pause einzuschieben, setzt sie auf ein hochwertiges Mittagessen, das sie sich am liebsten in ihrem Stammrestaurant holt. Clara setzt auf Qualität. Deshalb würde sie niemals ihren morgendlichen Latte macchiato aus einem Pappbecher trinken oder ihr Mittagessen aus einer Einwegverpackung im Park essen. Es schmeckt ihr einfach nicht.

Abbildung 12.7: PAVAO Bowl

Wichtig: Neben nachhaltigkeitsbewussten Menschen ziehen hochwertige Mehrwegsysteme auch Qualitätsbewusste an. Stellen Sie sich den Genuss eines cremigen, warmen Latte macchiato aus einem Glas im Vergleich zu einem Pappbecher vor. Im gastronomischen Betrieb würden Sie ja auch nicht aus einem Pappbecher trinken. Influencer und andere fotoaffine Menschen werden immer lieber zum Mehrwegglas greifen als zur Einwegverpackung, da es auf einem Bild, in einer Story oder einem Kurzvideo („Reel") einfach stilvoller aussieht.

Vorname Nachname	Clara Friedrich
Alter	33 Jahre
Wohnort	Karlsruhe
Familienstand	verheiratet, 1 Kind
Beruf	Führungskraft in einer Werbeagentur
Hobbys	Joggen, Yoga, leidenschaftliche Kaffeetrinkerin
Was ist ihr wichtig?	Clara probiert gerne neue Cafés und Restaurants aus, die eine eigene Röstung haben und die Kunst der Latte Art beherrschen oder besondere Speisen anbieten. Für den Genuss der Köstlichkeiten nimmt sie sich gerne Zeit.
Ihre Meinung zu Lebensmitteln	„Ich lege viel Wert auf den Genuss der Lebensmittel, die ich konsumiere – das Gefäß ist dafür entscheidend."

Wie funktioniert ein Mehrwegsystem in der Gastronomie?

Mehrwegsysteme in der Gastronomie unterscheiden sich in den Abläufen kaum von anderen Mehrwegsystemen: Für eine Leihgebühr erhält man eine Verpackung für seine Waren, welche in einem geschlossenen System immer wieder verwendet werden kann.

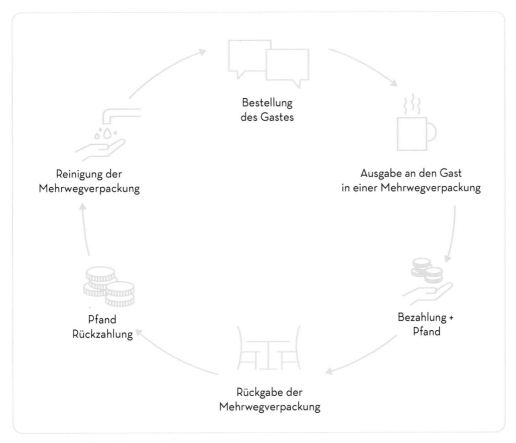

Abbildung 12.8: Klassisches Mehrwegsystem

Die klassische Variante

Der Gast bestellt sein Essen oder Getränk to go und bekommt es in einer Mehrwegverpackung.

Er hinterlegt dabei ein Pfand für die Verpackung als Motivation, sie wieder zurückzubringen.

Bringt der Gast die Mehrwegverpackung zurück, erhält er seinen Pfandbetrag wieder.

Die digitale Variante

Der Gast bestellt sein Essen oder Getränk to go und bekommt es in einer Mehrwegverpackung.

Statt ein Pfand zu hinterlegen, leiht er den Behälter über eine App, in der sein digitales Profil hinterlegt ist, aus. Hier wird die Mehrwegverpackung mit seinem Profil verknüpft …

… und als zurückgegeben markiert, wenn er die Mehrwegverpackung zurückbringt. Bringt er die Mehrwegverpackung nicht zurück, verlängert er die Ausleihe oder bezahlt sie.

Zurück zu Clara. Spielen wir das einmal an ihrem Beispiel durch.

Clara holt sich ihr Mittagessen beim ihrem Lieblingsrestaurant.	Manuel, der Inhaber, begrüßt sie herzlich.
Clara bestellt eine Bowl to go im Mehrwegglas.	Manuel bereitet die Speise zu.
Clara möchte die Ausleihe per App ausprobieren.	Manuel scannt in der PAVAO App den QR-Code des Glases.
Clara lädt sich die PAVAO App herunter und legt ein Profil mit ihren Zahlungsdaten an.	Manuel kann jetzt die Bestellung mit Claras persönlichem Profil verknüpfen, indem er ihren persönlichen QR-Code scannt.

Abbildung 12.9: QR-Code-Scan des Glases *Abbildung 12.10: QR-Code-Scan des Gastes*

Clara geht auf dem Heimweg zum Metzger Fritz, welcher ebenfalls PAVO verwendet.	Fritz scannt an der Kasse den QR-Code des Glases und nimmt es entgegen.
Für Clara ist die Ausleihe hiermit beendet.	Fritz spült abends alle zurückgenommenen Gläser in der Spülmaschine für den nächsten Tag.

Was kostet mich ein Mehrwegsystem?

Manche Anbieter erheben eine monatliche Servicegebühr, andere eine Befüllungsgebühr pro Mehrwegverpackung oder einen Mix aus beidem. Zusätzlich kann eine einmalige Einrichtungsgebühr anfallen.

Fünf Tipps für die Einführung eines Mehrwegsystems

Zeit nehmen: Selbst die Befürworter unter den Gästen müssen sich erst an ein neues Mehrwegsystem gewöhnen. Andere Gäste möchten sich erst einmal ein Bild machen, bevor sie sich dafür entscheiden.

Mitarbeiter:innen schulen: Mitarbeiter:innen müssen ausreichend informiert werden, sodass sie das Mehrwegsystem den Gästen erklären und Rückfragen ohne Zögern beantworten können. Nur so strahlen sie Kompetenz aus.

Inhouse-Maßnahmen: Aufsteller, Plakate und Musterbehälter, die auf die Mehrweglösung hinweisen und das System erklären, entlasten Ihr Personal. So können sich die Gäste selbst informieren und einen Eindruck von den Mehrweggefäßen bekommen.

Trommeln, trommeln, trommeln: Das neue Mehrwegsystem können Sie zum Beispiel über die eigenen Social-Media-Kanäle bewerben. So können neue Gäste angezogen werden.

Ganzheitlich denken: Auch die anderen Kanäle wie Webseite und Co benötigen Erklärungen und Verlinkungen zum Mehrwegsystem. So kann sich der Gast ausführlicher informieren.

Checkliste: Einführung eines Mehrwegsystems

- AGBs genau prüfen und Vertrag unterzeichnen
- Mehrweggefäß-Menge auf Basis einer Bedarfsschätzung kalkulieren
- Lagerort bestimmen und vorbereiten
- Gelieferte Mehrweggefäße entgegennehmen
- Behältnisse auf Vollständigkeit und Unversehrtheit kontrollieren
- Behältnisse vor Gebrauch spülen
- Team informieren und in die Prozesse einweisen
- Mehrweggefäße in den Zubereitungs- und Servierablauf integrieren
- Kasse mit Pfand und/oder Ausleihe programmieren
- Informationen für Gäste auf geeigneten Kanälen bereitstellen (auch Inhaus z. B. mit Vorzeige-Gefäßen)
- Gegebenenfalls Integration der Gefäße als Zusatz-Artikel in den Webshop
- Neues Mehrwegsystem aktiv kommunizieren und anbieten

Wie komme ich als Gastronom:in an PAVAO?

- Kontaktaufnahme mit den Gründerinnen Jasmin Kleinbub oder Ann-Sophie Finner
- Gespräch zur Klärung weiterer Details
- Festlegung Gläseranzahl, Mindestmenge
- Unterzeichnung des Vertrages
- Bezahlung der Kaution
- Zusendung der Willkommensmappe mit Schulungsmaterial für Mitarbeitende, Spickzettel für Mitarbeitende, Leitfaden zur Einführung und Checkliste
- Download der Gastronomen-App
- Lieferung der Gläser
- Los geht's!

Über die Autorinnen

Jasmin Kleinbub: 2017 wurde bei der studierten Gastronomin eine Darmerkrankung entdeckt. Zuvor machte sie sich keine Gedanken darüber, was der Kontakt von Plastik mit Lebensmitteln für Konsequenzen haben könnte. Durch ihre Erkrankung erfuhr sie mehr über mögliche Auswirkungen des Plastikkonsums und war schockiert darüber, wie viele Lebensmittel heutzutage mit Plastik in Kontakt sind. Erschrocken stellte sie auf Glas um, womit die Liebe zum Material und dessen Vorteilen begann. Gerade als Gastronomin steht bei ihr nachhaltiger Genuss ohne die Aufnahme von Mikroplastik im Vordergrund. Jetzt steht sie jeden Morgen auf, um die Gäste sowie die Umwelt zu schützen und ihren Teil gegen die Müllberge zu leisten.

Ann-Sophie Finner: Ihr bisheriger Werdegang drehte sich vor allem um die Betriebswirtschaftslehre und dort im Speziellen um Finanzen. 2019 entschied sie sich für ein Masterstudium. Dort lernte sie Jasmin kennen und wurde von ihrer Passion, die Welt ein Stückchen plastik- und müllfreier zu machen, angesteckt. Bis dahin hatte sie sich wenig Gedanken darüber gemacht, wie viel wir in unserem Alltag mit Plastik in Berührung kommen. Mittlerweile findet sie den Plastikkonsum unverantwortlich und verwendet so oft wie möglich die Alternative Glas. Sie möchte zu einem umweltfreundlicheren Morgen beitragen und das Glas ins Rollen bringen.

Auf ihrer Webseite können Sie alles noch einmal nachlesen und sich direkt bei ihnen melden.

hello@pavao.app
www.pavao.app
Instagram: pavao.app

13. „Sei ehrgeizig, fordernd, mutig!"

Interview mit Eva-Maria Seidl, Business Development Manager Nestlé Coffee Partners

Eva-Maria Seidl ist 37 Jahre alt, studierte Kulturwirtin und blickt auf über zehn Jahre Erfahrung in verschiedenen Positionen der Food-Branche zurück. Heute ist sie erfolgreiche Managerin bei Nestlé Coffee Partners und engagiert sich im Frauennetzwerk FOODSERVICE.

Eva-Maria, kannst du uns ein bisschen auf deinem Werdegang mitnehmen? Wie bist du dorthin gelangt, wo du heute stehst, und warum hast du dich für die Food-Branche entschieden?

Die Leidenschaft für die Gastronomie und die ganze Food-Branche wurde mir im Prinzip schon in die Wiege gelegt: Ich stamme aus einer Wirtshaus-Familie in Niederbayern, mit hauseigener Metzgerei und Jagd. Den Betrieb zu Hause weitermachen wollte ich jedoch zunächst nicht, sondern erst mal die Welt erkunden. Daher habe ich Kulturwissenschaft studiert, unter anderem in Schottland und Spanien, und bin dann nach unterschiedlichen Praktika bei Nestlé Schöller als Trainee eingestiegen – wieder in die Branche, aus der ich ursprünglich komme. Ich vermute, weil mir die Bodenständigkeit und Leidenschaft dieser Sparte direkt aus der Seele sprechen – das ist einfach meine Welt.

Nach dem Traineeprogramm war ich viele Jahre im Vertrieb und Marketing tätig, legte einen kurzen externen Zwischenstopp bei Hipp ein, und bin schließlich durch mein Netzwerk, genauer einen ehemaligen Kollegen, den jetzigen Geschäftsführer, wieder bei Nestlé beziehungsweise Nestlé Coffee Partners angekommen. Hier verantworte ich jetzt die gastronomischen Lösungen, also Selbstbedienungslösungen und kleine Café-Shops von Starbucks, in definierten Außer-Haus-Kanälen wie der Hotellerie oder im Tankstellen- und Verkehrsgastronomie-Umfeld.

Wir sind quasi ein kleines Startup innerhalb der Company, und ich darf der Kopf dahinter und das Gesicht der Marke nach draußen sein. Dazu die Vielseitigkeit des Jobs – das alles macht mir wahnsinnigen Spaß.

> „In der Food- und Gastro-Branche haben Frauen es etwas leichter.“

Denkst du, in der Food- und Gastro-Branche haben es Frauen schwerer als woanders, Karriere zu machen?

Im Gegenteil. Ich glaube, in der Food- und Gastro-Branche haben es Frauen sogar etwas leichter als in anderen Bereichen, weil sie Menschen zugewandt, emotional, greifbar, empathisch und leidenschaftlich sind – Eigenschaften, die Frauen ja doch auch oft sehr entgegenkommen, ohne jetzt in Schubladen zu denken.

Aber je weiter rauf man die Karriereleiter klettert, desto weniger Frauen sind es – das ist wohl in allen Branchen gleich. Ein Umstand, den wir nur alle gemeinsam ändern können und sollten.

Welche drei Eigenschaften sollten Frauen in jedem Fall mitbringen, um in der Gastro-Branche erfolgreich zu sein?

Darüber habe ich lange nachgedacht – aber eigentlich ist es ganz einfach: Meiner Meinung nach sollte frau

rechnen können – sprich kaufmännisch denken und Gewinn erwirtschaften können. Wenn nicht genügend Geld reinkommt, kann ich weder einen Kredit abzahlen noch die Miete oder Pacht oder meine Mitarbeiter:innen bezahlen. Eine solide finanzielle Basis ist immens wichtig;
Empathie und Wertschätzung zeigen, vor allem den eigenen Mitarbeiter:innen und Kolleg:innen gegenüber. Wenn man Menschen zuhört und aufnimmt, was sie sagen, und deren Leistungen anerkennt, auch wenn sie nicht perfekt sind, hat das immer einen positiven Effekt auf die Zusammenarbeit – und damit erzielt man bessere Ergebnisse;
Leidenschaft für Themen haben – nur wer selbst begeistert ist, kann auch andere begeistern.

Wenn ich für eine Sache brenne, die auch betriebswirtschaftlich Hand und Fuß hat, und wir auf unserem Weg unsere Begleiter:innen mit Respekt behandeln, kann fast nichts mehr schiefgehen!

Wurdest du persönlich im Laufe deiner Karriere mal benachteiligt, weil du eine Frau bist, beziehungsweise hattest du es schwerer dich durchzusetzen als andere?

Ich war oft die einzige Frau, speziell im Vertrieb, aber Nachteile gab es für mich eigentlich nicht. Klar, Männer unterhalten sich auch mal über ihre eigenen „Boys-Club-Themen" – aber das ist nun mal so und stört mich wenig.

> „Von echter Gleichberechtigung würde ich noch nicht reden."

Du bist im FOODSERVICE Frauennetzwerk aktiv und gerade in den Beirat gewählt worden. Wie bist du dazu gekommen und warum engagierst du dich dort aktiv? Was zeichnet dieses Frauen-Netzwerk aus? Warum generell ein Frauen-Netzwerk? Klingt nicht nach Gleichberechtigung ...

Wir erleben gerade einen wunderbaren Wandel – nach der Generation der Einzelkämpferinnen sind wir ja im Prinzip die erste Generation, wo Frauen gemeinsam „Change" und „Impact" im Business-Bereich aktiv mitgestalten. Heute lernen wir uns gegenseitig in unseren Lebensentwürfen zu respektieren und wertzuschätzen und zum anderen uns aktiv zu vernetzen und das Miteinander zu forcieren, zu feiern – das ist großartig zu erleben.

Aber von echter Gleichberechtigung würde ich noch nicht sprechen. Frauen tun sich nämlich immer noch schwer, mal um Unterstützung oder Rat zu bitten, sind oft zu zurückhaltend. Das benachteiligt automatisch.

Um das zu ändern, braucht es manchmal einen speziellen und sicheren „Rahmen" wie das Frauennetzwerk FOODSERVICE. Unser Leitspruch ist *„Miteinander Füreinander"*. Hier erleben wir fachlichen, persönlichen und wertschätzenden Erfahrungsaustausch, wir lernen voneinander und unterstützen uns gegenseitig – das macht uns aus.

Jede von uns hat mal klein angefangen und vielleicht mit denselben Herausforderungen gekämpft wie andere. Profitieren wir davon! Frauen müssen sich einfach gegenseitig helfen, aufeinander achten, fördern und Türen öffnen – das finde ich unglaublich wichtig und dazu will auch ich meinen Teil beitragen.

> „Niemand kann seinen Karriereweg alleine gehen."

Warum sind Mentoring-Programme für Frauen aus deiner Sicht wichtig?

Frauen wollen anders gecoacht, anders angesprochen werden, wenn es um Weiterentwicklung geht: persönlicher und individueller. Viele Frauen, und da möchte ich mich nicht ausnehmen, müssen aktiv ermutigt werden, Aufgaben zu übernehmen, die sie aus ihrer Perspektive noch nicht hundertprozentig „können". Und niemand kann seinen Karriereweg allein gehen: Es braucht Unterstützung, auch vom Netzwerk – deshalb sind Angebote wie unseres wichtig. Wir gehen genau auf diese Charakteristika ein und bieten beispielsweise lockere Spaziergänge mit unseren Vorstandsmitgliedern oder die Möglichkeit, von tollen Karrierefrauen „Role Models" zu lernen.

Und natürlich an der Stelle auch die „Aufforderung" an alle Frauen, auch Aufgaben zu übernehmen, die über ihrem jetzigen Erfahrungshorizont liegen, mutig zu sein ... das unterstützen wir.

Was machst du anders als die Männer?

Darüber habe ich ehrlich gesagt nie groß nachgedacht. Daran sieht man wieder, dass mir das Schubladendenken fernliegt ... Aber vielleicht, dass ich in Teams oft wertschätzender meinen Kolleg:innen gegenüber bin als mancher Mann. Jeder trägt seinen Teil zum Gesamterfolg bei – das sollte man auch würdigen.

> „Nur ängstlich sein darf man nicht."

Kann man Netzwerken lernen?

Netzwerken heißt Verbindungen schaffen – das kann eigentlich jeder. Mancher braucht vielleicht nur ein bisschen Übung. Zugegeben, manche Frauen sind extrovertierter als andere – die tun sich grundsätzlich vielleicht leichter. Aber wenn ich mir im Klaren bin, wer ich bin, was ich kann und was ich will, dann kann ich auch Beziehungen zu anderen aufbauen, Hilfe anbieten, Hilfe erfahren und etwas bewegen. Selbstreflexion ist hier, wie eigentlich überall im Leben, sehr wichtig. Nur wer selbst regelmäßig prüft, ob der eigene Weg (noch) der richtige ist, kommt auch am Ziel an. Und Offenheit ist wichtig. Anfangs haben viele Angst, zu viel von sich oder der eigenen Idee preiszugeben. Früher oder später lernt man aber, dass Austausch ein echter „Brandbeschleuniger" ist. Nur ängstlich sein darf man nicht.

Welchen Rat gibst du anderen Frauen mit auf den Weg, die in der Gastro-Branche nicht nur Fuß fassen, sondern voll durchstarten wollen?

Mach deinen Job, mach ihn mit Leidenschaft, sei ehrgeizig, fordernd, mutig und schaffe dir ein Netzwerk, dass dich unterstützt. Fordere Feedback ein und nutze es.

Hast du ein Vorbild?

Meine Mama, ja wirklich. Sie hat immer einen wertschätzenden Blick aufs Leben und die Gesellschaft und strotzt vor Optimismus – das inspiriert mich.

Noch Dein Lieblingszitat am Schluss?

„Frauen, die nichts fordern, werden beim Wort genommen – sie bekommen nichts" von Simone de Beauvoir.

Eva-Maria Seidl

14. Der perfekte Zahlungsmix: Absolute Must-haves im Online-Shop

Die Corona-Pandemie hat Gastronom:innen enorm gefordert: Von einem Moment auf den anderen wurde der Distanzhandel zur einzigen Möglichkeit, Umsatz zu generieren. Das bedeutete, in kürzester Zeit neue Konzepte aufzustellen. Vertriebskanäle mussten so schnell wie möglich flexibilisiert werden.

Klassische E-Commerce-Unternehmen haben jahrelange Erfahrung, wie sie online am besten ihre Kund:innen erreichen. Zunehmend verknüpfen sie verschiedene Online-Kanäle: Online-Shop, Online-Marktplätze und Social Media auch mit Stores vor Ort. Cross-Channel-Services wie Click & Collect sind zum Muss für exzellenten Kundenservice geworden.

Die Gastronomie dagegen hatte lange wenig Anlass, sich über den Online-Handel Gedanken zu machen: Welche Mechaniken gibt es? Was gehört zu einem funktionierenden Online-Geschäft? Die Pandemie hat aber gezeigt, dass die Gastronomie sich neu erfinden muss, um langfristig erfolgreich zu sein.

Diese Kapitel führt Sie Schritt für Schritt durch die wichtigsten Aspekte im E-Commerce. Neben essenziellen Fachbegriffen werden Stellschrauben für einen funktionierenden Online-Shop erläutert. Dieser Praxisleitfaden liefert Tipps, wie Sie ihr Business erfolgreich auf online ausweiten können. Der Fokus wird dabei auch auf die Wahl des richtigen Zahlungsmix gelegt.

E-Commerce – die wichtigsten Fachbegriffe im Überblick

Shopsystem: Die Technik hinter dem Online-Shop

Was braucht es eigentlich, um einen Online-Shop aufzubauen? Kurz gesagt: viele einzelne technische Komponenten, die unterschiedliche Aufgaben übernehmen. Ein Online-Shop muss verschiedene Funktionen erfüllen:

Produkte (Speisen) inklusive deren Verfügbarkeit anzeigen

Passende Informationen auf Detailseiten liefern

Medien wie Bilder oder Produktvideos einbinden

Einen Warenkorb korrekt berechnen

Möglichkeiten zur direkten Bezahlung bieten

Diese Funktionen werden durch mehrere Systeme abgedeckt. Ein angebundenes Enterprise Resource Planning System (ERP) übernimmt die automatische Aktualisierung der Produktbestände. Ein Produkt-Informations-Management System (PIM) sorgt für die zentrale Pflege aller Produktdaten wie Beschreibungen und Produktnummern. Ein Content Management System (CMS) spielt Medien dazu aus. Hinzu kommt die Integration verschiedener Zahlungsoptionen für die Kund:innen. Alle essenziellen Funktionen des Online-Shops werden über das Shopsystem abgebildet. Dabei gibt es verschiedene Möglichkeiten, einen Online-Shop aufzubauen.

Der Shop-Baukasten: Schnelle Einrichtung für alle, die bereits eine Website erstellt haben. Der Shop-Baukasten ist schnell eingerichtet und vergleichsweise günstig. Ein Online-Shop, der mittels Shop-Baukasten aufgebaut wird, lässt sich einfach in bestehende Websites integrieren. Er liefert alle notwendigen Grundfunktionen für den Online-Shop. Per „Plug-in" sind weitere Funktionen – wie ein Blog – mit wenigen Klicks integriert.

Professionelle Shop-Software: Mehr Flexibilität für alle, die Großes planen.
Eine professionelle Shop-Software wie Magento, Shopware, Oxid eShop oder Gambio bietet individuelle Anpassungsmöglichkeiten: Design, Funktionen und Bezahlverfahren sind freier wählbar als bei Shop-Baukästen. Professionelle Shop-Software erfordert aber auch Know-how in der Webentwicklung. Eventuell benötigen Sie externe Partner:innen, die Sie beim Aufbau Ihres individuellen Online-Shops unterstützen.

Best-of-Breed Lösung: Vollkommene Flexibilität für höchste Ansprüche.
Die individuellste Möglichkeit, einen Online-Shop aufzubauen, bietet die technisch hochwertigste „Best-of-Breed"-Lösung. Dabei wählen Sie für jede Aufgabe des Online-Shops (Produktinformationen darstellen, Media-Inhalte verwalten und ausspielen, Zahlungsabwicklung etc.) die für sie beste Lösung. Die Einzelkomponenten bilden das technische Rückgrat „Backend" des Online-Shops. Sie werden über Schnittstellen (APIs) miteinander verbunden und an die Kunden-Benutzeroberfläche „Frontend" angebunden. Eine Best-of-Breed-Lösung stellt sehr hohe Anforderungen an technische Kenntnisse und macht den Einsatz von Experten unverzichtbar.

Reine Gastro-Lösung: Digitale Speisekarte mit Bestellfunktion direkt vom Kassenhersteller. Aufgrund der erstmals 2020 eingeführten Lockdowns hat sich sehr schnell eine weitere Kategorie an Online-Shops herausgebildet: Digitale Speisekarten mit Bestellfunktion. Angeboten werden sie entweder von unabhängigen App-Herstellern – dann ohne Kassenverknüpfung. Das bedeutet, Sie müssen alle Bestellungen noch einmal in die Kasse eingeben. Oder Sie wechseln zu einem Kassenhersteller wie Amadeus360, der einen integrierten Gastro-Online-Shop bietet. Der große Unterschied zum Shop-Baukasten besteht in der Fokussierung auf Abholung oder Auslieferung mit eigenen Fahrern anstelle von Versand. (Mehr dazu auch in dem Kapitel *Gastro-Software der nächsten Generation* ab Seite 127.)

> **Wichtig**: Für Gastronom:innen, die gerade erst in den E-Commerce einsteigen, gibt es zwei Möglichkeiten:
>
> 1. Wollen Sie einen Shop mit Versand nutzen (zum Beispiel für eingemachte Speisen), sind Sie mit einem Shop-Baukasten gut bedient.
> 2. Geht es eher um Onlinebestellungen von Gerichten per Abholung oder Lieferung durch eigene Fahrer, eignet sich die integrierte digitale Speisekarte am besten.

Usability: Die Bedienfreundlichkeit des Shops

Unter Usability wird im E-Commerce die Nutzerfreundlichkeit des Online-Shops verstanden. Zur Usability zählen die folgenden Aspekte:

technisch einwandfreie Funktionen,
technische moderne Funktionen,
Abdeckung aller notwendigen Funktionen (zum Beispiel Login, Filter, Suche, Warenkorb, Check-out, AGB etc.),
ein ansprechendes, modernes Shop-Design,
gute technische Performance des Shops (Ladezeiten, Google-Optimierung etc.).

Customer Experience: Das Kundenerlebnis beim Online-Kauf

Unter Customer Experience wird im E-Commerce das gesamte Nutzererlebnis beim Online-Kauf verstanden. Sie besteht aus der technischen Usability und allen Inhalten und Services:

Shop-Funktionen: Orientieren Sie sich an den Bedürfnissen der Zielgruppe!

Bestellprozess: Keep it simple and stupid – von der Produktauswahl über die Zusammenstellung des Warenkorbs bis zum Checkout-Prozess. Der gesamte Prozess muss übersichtlich, einfach und schnell sein.

> **Tipp:** Zeigen Sie passende Produkte (Beilagen? Getränke?) und sparen Sie Ihren Kund:innen eine separate Suche. So lassen sich auch Zusatzverkäufe generieren.

Check-out-Prozess: Der letzte Schritt der Bestellung

Der Check-out-Prozess bezeichnet den letzten Schritt der Bestellung – also den Kaufabschluss. Er ist somit die virtuelle Kasse im E-Commerce, vergleichbar mit der Registrierkasse im Restaurant. Während des Check-outs wird der Käufer vom Warenkorb über die Wahl der Zahlungsmethode und Lieferadresse bis zum finalen Kauf geleitet.

Der Check-out ist ein wichtiger Service-Faktor, der oft zu wenig Beachtung findet. In Studien zeigt sich die Bedeutung des Checkouts: Fehlen beispielsweise Lieblingszahlverfahren der Kund:innen, steigt die Wahrscheinlichkeit eines Kaufabbruchs: „Werden die Top 3 Zahlungsverfahren nicht angeboten, bricht fast jeder dritte Kunde den Kauf ab.“[*]

> **Wichtig:** Gastronom:innen sollten beim Check-out genau auf die angebotenen Zahlungsverfahren – das Payment – achten!

Zahlungsmethoden und deren Zusammensetzung im Check-out

In der Gastronomie sind Bargeld und Kartenzahlungen gängig – Kartenzahlung mit steigender Bedeutung. Im Online-Geschäft genügen Kartenzahlungen allein aber nicht. Gastronom:innen, die mit ihrem Online-Shop erfolgreich sein wollen, sollten daher verschiedene

---

[*]   ECC-Payment-Studie Vol. 25 – Grafik; S. 23 der ECC-Studie.

Zahlungsmethoden im Blick haben. Im folgenden Abschnitt erhalten Sie einen Überblick über verschiedene Zahlungsmethoden.

Schon gewusst? E-Payment umfasst alle digitalen Möglichkeiten der Zahlungsabwicklung. Zu den bekanntesten E-Payment-Zahlungsmethoden gehören neben Kauf auf Rechnung und SEPA-Lastschrift auch Kreditkarten und „Wallets" wie PayPal und die Direktüberweisung.

Kartenbasierte Zahlungsarten

Es gibt zahlreiche kartenbasierte Zahlungsarten, die sich in die folgenden Kategorien einteilen lassen:

Kreditkarte (Credit Card): Kreditkarten sind auf das Konsumenten-Kreditgeschäft ausgerichtet – mit individuellem Verfügungslimit je nach Bonität des Karteninhabers/der Karteninhaberin. Abbuchung der Beträge in der Regel einmal im Monat vom Bankkonto.

Debitkarte (Debit Card, auch EC-Karte): Debitkarten sind für Kontoverfügungen ausgegebene Karten. Anders als bei Kreditkarten wird der Betrag direkt vom Bankkonto abgebucht.

Consumer Card: Kreditkarten, die Privatpersonen gehören und zum privaten Gebrauch eingesetzt werden.

Commercial Card, Corporate Card, Business Card: Kreditkarten für Mitarbeiter:innen eines Unternehmens, gedacht für Firmenausgaben und Abrechnung über eine Kostenstelle. Diese Karten haben höhere „Interchanges", die dem Händler(!) belastet werden.

Vorteile für Gastronom:innen	Nachteile für Gastronom:innen
Schnelle und sichere Zahlungsabwicklung Gesteigerte Kundenzufriedenheit und Spontankäufe führen zu höheren Umsätzen Geringer Abrechnungsaufwand	Kosten für Kauf oder Miete des EC-Terminals Transaktionskosten bei jeder Kartenzahlung Technische Abhängigkeit

Wallets

Eine Wallet (auch Cyber-Wallet, E-Wallet oder Digital Wallet) ist eine elektronische Brieftasche. Zu den bekanntesten Wallets gehören PayPal, Google Pay und Apple Pay. Wallet-Nutzer:innen haben zwei Zahlungsmöglichkeiten:

Sie können die Wallet vorher aufladen (Prepaid-Zahlungssystem) und damit zahlen, bis das Guthaben aufgebraucht ist.

Sie hinterlegen ein Referenzkonto, von dem über die Wallet getätigte Zahlungen eingezogen werden. Um eine Wallet-Zahlung durchzuführen, nutzen Kund:innen einfach eine auf dem Smartphone installierte App des Zahlungsdienstleisters.

Vorteile für Gastronom:innen	Nachteile für Gastronom:innen
Schnellere und einfachere Transaktion Geringe Transaktionsgebühren für Händler Marketinginformationen (z. B. Rabatte) möglich: „Data Mining" Integration von Location Based Services und Social Media möglich	Kundensorgen vor Identitätsdiebstahl durch unbemerktes Scannen oder Geräteverlust Die Zahlungen können vom/von der Nutzer:in zurückgeholt werden – wenn die Speisen bereits konsumiert sind

Direktüberweisung/Sofort Überweisung

Eine Direktüberweisung ist eine Überweisung, die in Echtzeit erfolgt. Sowohl Belastung als auch Gutschrift erfolgen im Augenblick der Transaktion. Um eine Direktüberweisung für Kund:innen anzubieten, brauchen Sie einen Partner mit einem „Zahlungsauslösedienst". Das sind Online-Verfahren, die die Direktüberweisung auslösen. Der/die Kund:in gibt die Login-Daten aus seinem regulären Online-Banking ein und löst mit der hinterlegten Identifizierungsmethode (PIN-/TAN-Verfahren) die Zahlung aus.

Vorteile für Gastronom:innen	Nachteile für Gastronom:innen
Sofortige Gutschrift des Betrags bei den Gastronom:innen Schnellere Abwicklung der Bestellung durch sofortige Zahlungssicherheit Höchstmöglicher Komfort für Kund:innen: einfach und schnell Kurze Wartezeiten zwischen Bestellung und Lieferung für Kund:innen	Einbindung von Drittunternehmen für Zahlungsauslösedienst notwendig Datensensibilität der Kund:innen kann zur Fehleinschätzung der Sicherheit führen – obwohl die Direktüberweisung zu den sichersten Zahlungsarten gehört!

Raten- und Rechnungskauf

Sowohl Raten- als auch Rechnungskauf finden in der Gastronomie so gut wie keine Anwendung. Bei Interesse lesen Sie gerne auf der Unzer Website nach: unzer.com/de/rechnungs-und-ratenkauf/

SEPA-Lastschrift

Bei der SEPA-Lastschrift werden die IBAN zur Identifizierung der Konten von Kund:innen und Gastronom:innen sowie die BIC zur Kennzeichnung des Zahlungsdienstleisters verwendet.

Kund:innen wählen beim Check-out die SEPA-Lastschrift oder Einzugsermächtigung aus und geben ihre Kontodaten ein. Mit diesem Lastschrift-Mandat können Gastronom:innen bei der Bank den Einzug des vorher festgelegten Betrags beauftragen. Dienstleister wie „Unzer Direct Debit" ermöglichen eine vollkommen automatische Abwicklung.

Vorteile für Gastronom:innen	Nachteile für Gastronom:innen
Überschaubarer Aufwand und Kosten Sichere und einfache Zahlungsabwicklung Risiko für Kund:innen überschaubar und daher gute Akzeptanz der SEPA-Lastschrift	Zahlung trifft erst nach Konsum der Bestellung ein Restrisiko, da Lastschriftrückgabe oder Widerruf möglich sind

Bei der Vorauskasse überweist der/die Kund:in den offenen Betrag direkt im Anschluss an die Bestellung. Diese Zahlungsart ist für den Handel mit Speisen eher ungeeignet. Auch hier finden Sie bei Bedarf Infos auf der Unzer Website: unzer.com/de/sepa-lastschrift-und-vorauskasse

Wie finden Gastronom:innen den richtigen Zahlungsmix?

Die große Auswahl an Zahlungsmethoden kann zur Herausforderung werden: Welche Zahlungsarten sollten Sie anbieten? Auf welche Anbieter sollten Sie setzen? Was erwarten Ihre Gäste? Gerade für den Start in die Welt des E-Commerce ist das richtige Vorgehen entscheidend. In diesem Abschnitt erhalten Sie Tipps zur Auswahl des richtigen Zahlungsmix.

Die genaue Zielgruppenanalyse

Schauen Sie sich Ihre Online-Zielgruppe genau an. Sie variiert unter Umständen stark von den Gästen, die Sie aus dem Lokal kennen. Welche Funktionen erwarten Online-Besteller:innen? Gibt es überhaupt *den* oder *die* Online-Besteller:in oder sind es verschiedene Zielgruppen? Das Alter der Zielgruppe kann ebenso ein Indikator sein wie das sonstige Kaufverhalten usw.

Folgende Aspekte fließen häufig in die Wahl der Zahlungsmittel ein:

Impulsivität des Kaufs,
Nutzung digitaler Medien und Kanäle,
Einkommens- und Vermögenssituation.

Studien haben gezeigt, dass die angebotenen Zahlungsmethoden im Online-Shop mit der Kaufabbruchrate zusammenhängen.[*] Damit Sie erfolgreich in den E-Commerce einsteigen können, sollten Sie Ihre Zielgruppe genau untersuchen:

---

[*] vgl. ECC Payment-Studie Vol. 25

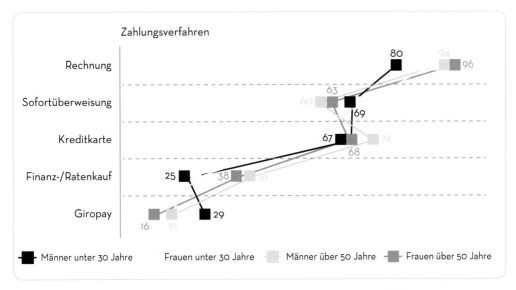

Abbildung 14.1: Kreditkartenzahlungen werden von älteren Verbrauchern deutlich häufiger beim Onlinekauf genutzt. Im Schnitt kaufen drei Viertel der Konsumenten über 50 Jahre mit Kreditkarte ein. Bei jüngeren Verbrauchern sind es hingegen nur 69 Prozent. Dafür nutzen Konsumenten unter 30 Jahren häufiger Sofortüberweisungen als Verbraucher Ü50.
Eigene Darstellung nach ECC Payment-Studie Vol. 25, S. 20.

Wie alt sind die Besteller:innen?
Welche Shopping-Kanäle nutzen sie üblicherweise?
(Online-Shop, Social Media, Marktplätze, lokale Stores)
Welche Zahlungsmethoden verwenden Ihre Nutzer:innen?
Welche Zahlungsmethoden werden generell bevorzugt?

Richten Sie ihren Online-Zahlungsmix sowohl nach der Zielgruppe aus als auch nach den Anforderungen Ihrer Gäste. Es gibt Zahlungsarten, die über alle Kund:innen hinweg beliebt sind. Diese sollten Sie in Betracht ziehen, um Kaufabbrüche zu vermeiden. Rechnungskauf und Lastschrift sind für digitale Speisekarten eher ungeeignet. Es bleiben von den beliebtesten Zahlungsarten also PayPal, Kreditkarte und Sofort Überweisung. Mit diesen sollten Sie sich beschäftigen.

Für Kund:innen von Amadeus360 gibt es direkte Integrationen von PayPal und Sofort Überweisung. Kreditkarte und zahlreiche andere Zahlungsarten können über Unzer – ebenfalls bereits integriert – angeboten werden. Bitte beachten Sie, dass Sie jeweils ein Händlerkonto benötigen. Für Unzer haben wir die Konditionen mit dem Amadeus-Team vorverhandelt. Den Vertrag finden Sie direkt im Online-Shop AmadeusGo.

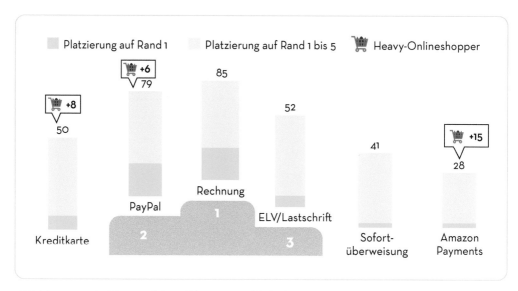

Abbildung 14.2: „Lieblingsverfahren Nummer eins bleibt die Rechnung. PayPal, die Kreditkarte und Amazon Payments sind bei den Heavy-Online-Shoppern beliebter."* Eigene Darstellung nach ECC Payment-Studie Vol. 25, S. 22.

Zukünftige Technologien und Bedürfnisse berücksichtigen

Der richtige Online-Zahlungsmix ist auch ein wichtiger Aspekt für die Shop Usability. Deshalb sollten Sie auch zukunftsrelevante Technologien und Erwartungen der Bestellenden im Blick behalten. Neueste Studien empfehlen den Fokus auf folgenden Punkten:

Mobil-Optimierung: Das Smartphone wird von Kund:innen zunehmend auch für Online-Shopping genutzt. Ein mobil-optimierter Check-out ist deshalb mittlerweile Pflicht. Die angebotenen Zahlungsmethoden sollten sowohl am Computer als auch auf dem Smartphone reibungslos funktionieren!

Mobiler Check-out: 32 Prozent der Onlinekäufe werden mit dem Smartphone getätigt.

---

*   ECC Payment-Studie Vol. 25, S. 22.

Nur 43 Prozent der Händler bieten einen mobiloptimierten Check-out an.[*]

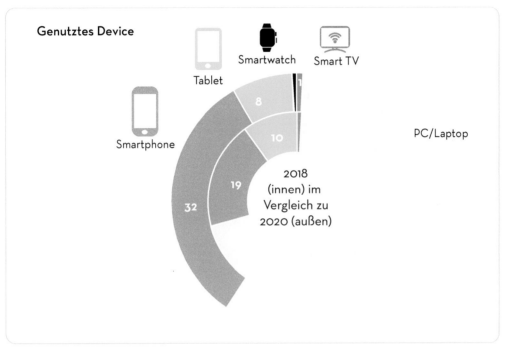

Abbildung 14.3: „Mobiloptimierung ist wichtiger denn je. Schon heute wird jeder dritte Online-Einkauf mit dem Smartphone getätigt."[**] [Zitat aus der ECC-Studie Vol. 25, S. 24]

Wallet-Lösungen: Wallets wie PayPal oder auch GooglePay und ApplePay werden immer beliebter. Sie sind schnell, einfach und jederzeit zur Hand – auch ohne Portemonnaie. Denn das Smartphone ist zum täglichen Begleiter geworden.

---

[*]   Vgl. ECC Payment-Studie Vol. 25, S. 4.
[**] ECC Payment-Studie Vol. 25, S. 24.

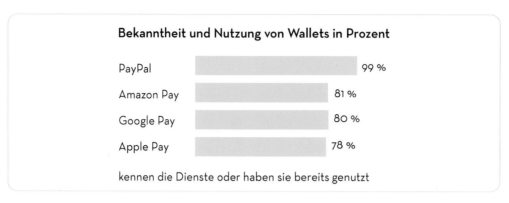

Bekanntheit und Nutzung von Wallets in Prozent

PayPal	99 %
Amazon Pay	81 %
Google Pay	80 %
Apple Pay	78 %

kennen die Dienste oder haben sie bereits genutzt

Abbildung 14.4: Wallet-Lösungen sind inzwischen bei den meisten Kund:innen bekannt. In der ECC-Payment-Studie gaben nahezu alle Befragten an, PayPal zu kennen oder bereits genutzt zu haben. Eigene Darstellung nach ECC Payment-Studie Vol. 25, S. 17.

Gerade in der Gastronomie bieten sich Wallets an, da sie für kleinere Beträge sowohl im Lokal als auch im Online-Shop genutzt werden können. Und auch bei Wallet-Lösungen spielt die Zielgruppe eine Rolle: Vor allem Kund:innen unter 30 Jahren nutzen Wallets wie Amazon Payments, Google Pay oder Apple Pay häufig. Während der Pandemie hat sich der Markt verändert: Wallets werden jetzt deutlich häufiger angeboten als noch 2019 – auch kanalübergreifend.

Kanalübergreifend „Omnichannel-Commerce": Ihre Gäste erwarten eine immer stärkere Vernetzung von Restaurant und digitaler Speisekarte – das gilt auch für die gewohnten Zahlungsmethoden. Denken Sie ganzheitlich. Vernetzen Sie Ihre Kasse mit allen Verkaufsstellen und sorgen Sie für den perfekten Durchlauf einer Bestellung durch alle Stationen: Bestellung – Kasse – Küche – Abrechnung – Kund:in/Gast. Dabei können online und offline gegenseitig lernen: In Stoßzeiten könnte beispielsweise das Online-Erlebnis mit Selfordering auf den Verkauf im Lokal übertragen werden. (Siehe dazu auch das Kapitel *Gastro-Software der nächsten Generation* ab Seite 127).

Der optimale Zahlungsmix – Auswirkungen auf den Handel

Der richtige Zahlungsmix ist essenziell für einen guten Online-Shop. Doch wie genau wirkt sich der optimale Zahlungsmix aus? In diesem Abschnitt zeigen wir Ihnen, was Sie mit einem optimierten Zahlungsmix erreichen können.

Während der Pandemie hat sich in der Gastronomie deutlich gezeigt: Ein Vertriebskanal reicht nicht mehr aus! Gastronom:innen, die einen Lieferdienst über die eigene Website angeboten haben, konnten mehr Bestellungen verzeichnen. Der Umsatzeinbruch war damit wesentlich geringer – insbesondere, wenn sie den neuen Service auch beworben haben. Bei den Bestellungen im eigenen Shop waren außerdem die Warenkörbe oft höher.

Viele Gastronom:innen scheuen sich noch immer, Online-Payment-Lösungen anzubieten. Oft werden hohe Gebühren als Grund genannt. Dabei beträgt die Transaktionsgebühr meist nur einen sehr geringen Prozentsatz. Die Praxis hat gezeigt, dass die höheren Warenkörbe die Kosten schnell wieder einspielen. Bietet man den Service selbst an, fallen auch die Gebühren für Plattformen wie Lieferando weg. Bereits bei wenigen Bestellungen pro Tag kann die Transaktionsgebühr durch den Umsatz um ein Vielfaches eingebracht werden.

Schon gewusst? Wagen wir einen Blick über den Tellerrand: Studien aus den USA wie „COVID-19 Impact on Restaurant Consumers – Q4 Update – 2021 Trends"[*] zeigen, dass Gäste zunehmend auf Lieferung und Take-away setzen. Prognosen[**] gehen davon aus, dass Online Food Delivery in den kommenden vier Jahren bis 2025 ein Marktvolumen von knapp 7 Millionen Euro erreicht. Ein wachsender Markt, an dem Gastronom:innen mit dem richtigen Konzept teilhaben können.

Fazit: Der gastronomische Vertrieb über Online-Kanäle wird langfristig zum wichtigen Wettbewerbsvorteil. Kund:innen greifen mittlerweile in allen Bereichen zunehmend auf Online-Angebote zurück. Die Pandemie hat deutlich gezeigt, dass die Gastronomie sich wandeln muss. Gastronom:innen, die ihren eigenen Online-Shop aufbauen, erzielen deutlich mehr Umsätze. Und das nicht nur aufgrund der Pandemie, sondern auch durch generell höhere Warenkörbe. Wichtig bleibt dabei aber, auf das richtige Shop-Konzept und den richtigen Payment-Mix zu achten.

---

[*]   https://www.revenuemanage.com/wp-content/uploads/2020/12/RMS-Insights-ImpactRestaurantCon-sumers-November2020-2021Trends.pdf
[**] https://de.statista.com/outlook/dmo/eservices/online-food-delivery/deutschland?currency=eur

Checkliste für einen leistungsstarken Online-Shop

Shopsystem und Technik

✓ **Systemkomponenten und Schnittstellen:**

Schnittstelle zum Kassensystem
Warenwirtschaftssystem (ERP)
Content Management System (CMS)
Produktinformationsmanagement (PIM)

✓ **Essenzielle Funktionen:**

Einteilung der Speisen in Kategorien
Kunden-Login/Kunden-Registrierung/Gast-Bestellung
Detailansicht von Speisen
Warenkorb & Checkout mit Zahlungsmöglichkeiten

✓ **Erweiterungen via Plug-ins möglich**

✓ **Hosting der Shop-Website**

Check-out-Prozess und Zahlungsmix

✓ **Wichtig für den Check-out:**

Freie Wahl bei den Payment-Optionen
Lieferzeiten angeben und kurz halten
Usability: Klarer Ablauf des Check-outs, direkte Kontaktaufnahme für Fragen, aktuelle Technik
Daten-Minimalismus: Nur die nötigsten Daten von Kund:innen abfragen (Adresse, relevante Zahlungsinformationen)
Cross-Selling-Angebote wie Beilagen

✓ **Wichtig für den Zahlungsmix:**

Allgemein beliebte Zahlungsmethoden anbieten
Weitere Zahlungsmethoden auf die Zielgruppe auslegen
Zahlungsmethoden mobil optimiert anbieten
Zahlungsmix gelegentlich prüfen & aktualisieren

Design des Online-Shops

- ✓ Design- und Darstellungsoptionen passend zur Marke
- ✓ Logischer und verständlicher Aufbau des Shops
- ✓ Alle relevanten Inhalte integrieren

Rechtliche Rahmenbedingungen

Der Online-Shop muss folgende rechtliche Inhalte bereitstellen:

- ✓ Anbieterkennzeichnung
- ✓ Preisangaben mit Steuerangaben
- ✓ Lieferkosten & Lieferzeit
- ✓ Kennzeichnung ausverkaufter Artikel
- ✓ Widerrufsrecht
- ✓ Datenschutzerklärung & AGB
- ✓ Impressum

Über die Autorin

Anne-Sophie Wolf ist ein echter Fan des perfekten Zahlungserlebnisses. Als Brand Managerin bei Unzer arbeitet sie gemeinsam mit über 750 Payment-Experten und Tech-Enthusiasten daran, Händlern zur perfekten Zahlungslösung zu verhelfen. Unzer ist eines der führenden Payment-Unternehmen in Europa, auf das über 40 000 Händler vertrauen.

www.unzer.com

15. „Die Gastronomie wird vom mobilen Mega-Trend profitieren."

Interview mit Dr. Christian Pirkner, CEO von Bluecode

Christian Pirkner ist heute CEO der Blue Code International AG und lebte zuvor im Silicon Valley, wo er zwei Startups in den Bereichen Musikerkennung und Video-Distribution erfolgreich zum Exit führte. Christian Pirkner ist außerdem Doktor der Finanzwissenschaften der Universität St. Gallen und der New York University.

Sehr gerne! Da fange ich wohl am besten bei meinen Wurzeln an: Geboren bin ich in Wien und meine Eltern kommen aus der Schweiz und aus Deutschland – ich bin quasi ein echter D-A-CH-Mensch *(lacht)*.

In St. Gallen habe ich Wirtschaft mit Schwerpunkt Kapitalmärkte studiert und danach ein Finance-Doktorat an der New York University absolviert. Nach meiner Dissertation bekam ich die Chance, weiter in den USA zu arbeiten und im Silicon Valley zwei Startups aufzubauen – ein Riesen-Sprungbrett! Wir haben neue Lösungen für digitale Medienerkennung im Musikbereich und für Video-Distribution entwickelt, unter anderem für Microsoft und Netflix. Das war eine sehr spannende und lehrreiche Zeit!

> „Es gewinnen stets jene Firmen, die es schaffen, die Customer Journey zu übernehmen."

Aber nach mehr als zehn Jahren in den USA hatte ich doch etwas „Heimweh" nach Europa. 2007 kam ich schließlich mit der einfachen, aber wohl wichtigsten Erkenntnis zurück: Im Zuge der Digitalisierung gewinnen stets jene Firmen, die es schaffen, die Kundenbeziehung – die Customer Journey – zu übernehmen und so die volle Aufmerksamkeit der Kund:innen zu bekommen. Das konnte ich so in der Musikbranche und auch in der Film- und Videostreaming-Industrie beobachten. Viele von uns lieben Googles YouTube, Apple Music, Netflix oder Amazon Prime. Diese Unternehmen sind alle tief in die Wertschöpfungskette vorgedrungen, definieren das Geschäft stetig neu und verdrängen dadurch etablierte Marktteilnehmer.

Nach dem Doktorat hat mir eine große Unternehmensberatung einen Job angeboten. Wir waren uns eigentlich schon einig. Doch der damalige Partner riet mir nach einem längeren Abendessen zu einer anderen Option: einer Tech-Startup-Gründung in San Francisco. Er meinte, es sei viel spannender in meinem Alter, ich war 24, etwas zu riskieren, um dann später einem „traditionellen" Beruf nachzugehen. Er versprach, mir den Job zehn Jahre freizuhalten und rief in der Tat jedes Jahr zweimal an, um sich zu erkundigen! Da habe ich die Gelegenheit beim Schopf gepackt und bin 1999 nach San Francisco gegangen. Dort habe ich ein Musik-Technologie-Startup hochgezogen und viele beeindruckende Firmen als Kunden gewonnen, darunter Apple, Google, Sony und Shazam.

Nach dem erfolgreichen Exit konzentrierte ich mich auf den Bereich Digitales Video. Auch hier gelang es mir, die Technologie an die Gewinner des Formatwechsels zu lizenzieren, unter anderem Netflix.

> „Startups verändern die Art und Weise, wie wir wirtschaften und leben."

Startups sind Treiber der Innovation. Sie sind agil und verändern mit ihren neuen Geschäftsmodellen die Art und Weise, wie wir heute und in Zukunft wirtschaften und leben. Das ist extrem spannend und wäre in großen etablierten Konzernen oft gar nicht möglich. Ideen, die die Welt verändern, reizen mich sehr!

Als ich 2007 zurück nach Europa kam, wurde ich Mit-Juror für einen Seedfonds des Austria Wirtschaftsservice (AWS). Einer der Startup-Bewerber war Bluecode, damals noch unter dem Namen „Secure Shopping". Die Idee einer mobilen Bezahllösung aus Europa hat mir gefallen. Ich hielt sie aber zuerst für zu riskant, weil Apple und Google an ihren eigenen Bezahllösungen gearbeitet haben. Doch dann erkannte ich, dass die großen amerikanischen Player mit ihren Mobile-Payment-Lösungen auch in Europa die Finanzwelt umkrempeln werden. Da hat es mich gepackt und ich bin bei Bluecode eingestiegen.

Seither verfolgen wir die Mission einer einfachen und sicheren Mobile-Payment-Lösung *aus* Europa *für* Europa. Wir wollen verhindern, dass die Wertschöpfung zunehmend nach Übersee wandert. So stärken wir die europäische Wirtschaft, insbesondere Handel, Gastronomie und Tourismus. Wir wollen mit einer europäischen Lösung dagegenhalten und bei den Nutzer:innen mit Mehrwerten, Komfort, Sicherheit und europäischen Datenschutz-Standards punkten! Genau das bieten wir mit Bluecode. Nutzer:innen können die Bezahl-App einfach mit ihrem bestehenden Girokonto verbinden. Die sensiven Daten bleiben sicher verwahrt bei der Hausbank. Der Zahlungsbetrag wird direkt vom Girokonto abgebucht und dann sofort an die jeweiligen Gastronom:innen oder Händler:innen überwiesen.

> „Die asiatischen Super-Apps haben ein Ökosystem aufgebaut, das den Nutzer:innen die komfortabelste Nutzererfahrung bietet, die sie je hatten."

Was sind deiner Meinung nach die großen Bezahltrends für die Gastronomie der Zukunft?

Das Handy als täglicher Begleiter spielt in fast allen Branchen eine immer größere Rolle, so auch im Payment. Es wird zur mobilen Geldbörse. Die asiatischen Super-Apps AliPay und WeChat machen es vor: Von der Tischreservierung und Bestellung über die Bezahlung bis hin zu Loyalitätsprogrammen wie Rabatt-Coupons ist alles in einer einzigen App vereint. Sie haben ein „Ökosystem" aufgebaut, das den Nutzer:innen mit umfassenden Services die komfortabelste Nutzererfahrung bietet, die sie je hatten.

In diese Richtung wird es auch in Europa gehen, da bin ich mir sicher. Deshalb wollen wir nach diesem Vorbild unser Bluecode-Ökosystem bauen. Wir vereinen mobiles Bezahlen mit Kundenbindung über digitale Sammelpässe, Gutscheine und vieles mehr. Mit Bluecode sammeln die Gäste bei allen Lieblingsbetrieben – auch Restaurants – automatisch ihre Bonusprogramme und lösen sie auch ein.

Mit unserem Partner Amadeus360 haben wir zum Beispiel eine Lösung umgesetzt, die wir sonst nur von Starbucks in den USA kennen – dort für die Hälfte aller Mobile-Payment-Transaktionen verantwortlich! So eine Abdeckung stellen wir uns auch vor (*lacht*).

Aber im Ernst, es geht um ein Ökosystem für bessere Auslastung bei weniger Personaleinsatz und kürzeren Wartezeiten, das auch noch für mehr Bestellungen und zugleich weniger Stress in der Küche sorgt.

Wir sind davon überzeugt, dass Kundenbindung in Zukunft am Smartphone der Kund:innen stattfindet. Gastronom:innen können davon profitieren, wenn sie mobiles Bezahlen mit Mehrwerten ausstatten – zum Beispiel über unsere Plattform. Gastronom:innen bekommen eine Provision, wenn ihre Gäste bei anderen Partnern mit der App bezahlen. Die Gäste erhalten den Bonus aus dem gewohnten Sammelprogramm. Das ist einzigartig.

Konkret heißt das: Gastronom:innen digitalisieren ihre bestehenden Kundenprogramme wie Kundenkarten, Sammelpässe, Gutscheine, Gewinnspiele oder betriebliche Essens-Zuschüsse. Der One-Scan-Check-out ist gleichzeitig auch die schnellste Art, nach einem schönen Essen unkompliziert zu bezahlen. So kommt der Gast gerne wieder – ein entscheidender Wettbewerbsvorteil.

„Im Payment-Mix darf Mobile Payment nicht fehlen."

Gastronom:innen müssen heute ein breites Spektrum an Zahlungsarten akzeptieren können, um allen Gästen auch beim Bezahlen gerecht zu werden. Im Payment-Mix darf Mobile Payment in Zukunft nicht fehlen.

Wir erleben in der Gastronomie viele Abhängigkeiten, zum Beispiel von Kassen- oder Karten-Terminal-Anbietern oder auch dominanten Lieferportalen. Wer hier über manuelle Prozesse wie Stempelpässe nachdenkt, sollte es besser gleich lassen. Das Handling übersteigt den Nutzen bei weitem.

Es geht darum, einen einfachen und effektiven Weg zu finden, neue Kund:innen zu akquirieren und zugleich bei Bestandskund:innen die Frequenz zu erhöhen. Hier können mobile und interaktive Lösungen sehr viel beitragen. Am Beispiel Bluecode: Jedes Restaurant mit Bluecode erscheint automatisch in den Apps verschiedenster Anbieter. Das erhöht die Sichtbarkeit enorm.

Große Ketten haben viele Hebel und Stellschrauben, kaufen im Verbund und können Preise diktieren. Sie haben sogar teilweise eigene Gastrobetriebe, in denen sie Neuheiten vorab testen. Sie arbeiten häufig mit Berater:innen und profitieren von internationalen Erkenntnissen. Deshalb können sie Erfahrungen aus anderen Ländern schneller transportieren.

Wir haben aber auch gesehen, dass es Franchise-Systeme gab, die ihre Standards nicht halten konnten und vom Markt wieder verschwunden sind.

> „Ich glaube, dass jeder mit Unternehmergeist Großes leisten kann."

Auch Familienbetriebe, mit Herz, Verstand und Einsatz, haben in der Vergangenheit viel geleistet. Ich glaube, dass jeder mit Unternehmergeist Großes leisten kann. Wichtig ist, seine Partner:innen richtig auszuwählen. Wer offen fragt, bekommt offene Antworten, so kenne ich das und so ist es auch bei uns. Am Ende muss jeder entscheiden, was sich richtig anfühlt.

Ein Beispiel außerhalb der Branche: Ich kenne einen jungen Tankstellen-Betreiber. Er ist „auf" der Tankstelle seiner Eltern groß geworden. Die Eltern, die Großeltern und auch bedingt die Kinder haben die Tankstelle am Laufen gehalten und waren damit rund um die Uhr beschäftigt, sieben Tage die Woche. Heute leitet er allein elf Tankstellen, und zwar halbtags. Er hat gute Mitarbeiter:innen und digitale Standards etabliert. Persönlich bearbeiten muss er nur noch Themen, die nicht laufen. Was gerade nicht funktioniert, bekommt er digital direkt aus seinem System gemeldet. Das klingt überzeugend, oder?

Wie unterstützt ihr von Bluecode hier konkret?

Wir sind sehr flexibel aufgestellt und bieten für jede Unternehmensgröße eine maßgeschneiderte Lösung – egal ob Kassen-Integration, Mitarbeiter-App für mobiles Bonieren oder die physischen Bluebox-Terminals. Wir kooperieren mit Restaurants, Bäckereien, Drogisten, Tankstellen. Bluecode ist erfolgreich in den Gastro- und Catering-Betrieben in den Stadien einiger Fußball-Bundesligisten und Eishockey-Teams. Das ist quasi ein Gütesiegel für Geschwindigkeit, denn gerade in den Stadien muss es in der Pause schnell gehen und trotzdem genauso sicher sein – eine große Stärke von uns. Im Bereich der Großverpflegung wird die bargeldlose Bluecode-Zahlung in zahlreichen Betriebskantinen, an Automaten sowie Uni-Mensen gerne genutzt.

Ja, klar. In diesem Jahr haben wir ein Projekt live genommen: jö&GO!

Der österreichische Jö-Bonusclub hat mit seinem Multiprogramm rund 3000 Filialen von REWE (Billa, Billa Plus, Penny und BIPA), OMV, Zgonc, Libro und Pagro angeschlossen.

Die Vielzahl an Kundenkarten war dabei ein kritischer Aspekt. Die Lösung? Sie alle wurden zu einer einzigen Kundenkarte zusammengefasst. Jetzt können Vorteile und Aktionen über alle Partner hinweg eingelöst werden. Heute hat der Jö-Bonusclub 3,9 Millionen Mitglieder und verzeichnet laut REWE über eine Million Transaktionen pro Tag.

Mit Bluecode als exklusivem Zahlungsmittel in der Jö-App bietet jö&GO am Ende des Einkaufs die Verknüpfung von Loyalty, Coupons, Bonuspunkten, digitalem Beleg und der Zahlung – alles in einem Scan.

> „Das Volumen der bargeldlosen Transaktionen wird sich in Europa bis 2030 mehr als verdoppeln."

Ja, ganz klar. COVID-19 hat die Digitalisierung massiv beschleunigt. Der Trend geht jetzt endlich auch in Deutschland Richtung Bargeldreduktion und zu kontaktlosem Bezahlen. In der Pandemie haben Gastronom:innen und Händler ja aktiv dazu geraten, um das Ansteckungsrisiko zu reduzieren. Eine aktuelle Studie von PricewaterhouseCoopers (PwC) und ihrer globalen Strategieberatung Strategy& prognostiziert, dass sich das Volumen der bargeldlosen Transaktionen in Europa bis 2030 mehr als verdoppeln wird. Auch die Gastronomie wird vom mobilen Mega-Trend profitieren.

Sprich mit einem alten Hasen, nimm aus dem Gespräch mit, was für dich wichtig ist. Verlier dein Ziel nicht aus den Augen, glaub an dich, sei mutig und lauf los!

DIE PFLICHT: RECHT & RISIKO

16. Die steuerliche Einzelaufzeichnungspflicht

Einleitung

Dieses Kapitel beschäftigt sich mit der steuerlichen Dokumentation der einzelnen Geschäfts-vorfälle mit den Gästen, von der Bestellung bis zur Bezahlung der Rechnung. Warum ist ein detailliertes Customizing (= Programmierung der Kasse) zwingend erforderlich? Es wird aufgezeigt, dass die Trennung der Zahlungswege bedeutsam ist, um Zuschätzungen durch die Finanzverwaltung zu vermeiden.

Nachdem Sie dieses Kapitel gelesen haben, werden Sie feststellen, dass Sie in Ihrem Unter-nehmen noch nicht alles finanzamtskonform aufzeichnen. Überprüfen Sie Ihre betriebli-chen Prozesse, schulen Sie Ihre Mitarbeiter:innen, fertigen Sie eine aussagekräftige Verfah-rensdokumentation an und schützen Sie sich damit vor Steuernachzahlungen.

Einführung in die steuerliche Einzelaufzeichnungspflicht

Seit dem 01.01.2020 sind Sie als Betreiber:in eines Restaurants verpflichtet, elektronische Aufzeichnungssysteme einzusetzen, die mit einer vom Bundesamt für Sicherheit in der In-formationstechnik (kurz: BSI) zertifizierten technischen Sicherheitseinrichtung (kurz: zTSE) ausgerüstet sind.

Aber nicht nur das, auch alle anderen Anforderungen an die Kassenführung mittels elek-tronischer Aufzeichnungssysteme, normiert im Gesetz zum Schutz vor Manipulationen an digitalen Grundaufzeichnungen,* müssen Sie erfüllen.

---

*   Sogenanntes Kassengesetz, BGBl 2016 I S. 3152

Dazu gehören:

Einzelaufzeichnungspflicht,
Belegausgabepflicht,
Verpflichtung zur Meldung elektronischer Aufzeichnungssysteme (zurzeit ausgesetzt),
Sanktionierung von Verstößen,
zusätzliche, nicht angekündigte Kontrollen im Rahmen einer Kassen-Nachschau.

So sollen zukünftig Manipulationen an elektronischen Aufzeichnungssystemen erschwert beziehungsweise verhindert werden.

Auch im Jahr 2021 gibt es keine Pflicht, ein elektronisches Aufzeichnungssystem zu nutzen.

Folgende Formen der Kassenführung sind auch 2021 möglich:

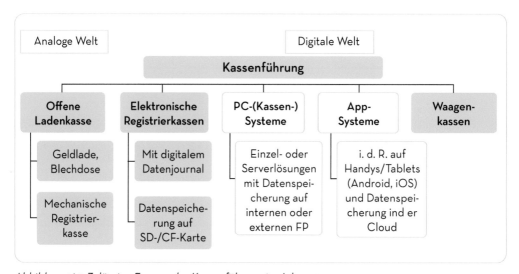

Abbildung 16.1: Zulässige Formen der Kassenführung im Jahre 2021

Einzelaufzeichnungspflicht in der Praxis

Die Pflicht zur artikelgenauen Programmierung

Durch das Gesetz zum Schutz vor Manipulationen an digitalen Grundaufzeichnungen wurde erstmalig der Grundsatz der Einzelaufzeichnung im Gesetz normiert. Der neu eingeführte § 146 Abs. 1 S. 1 AO regelt nunmehr, dass jeder Geschäftsvorfall einzeln, vollständig, richtig, zeitgerecht und geordnet aufzuzeichnen ist und zwar unabhängig von der Gewinnermittlungsart.

Da die Gesetzesvorschrift überschrieben ist mit „Ordnungsvorschriften für die Buchführung und für Aufzeichnungen" gilt die Einzelaufzeichnungspflicht nicht nur für bilanzierende Unternehmer:innen, sondern auch für diejenigen, die ihren Gewinn durch Einnahmen-Überschuss-Rechnung (EÜR) ermitteln.

> Wichtig: Für die Ordnungsmäßigkeit elektronischer Bücher und sonst erforderlicher Aufzeichnungen sind ausschließlich Sie als Unternehmer:in verantwortlich!

Einzelaufzeichnungspflicht bedeutet, dass sämtliche Geschäftsvorfälle lückenlos und unmittelbar nach ihrem Abschluss zeitnah aufzuzeichnen sind, und zwar in der Weise, dass es einem sachverständigen Dritten (= Prüfer:in der Finanzverwaltung) innerhalb angemessener Zeit möglich ist, sich einen Überblick über die Geschäftsvorfälle und über die Lage des Unternehmens zu verschaffen.

Wird kein elektronisches Aufzeichnungssystem vom/von der Steuerpflichtigen genutzt, müssen handschriftliche Einzelaufzeichnungen geführt werden!

> Wichtig: Als Restaurantbetreiber:in ist es zwingend erforderlich, dass Sie Ihre Umsätze mit einem elektronischen Aufzeichnungssystem dokumentieren, denn Ihre Gäste, die einen Bewirtungsbeleg benötigen, um die Bewirtungskosten steuerlich als Betriebsausgaben geltend machen zu können, benötigen einen maschinell erstellten Bewirtungsbeleg.

Nutzen Sie ein elektronisches Aufzeichnungssystem, dann müssen Sie zur Aufzeichnung von Geschäftsvorfällen und anderen Vorgängen ein System verwenden, das jeden aufzeichnungspflichtigen Geschäftsvorfall und anderen Vorgang einzeln, vollständig, richtig, zeitgerecht und geordnet aufzeichnet.

Dies bedeutet, dass die digitalen Grundaufzeichnungen (= Kasseneinzeldaten) so beschaffen sein müssen, dass sie sich jederzeit in ihre Einzelpositionen aufgliedern lassen.

Es ist jedoch nicht so zu verstehen, dass jeder einzelne Geschäftsvorfall auch (zum Beispiel durch eine:n Steuerberater:in) einzeln in der Buchführung zu verbuchen ist.

Geschäftsvorfälle sind alle rechtlichen und wirtschaftlichen Vorgänge, die innerhalb eines bestimmten Zeitabschnitts den Gewinn beziehungsweise Verlust oder die Vermögenszusammensetzung in einem Unternehmen (in Ihrem Restaurant) dokumentieren oder beeinflussen beziehungsweise verändern.[*]

Beispiele für Geschäftsvorfälle, die Sie bei Nutzung eines elektronischen Aufzeichnungssystems dokumentieren, das heißt mithilfe Ihrer elektronischen Registrierkasse beziehungsweise dem PC-Kassensystem aufzeichnen müssen:

Eingangs-/Ausgangs-Umsätze
Nachträgliche Stornierung eines Umsatzes
Trinkgelder (Unternehmer:innen, Arbeitnehmer:innen)
Gutscheine (Ausgabe, Einlösung)
Privatentnahme, Privateinlage
Wechselgeld-Einlage
Lohnzahlung aus der Kasse
Geldtransit, zum Beispiel von der Hauptkasse in die Nebenkasse

Unter anderen Vorgängen sind Aufzeichnungsprozesse zu verstehen, die nicht durch einen Geschäftsvorfall (siehe oben), sondern durch andere Ereignisse im Rahmen der Nutzung des elektronischen Aufzeichnungssystems ausgelöst werden und zur nachprüfbaren Dokumentation der zutreffenden und vollständigen Erfassung der Geschäftsvorfälle notwendig sind[**].

---

[*]   Definition Geschäftsvorfall, AEAO zu § 146a AO, Tz. 1.8.1
[**]   Definition andere Vorgänge, AEAO zu § 146a AO, Tz. 1.9.1

Trainingsbuchungen

Sofortstornierungen

Belegabbrüche

Angebote

Nicht abgeschlossene Geschäftsvorfälle, zum Beispiel Bestellungen, nicht abgeschlossene Tische etc.

Bei der Aufzeichnung von Geschäftsvorfällen mittels elektronischer Aufzeichnungssysteme wird vorgenannte Einzelaufzeichnungspflicht in der Praxis sichergestellt durch eine artikelgenaue Programmierung.

Unternehmer:innen sind nach § 1 der Preisangabenverordnung (PAngV) verpflichtet, den Gesamtpreis (inklusive Umsatzsteuer) anzugeben. Die dort angegebenen Waren beziehungsweise Dienstleistungen müssen sich entsprechend in der Artikelprogrammierung des elektronischen Aufzeichnungssystems widerspiegeln.

Pizza

1.	**Pizza Margherita traditionale** Tomaten, Mozzarella	8,00
5.	**Pizza Funghi** Tomaten, Mozzarella, Pilze	8,50
6.	**Pizza Salami** [1,2,3,9] Tomaten, Mozarella, Salami	9,00
7.	**Pizza Tonno** Tomaten, Mozzarella, Thunfisch	9,00
8.	**Pizza Prosciutto** [2,3,6,9] Tomaten, Mozzarella, Schinken	9,00
11.	**Pizza Quattro Stagioni** [1,2,3,6,9] Tomaten, Mozzarella, Schinken, Pilze, Paprika, Sardellen, Salami	10,10
12.	**Pizza al Capone (scharf)** [1,2,3,6,7,9] Tomaten, Mozzarella, Salami, Paprika, Oliven, Zwiebeln, Peperonisauce	10,10
13.	**Pizza Gyros** [2,4] Tomaten, Mozzarella, Gyrosfleisch, Tzatziki	12,00
14.	**Pizza Calzone** [1,2,3,6,9] (nur in groß) Tomaten, Mozzarella, Schinken, Salami, Artischocken, Erbsen	10,10

Pizza

15.	**Pizza Hawaii** [2,3,6,9] Tomaten, Mozzarella, Schinken, Ananas	10,00
17.	**Pizza Frutti di Mare** Tomaten, Mozzarella, Garnele, Tintenfisch, Muscheln, Knoblauch	14,90
18.	**Pizza della Casa (scharf)** [2,3,6,9] Tomaten, Mozzarella, Schinken, Pilze, Paprika, Spargel, Peperonisauce	12,90
20.	**Pizza Speziale (scharf)** [7,1] Tomaten, Mozzarella, Gyros, Paprika, Oliven, Zwiebeln, Peperonisauce	12,90
21.	**Pizza con Gamberetti** Tomaten, Mozzarella, Krabben, Knoblauch	13,50
23.	**Pizza Gyros Tasche** [2,4] (nur in groß) Tomaten, Mozzarella, Gyros, Tzatziki	12,00
24.	**Pizza Hollandaise** [2,3,6,9,10] Hollandaise, Mozzarella, Schinken, Spargel, Pilze	12,00

Abbildung 16.2: Auszug aus der Speisenkarte eines italienischen Restaurants

Beispiel: Speisenkarte eines x-beliebigen italienischen Restaurants (siehe Auszug in Abbildung 16.2).

Die in dieser Speisenkarte ausgewiesenen Pizzagerichte sowie alle anderen Speisen und Getränke dieses italienischen Restaurants müssen sich dann auch aus den einzeln Datenexportdateien, die den Prüfer:innen der Finanzverwaltung im Rahmen einer Kassen-Nachschau beziehungsweise Betriebsprüfung zur Verfügung gestellt werden müssen, wiederfinden lassen.

In der Datei „Artikel.csv" des jeweiligen elektronischen Aufzeichnungssystems stellt sich dieser Teil der Speisenkarte in der Praxis wie folgt dar:

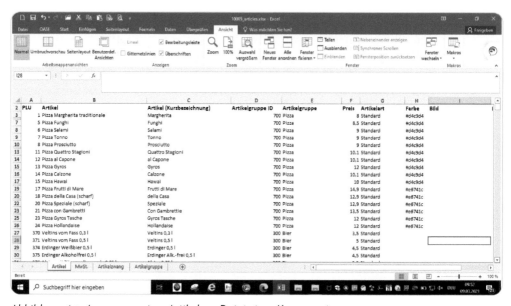

Abbildung 16.3: Auszug aus einer Artikel.csv-Datei eines Kassensystems

Die Einzelaufzeichnungspflicht schreibt vor, dass unmittelbar bei Entstehung des jeweiligen Geschäftsvorfalles aufzuzeichnen sind:

der verkaufte, eindeutig bezeichnete Artikel,

die verkaufte Menge beziehungsweise Anzahl,

der endgültige Einzelverkaufspreis,

der dazugehörige Umsatzsteuersatz und Umsatzsteuerbetrag,

vereinbarte Preisminderungen,

die Zahlungsart (getrennt nach den einzelnen Zahlungswegen),

das Datum und der Zeitpunkt des Umsatzes[*].

Grundsätzlich gehören der Name und die Anschrift des Vertragspartners/der Vertragspartnerin mit zu den aufzeichnungspflichtigen Informationen eines Geschäftsvorfalls.

> **Tipp:** Branchenerleichterungen: Die Finanzverwaltung beanstandet in der Regel nicht, wenn die oben genannten Mindestangaben zur Nachvollziehbarkeit des Geschäftsvorfalls einzeln aufgezeichnet werden, nicht jedoch die Kundendaten, sofern diese nicht zur Nachvollziehbarkeit und Nachprüfbarkeit des Geschäftsvorfalls benötigt werden.

Daraus ergibt sich die Schlussfolgerung, dass Sie, wenn Sie in Ihren Restaurants die in Ihrem elektronischen Aufzeichnungssystem implementierte Kundenverwaltung nutzen, diese Kundendaten auch aufzeichnen und aufbewahren müssen.

Darüber hinaus sind die umsatzsteuerrechtlichen Aufzeichnungspflichten (§ 22 UStG, §§ 63 – 65 UStDV) zu beachten. Auch die umsatzsteuerrechtlichen Anforderungen an eine Rechnung (§ 14 Abs. 4 UStG, § 33 UStDV) sind zu berücksichtigen. Wenden Sie sich diesbezüglich an Ihre:n Steuerberater:in.

Die Einzelaufzeichnung von Geschäftsvorfällen – wie zuvor beschrieben – löst auf der im System implementierten beziehungsweise in der Cloud installierten zertifizierten technischen Sicherheitseinrichtung (TSE) mindestens eine Transaktion aus.

---

[*]   AEAO zu § 146 AO, Tz. 2.1.3

Wichtig: Als Transaktion bezeichnet man die innerhalb der TSE erfolgenden Absicherungsschritte. Nach § 2 KassenSichV enthalten diese Transaktionen:

den Zeitpunkt des Vorgangsbeginns,
eine eindeutige und fortlaufende Transaktionsnummer,
die Art des Vorgangs,
die Daten des Vorgangs,
die Zahlungsarten,
den Zeitpunkt der Vorgangsbeendigung oder des Vorgangsabbruchs,
einen Prüfwert sowie
die Seriennummer des elektronischen Aufzeichnungssystems und die Seriennummer des Sicherheitsmoduls.

Als Restaurantbetreiber:in müssen Sie die vollständige und lückenlose Erfassung und Wiedergabe aller Geschäftsvorfälle gewährleisten. Zu Ihren Aufgaben gehört auch, dass Sie ständige (maschinelle, organisatorische und programmierte) Kontrollen durchführen.

Beispiele für Kontrollmaßnahmen:

Schulen und kontrollieren Sie die Mitarbeiter:innen, wie sie die Geschäftsvorfälle erfassen.
Machen Sie bei den Dateneingaben inhaltliche Plausibilitätskontrollen.
Stellen Sie durch Zuweisung von Zugriffsrechten sicher, was Mitarbeiter:innen eingeben und stornieren dürfen.
Prüfen Sie die maschinelle Vergabe von Datensatznummern.
Etc.

Die durchgeführten Schulungs- und Kontrollmaßnahmen sollten Sie dokumentieren und als Bestandteil zu Ihrer Verfahrensdokumentation nehmen.

Ist auch eine Warengruppenprogrammierung zulässig?

Die Finanzbehörden beanstanden eine Warengruppenprogrammierung dann nicht, wenn der Art nach gleiche Waren mit demselben Einzelverkaufspreis in einer Warengruppe zusammengefasst werden und die verkaufte Menge beziehungsweise Anzahl ersichtlich bleibt.

Eine Bäckerei verkauft Brötchen, Brot und Kuchen zu unterschiedlichen Einzelverkaufs-preisen. Die in der Vergangenheit in der Praxis vielfach genutzten drei Warengruppen „Brötchen, Brot, Kuchen" müssen jetzt durch eine artikelgenaue Programmierung ersetzt werden, da alle Backwaren zu unterschiedlichen Preisen verkauft werden.

Für Ihr Restaurant kommt aus meiner Sicht keine Warengruppenprogrammierung infrage, das heißt in der Gastronomie sind elektronische Aufzeichnungssysteme mit einer artikelge-nauen Programmierung zu versehen.

Das Problem der Zumutbarkeit (zum Beispiel durch höhere Kosten bei der Anschaffung des elektr. Aufzeichnungssystems durch eine artikelgenaue Programmierung) spielt hierbei grundsätzlich keine Rolle.

Wichtig: Sämtliche Artikel, Waren- und Hauptgruppen etc., die beim Customizing (= individuelle Programmierung) eingerichtet werden, sowie deren historische Än-derungen stellen immer einen wesentlichen Bestandteil der Verfahrensdokumen-tation dar!

Was ist zu tun, wenn das elektronische Aufzeichnungssystem ausfällt?

In der Praxis kann es vorkommen, dass das zur Erfassung von oben genannten aufzeich-nungspflichtigen Geschäftsvorfällen genutzte elektronische Aufzeichnungssystem ausfällt (zum Beispiel technischer Defekt, Stromausfall, fehlendes WLAN etc.). Darauf sollten Ihre Mitarbeiter:innen und Sie vorbereitet sein, damit Sie in diesen Fällen unverzüglich tätig werden können.

Damit dies in der Praxis gewährleistet wird, ist die Erstellung eines Handlungskonzepts er-forderlich. Dieses gehört zum wesentlichen Bestandteil der allgemeinen Betriebsdokumen-tation Ihrer Verfahrensdokumentation.

Die Handlungsempfehlungen:

Unverzügliches Beheben der Ausfallursache beziehungsweise Maßnahmen zur Behebung zu treffen, damit die gesetzlichen Anforderungen schnellstmöglich wieder eingehalten werden.

Dokumentation von Ausfallzeit und Ausfallgrund. Diese Dokumentation (zum Beispiel bei Ausfall der TSE) kann auch automatisiert durch das elektronische Aufzeichnungssystem selbst erfolgen.

Soweit der Ausfall nur die technische Sicherheitseinrichtung betrifft, kann das elektronische Aufzeichnungssystem bis zur Beseitigung des Ausfallgrundes weiterhin genutzt werden. Die grundsätzliche Belegausgabepflicht bleibt von dem Ausfall unberührt, auch wenn nicht alle für den Beleg erforderlichen Werte[*] durch die zTSE zur Verfügung stehen (die Belegangaben zu Datum und Uhrzeit müssen in diesem Fall durch das elektronische Aufzeichnungssystem bereitgestellt werden).

Der Ausfall der zTSE muss auf dem Beleg ersichtlich werden, zum Beispiel durch fehlende Transaktionsnummer oder sonstige Kennzeichnung.

Bei einem vollumfänglichen Ausfall des Aufzeichnungssystems oder bei Ausfall der Druck- oder Übertragungseinheit entfällt (und nur dann) die Belegausgabepflicht. In diesem Fall sind handschriftliche Einzelaufzeichnungen zu führen.

Bei einem Ausfall der Druckeinheit oder der Übertragungseinheit für den elektronischen Beleg ist das elektronische Aufzeichnungssystem weiterhin für die Erfassung der Geschäftsvorfälle und anderer Vorgänge zu nutzen!

Besonderheiten bei der Dokumentation von unbaren Geschäftsvorfällen

Im Rahmen von Betriebsprüfungen von Restaurants und anderen gastronomischen Betrieben habe ich vielfach Folgendes festgestellt: Aus Vereinfachungsgründen wird zunächst jeder Geschäftsvorfall als „Barumsatz" von der Bedienung erfasst. Erst bei der Erstellung des Kassenberichts beziehungsweise bei der Eintragung im Kassenbuch wird zwischen baren und unbaren Zahlungen unterschieden. Diese Art der Aufzeichnung entspricht nicht den gesetzlichen Anforderungen an eine ordnungsmäßige Aufzeichnung.

---

[*] vgl. AEAO zu § 146a AO, Tz. 5.8

Der Grundsatz der Einzelaufzeichnung (§§ 146, 146a AO) verpflichtet Sie zu differenzierten Einzelaufzeichnungen der Zahlungsarten. Sowohl aus den digitalen Grundaufzeichnungen (= Kasseneinzeldaten) als auch aus dem Aufdruck auf dem Beleg muss erkennbar sein, mit welcher Zahlungsart der/die Kunde/Kundin bezahlt hat. Dies gilt auch für die Transaktionsdaten der technischen Sicherheitseinrichtung.

Sie sollten Ihre Mitarbeiter:innen diesbezüglich darauf hinweisen, dass, bevor die abschließende Eingabe in das elektronische Aufzeichnungssystem erfolgt, der Zahlungsweg erfragt wird. Heutzutage werden vielfach mobile Eingabegeräte, zum Beispiel Orderman, Handys, Tablets etc. genutzt. Direkt am Tisch kann dann der/die Kunde/Kundin gefragt werden, wie er/sie bezahlten möchte, bevor dann der Geschäftsvorfall endgültig abgeschlossen wird.

Beispiel: Bar oder unbar?

In einem Restaurant bestellt ein Ehepaar zwei Gläser Wein, Hirschgulasch, Schweinemedaillons und zum Nachtisch Eis. Sie bitten die Bedienung, ihnen die Rechnung zu bringen. Die Kellnerin geht zum elektronischen Aufzeichnungssystem und druckt eine „Bar-Rechnung" über 75,80 Euro aus, weil sie davon ausgeht, dass die Gäste und „bar" zahlen werden.

Tatsächlich wird die Rechnung mit EC-Karte bezahlt und durch ein Trinkgeld um 14,20 Euro erhöht.

Im elektronischen Aufzeichnungssystem und auf der TSE wird der Geschäftsvorfall aber ganz anders aufgezeichnet, nämlich als Bar-Umsatz, und das Trinkgeld, welches sich die Kellnerin bar aus der Kasse nimmt, wird nicht dokumentiert.

Richtigerweise hätte der Geschäftsvorfall als „unbar" aufgezeichnet und über die TSE abgesichert werden müssen. Gleiches gilt für das Trinkgeld, das die Bedienung aus der Kasse nimmt.

Tipp: Für solche Fälle empfiehlt es sich, dass durch eine entsprechende Programmierung des elektronischen Aufzeichnungssystems die Möglichkeit geschaffen wird, Trinkgelder über das System zu erfassen, zum Beispiel durch Einrichtung einer Taste „Trinkgeld bar entnommen".

Steuerpflichtige, die in ihren elektronischen Aufzeichnungssystemen immer nur die Zahlungsart „bar" ausweisen, verstoßen gegen den vorgenannten Grundsatz der Einzelaufzeichnung. Nach § 379 Abs. 1 Nr. 3 AO stellt dies eine Ordnungswidrigkeit* dar.

Dies bedeutet jedoch nicht, dass Sie die Umsatzsteuer getrennt nach Steuersätzen und Zahlungsarten detailliert auf dem Beleg ausweisen müssen, denn aus den gespeicherten Einzeldaten lässt sich eindeutig erkennen:

die Menge und die Art der gelieferten Gegenstände,
der jeweilige Einzelpreis (das Entgelt),
der Steuersatz (16 % / 5 %) und der Steuerbetrag.

Dokumentation bei Sonderveranstaltungen

Als Betreiber:in eines Restaurants nutzen Sie ein oder mehrere elektronische Aufzeichnungssysteme, die Sie auch zur Aufzeichnung sämtlicher Erlöse verwenden müssen. Dies gilt grundsätzlich auch für Sonderveranstaltungen.

Ist für Sie aus technischen Gründen oder aus Zumutbarkeitserwägungen, die Sie im Rahmen einer Betriebsprüfung darlegen müssen (= Bestandteil der Verfahrensdokumentation), eine Erfassung über das vorhandene elektronische Aufzeichnungssystem nicht möglich, wird es nicht beanstandet, wenn zur Erfassung der Geschäftsvorfälle eine offene Ladenkasse (mit handschriftlichen Einzelaufzeichnungen) verwendet wird.

> **Fazit:** Die Einzelaufzeichnungspflicht ist wesentliche Voraussetzung für die progressive und retrograde Prüfbarkeit Ihrer (Kassen-)Aufzeichnungen. Im Rahmen von Kassen-Nachschauen und Betriebsprüfungen der Finanzverwaltung muss jederzeit die Möglichkeit bestehen, von der Bestellung des Gastes (Welche Getränke und Speisen hat er bestellt?) über die Bezahlung (Wie wurde bezahlt? Bar oder unbar?) bis hin zum Bilanzansatz beziehungsweise Ausweis in der Einnahmen-Überschuss-Rechnung jeden Schritt nachzuvollziehen. Nur so können Zuschätzungen verhindert werden.

---

*   Inwieweit diese Ordnungswidrigkeit geahndet wird, ist aktuell noch nicht absehbar.

- ✓ Prüfen Sie die Programmierung Ihres elektronischen Aufzeichnungssystems auf artikelgenaue Programmierung.
- ✓ Überprüfen Sie die Programmierung der Zahlungswege, d. h. jede Form der bei Ihnen im Lokal möglichen Zahlungsart (bar, EC-Karte, Kreditkarten, Apple Pay, Google Pay, PayPal etc.) muss programmiert und nutzbar sein.
- ✓ Schulen Sie Ihre Mitarbeiter:innen, dass die Bestellungen und Bezahlungen durch die Kund:innen exakt und richtig erfasst werden?
- ✓ Stellen Sie sicher, dass die (Kassen-)Einzeldaten inkl. der TSE- und- DSFinV-K-Daten täglich gesichert werden.
- ✓ Erstellen Sie eine aussagefähige Verfahrensdokumentation, wie die Geschäftsvorfälle bei Ihnen erfasst und aufgezeichnet werden. (Ihr:e Steuerberater:in hilft.)

Über den Autor

Tobias Teutemacher, Diplom-Finanzwirt (FH). Ich beschäftige mich seit über 25 Jahren mit den unterschiedlichen Formen der Kassenführung bei bargeldintensiven Betrieben und den verschiedenen Formen der Manipulationen bei elektronischen Aufzeichnungssystemen.

Ich schulte jahrelang in der Finanzverwaltung (NRW, Baden-Württemberg, Mecklenburg-Vorpommern, Sachsen) und an der Bundesfinanzakademie das „Risikomanagement bei Bargeschäften".

Ich bin gefragter Vortragender zu den Themen Kassenführung, GoBD (unter anderem Verfahrensdokumentation), Betriebsprüfung/Steuerfahndung.

Im Rahmen der Beratungen zum Gesetz zum Schutz vor Manipulationen an digitalen Grundaufzeichnungen wurde ich im Finanzausschuss des Deutschen Bundestages als Sachverständiger gehört.

Veröffentlichungen & Vorträge

Ich bin Autor der im NWB-Verlag erschienenen Bücher *Handbuch der Kassenführung* und *Praxis GoBD*. Darüber hinaus veröffentliche ich regelmäßig Artikel in diversen Zeitschriften, unter anderem der Verlage NWB, IWW, Otto Schmidt. Mein Webinar *„Aktuelles aus der Betriebsprüfung"* erscheint vierteljährlich beim IWW-Verlag. Darüber hinaus bin ich Dozent im Lehrgang „Zertifizierter Berater für Steuerstrafrecht (DAA) bei den Fachseminaren von Fürstenberg.

Für Vorträge, Mandanten- oder Mitarbeiterseminare können Sie mich erreichen unter

T_Teutemacher@t-online.de
0151 20970008

17. Kassen-Nachschau
souverän meistern

Die Pandemie ebbt ab, die Finanzverwaltung rüstet auf. Mit einer neuen Prüfsoftware sollen Steuerpflichtige, die sich nicht an das bestehende Regelwerk halten, effizienter und schneller entdeckt werden. Gerade in bargeldintensiven Branchen wie der Gastronomie kommt es vermehrt zur Schätzung der Besteuerungsgrundlagen. Nicht zwangsläufig, weil Umsätze zu niedrig deklariert wurden. Häufig sind schon deshalb Schätzungen erforderlich, weil sich die Geschäftsvorfälle nicht nachvollziehen lassen oder nicht belastbar geprüft werden können. Bestes Beispiel dafür sind fehlende oder nicht ausreichende Verfahrensdokumentationen.

Um Schätzungsszenarien aus dem Weg zu gehen, lohnt es durchaus, sich mit den Anforderungen der Finanzverwaltung zu beschäftigen und für eine optimale Vorbereitung auf Kassen-Nachschauen und Betriebsprüfungen Sorge zu tragen. Die nachfolgenden Ausführungen mögen Sie dabei unterstützen, dem Besuch des/der Finanzbeamten gelassen entgegenzusehen und Schätzungen zu vermeiden.

COVID-19 – Veränderter Fokus

Berechnungen des Statistischen Bundesamtes zufolge ist der Umsatz in der Gastronomie im Zeitraum März 2020 bis einschließlich Februar 2021 um rund 41 Prozent eingebrochen. Vor diesem Hintergrund ist nur allzu verständlich, dass Gastronom:innen sich in den letzten Monaten eher mit Überbrückungshilfen als mit ordnungsmäßigen Kassenaufzeichnungen befasst haben. Spätestens seit Öffnung der ersten Biergärten gehen jedoch auch die Prüfungsdienste der Finanzverwaltung nach und nach wieder an die frische Luft. Geprüft werden vorrangig die neuen Anforderungen des Gesetzgebers, sodass die Ordnungsmäßigkeit der Kassenführung eine der zentralen Herausforderungen in der Gastronomie bleibt. Das Damokles-Schwert unangekündigter Kassen-Nachschauen trägt seinen Teil dazu bei.

Rückblick – Einführung der Kassen-Nachschau

Doch zunächst ein Blick in die Geschichte. Als Reaktion auf manipulative Handlungen wurde die Kassen-Nachschau zum 01.01.2018 gesetzlich eingeführt (§ 146b Abgabenordnung AO). Ziel der Regelung war nicht nur effektive Steuerkontrolle, sondern auch die Sicherung der Wettbewerbsgleichheit und der Schutz steuerehrlicher Konkurrent:innen.

§ 146b Abs. 1 der Abgabenordnung –AO– bestimmt, dass

zur Prüfung der Ordnungsmäßigkeit der Aufzeichnungen und Buchungen von Kasseneinnahmen und Kassenausgaben
die damit betrauten Amtsträger:innen der Finanzbehörde
ohne vorherige Ankündigung und außerhalb einer Außenprüfung
während der üblichen Geschäfts- und Arbeitszeiten
Geschäftsgrundstücke oder Geschäftsräume von Steuerpflichtigen betreten können,
um Sachverhalte festzustellen, die für die Besteuerung erheblich sein können (Kassen-Nachschau).

Den auf den ersten Blick etwas sperrig anmutenden Gesetzestext erläutert das Bundesministerium der Finanzen (BMF) aus seiner Sichtweise im Anwendungserlass zur Abgabenordnung (AEAO)*, worauf noch näher einzugehen sein wird.

Schon gewusst? Das Instrument der Kassen-Nachschau hat mit einer klassischen Betriebsprüfung wenig gemein. Prüfungsberichte oder Schlussbesprechungen sind ihr ebenso fremd wie Anfragen zu Rückstellungen oder dem Pkw-Eigenverbrauch.

Einzig und allein hat sich die Nachschau auf die Prüfung der Ordnungsmäßigkeit der Kassenaufzeichnungen und der ordnungsgemäßen Übernahme der Kassenaufzeichnungen in die Buchführung zu beschränken. Darunter fallen Sachverhalte zu offenen Ladenkassen ebenso wie zu Registrier-, PC- und app-basierten Kassen sowie sonstigen, betriebsindividuellen Vorsystemen (zum Beispiel Warenwirtschaftssysteme, Reservierungssysteme, Schankanlagen, Waagen, Geldspielgeräte, sonstige Waren- und Dienstleistungsautomaten).

---

* BMF vom 29.05.2018, BStBl. 2018 I S. 699, abrufbar unter www.bundesfinanzministerium.de.

Wer ist im Fokus?

Grundsätzlich setzt die Kassen-Nachschau weder einen konkreten Anlass noch Verdachtsmomente voraus. Im Rahmen des Auswahlermessens der Finanzbehörde können neben dem Ziel der Betrugsbekämpfung und dem Risiko von Steuerausfällen auch Erwägungen der Wirtschaftlichkeit und Zweckmäßigkeit eine Rolle spielen.

Anlässe für Nachschauen

Vorrangige Anlässe für die Durchführung von Nachschauen sind:

Auffälligkeiten im Rahmen der Bearbeitung der Steuererklärungen oder Umsatzsteuer-Voranmeldungen, zum Beispiel nicht erklärliche Umsatzeinbrüche, interne und externe Betriebsvergleiche oder Hinweise auf fehlende Mittel zur Bestreitung des Lebensunterhalts,

Kontrollmaterial (anonyme oder offene Anzeigen, auffällige Info-/Zwischenrechnungen oder Bewirtungskostenbelege),

zufällige Beobachtungen,

Kontrolle, ob festgestellte Mängel im Rahmen einer vorhergehenden Betriebsprüfung abgestellt worden sind,

Sammlung von Informationen zur Fallauswahl im Rahmen des Risikomanagements, das heißt zur Vorbereitung einer geplanten Betriebsprüfung oder gegebenenfalls Fallabsetzung,

Erhebungen über Gästezahlen (Beobachtung sogenannter Foodcourts für die zutreffende Trennung der Entgelte, Anzahl der Gäste in „All you can eat"-Restaurants),

Kontrolle der zertifizierten technischen Sicherheitseinrichtung (TSE) und der Belegausgabepflicht ab 01.01.2020 (§ 146a AO),

Neugründungsfälle (Präventiv-Wirkung),

Überprüfung von Angaben des/der Steuerpflichtigen bei Anträgen auf Erleichterungen, zum Beispiel

- erleichterte Trennung der Entgelte bei offenen Ladenkassen (7 Prozent/19 Prozent),
- Zulässigkeit des Nebeneinanders von elektronischem Aufzeichnungssystem und offener Ladenkasse,
- Befreiung von der Belegausgabepflicht i. S. d. § 146a Abs. 2 AO.

> **Schon gewusst?** Auf die Rechtsform des Gastronomiebetriebs kommt es ebenso wenig an wie auf die Art der Gewinnermittlung oder die Eigentumsverhältnisse an elektronischen Aufzeichnungssystemen (Kauf, Miete, Leihe, Leasing). Dass Bargeschäfte anfallen und Kassenaufzeichnungen erforderlich sind, genügt.

Unter Risikogesichtspunkten dürften inhabergeführte Betriebe eher im Fokus stehen als Filial-, Groß- oder Konzernbetriebe, in denen überwiegend Fremdpersonal eingesetzt wird und ein ausreichendes internes Kontrollsystem (IKS) vorhanden ist. Weiterer Aufgriffspunkt wird künftig sicher die Meldepflicht für elektronische Aufzeichnungssysteme (§ 146a Abs. 4 AO) sein, sobald das Meldeverfahren durch die Finanzverwaltung freigeschaltet wurde.[*] Steuerpflichtige in den Barzahlungsbranchen, die kein Aufzeichnungssystem melden, werden dann eher in den Blick der Finanzbehörden geraten als diejenigen, deren Aufzeichnungssystem nachweislich mit einer zertifizierten technischen Sicherheitseinrichtung (TSE) ausgestattet ist.

Compliance heißt Nachschau-Vermeidung

Nein, eine Nachschau lässt sich nicht per se vermeiden – das Risiko eines Prüfungsaufgriffs aber durchaus verringern. Um einer Meldung zur Kassen-Nachschau durch den zuständigen Sachbearbeiter der Veranlagungsstelle zu entgehen, können und sollten Gastronom:innen und Angehörige steuerberatender Berufe vorbeugend unter anderem

Nachfragen des Finanzamts in einem Umfang beantworten, der eine Prüfung aufgeworfener Fragen an Amtsstelle ermöglicht,
freiwillige, grundsätzlich nicht aufzeichnungs- und aufbewahrungspflichtige Unterlagen vorlegen, soweit sie sich zur Plausibilisierung der erklärten Umsätze und Gewinne eignen (siehe unten),

---

[*] Mit BMF-Schreiben vom 06.11.2019 (Az. IV A 4 -S 0319/19/10002 :001) ist die Mitteilungsverpflichtung bis zum Einsatz eines elektronischen Verfahrens ausgesetzt worden. Die Bundesregierung hat auf eine Kleine Anfrage u. a. der FDP-Fraktion mitgeteilt, dass die Programmierung für das elektronische Verfahren den Ländern im Rahmen des Projekts KONSENS obliegt und erst in 2023 zum Einsatz kommen wird (BT-Drs. 19/27565, S. 6). Der Zeitpunkt des Einsatzes der elektronischen Übermittlungsmöglichkeit wird im Bundessteuerblatt Teil I gesondert bekannt gegeben.

Datenverdichtungen meiden, um von vornherein einen tieferen Einblick in das Unternehmen zu gewähren (zum Beispiel nur ein Konto „Erlöse" statt einzeln aufgeschlüsselter Erlöskonten),

„auffällige" Positionen in Gewinnermittlungen bereits im Rahmen der Veranlagung näher erläutern, etwa Gründe für Umsatzeinbrüche oder gesunkene Rohgewinnaufschlagsätze,

das Finanzamt gegebenenfalls informieren, falls der Betrieb konsequent(!) auf „cashfree" umgestellt wurde.

Internet – Fundgrube der Finanzverwaltung

Als Einstieg in eine Nachschau bietet sich den Prüfungsdiensten die Möglichkeit, erste Informationen über das Internet einzuholen, zum Beispiel über einschlägige Suchdienste oder Einträge in den sozialen Medien (wie Facebook, XING, LinkedIn, Instagram und andere).

Beispiel: Auslastung eines Cafés mit Mittagstisch

Abbildung 17.1: Lokaler Brancheneintrag bei Google, Stoßzeiten © Google

Das hier über Google aufgefundene Diagramm lässt sich mit den Kassendaten der Gastronom:innen vergleichen, um Auffälligkeiten zu erkennen, etwa per Vergleich mit der Anzahl der Kassenbons oder durch Abruf von Stundenberichten aus der Registrierkasse. Abweichungen können weitergehende Ermittlungen erforderlich machen oder – einzelfallabhängig – als Indiz für nicht ordnungsgemäße Kassenaufzeichnungen gewertet werden.

Die „stille" Nachschau

In öffentlich zugänglichen Räumlichkeiten des Gastronomen/der Gastronomin sind die Prüfungsdienste berechtigt, verdeckte Beobachtungen und Ermittlungen anzustellen, etwa zwecks Inaugenscheinnahme vorhandener Kassen und Kartenerfassungsgeräte einschließlich Beobachtungen zu deren Handhabung und zum Belegausgabeverhalten.[*] Finden die Amtsträger:innen hier beispielsweise eine ältere summenspeicherbasierte Registrierkasse vor[**], bekommen sie die Nichtordnungsmäßigkeit der Bücher und Aufzeichnungen quasi auf dem silbernen Tablett serviert. Vor Ort können im Übrigen auch Informationsmaterial, Speisekarten, Preislisten und Flyer eingesehen und gegebenenfalls mitgenommen werden, die im Verlauf einer Prüfung entscheidungserheblich werden können. Mehrfachbesuche im Betrieb sind denkbar.

> Schon gewusst? Auch Testkäufe sind zulässig, ohne dass sich der/die Amtsträger:in vorher ausweisen muss. Für viele Prüfungsdienste kein Neuland, eher jahrelange Praxis.

Testkäufe können wertvolle Erkenntnisse liefern, vordergründig als Überprüfungsmaßnahme, ob der Umsatz boniert und der Belegausgabepflicht unaufgefordert nachgekommen wird. Testkäufe dienen aber auch

als Berechnungsgrundlage für Nachkalkulationen (Portionsgrößen),
als Vorbereitungsmaßnahme für eine Kassen-Nachschau oder eine langfristig geplante Außenprüfung (Kontrollmaterial),
als Hinweis auf eine unzutreffende Umsatzbesteuerung (zum Beispiel bei Verzehr an Ort und Stelle, Außer-Haus-Verkauf oder bei „Sparmenüs" in der Systemgastronomie),

---

[*]   Bei erwiesener Nicht- oder Falschaufzeichnung von Umsätzen in elektronischen Aufzeichnungssystemen drohen Bußgelder bis zu 25 000 € (§ 379 Abs. 1 Satz 1 Nr. 3, 4 i. V. m. Abs. 4 AO). Verstöße gegen die ab 01.01.2020 geltende Belegausgabepflicht sind nicht strafbewehrt, können jedoch ebenfalls als Indiz für nichtordnungsmäßige Kassenaufzeichnungen gewertet werden.

[**] Vgl. BMF-Schreiben vom 26.11.2010 zur Aufbewahrung digitaler Unterlagen bei Bargeschäften, BStBl. 2010 I S. 1342, abrufbar unter www.bundesfinanzministerium.de.

zur Belegprüfung mit Hinblick auf Mindestinhalte nach § 6 der Kassensicherungsverordnung und umsatzsteuerliche Pflichtangaben (vgl. § 14 Umsatzsteuergesetz, §§ 31, 33 Umsatzsteuer-Durchführungsverordnung).

Allerdings sind gewonnene Erkenntnisse aus Testkäufen gegenwartsbezogene Momentaufnahmen und dürfen nicht unreflektiert für vergangene Zeiträume übernommen werden. Einzelfallabhängig ist zu prüfen, ob sie als repräsentativ angesehen werden können und – falls bejahend – (auch) Rückschlüsse auf ältere Zeiträume zulassen. Beispielhaft seien veränderte betriebliche Abläufe, geänderte Preislisten, Rezepturen, Portionsgrößen oder Änderungen des Warensortiments genannt.

> **Wichtig:** Das Bundesministerium der Finanzen hat am 30.06.2021 einen grundlegend überarbeiteten Erlass zur steuerlichen Anerkennung von Bewirtungsaufwendungen veröffentlicht.* Darin werden unter anderem die Anforderungen der Finanzverwaltung an den Inhalt und die Erstellung einer Bewirtungsrechnung sowie zu digitalen und digitalisierten Bewirtungsrechnungen und -belegen dargelegt. Eine wichtige Lektüre, damit Ihre Gäste nicht nur in den Genuss Ihrer Speisen und Getränke, sondern auch in den Genuss steuerlicher Abzugsmöglichkeiten kommen.

Tatsächlicher Beginn der Nachschau

Die eigentliche Kassen-Nachschau beginnt erst mit der Legitimation des Amtsträgers/der Amtsträgerin, indem er mit seinem Dienstausweis und einem „Nachschau-Auftrag" in Ihren Geschäftsräumen vorstellig wird.

> **Schon gewusst?** Beide Dokumente sollten geprüft werden, insbesondere vor dem Hintergrund der Herausgabeverpflichtung von sensiblen Daten, zum Beispiel Kundendaten, Meldeadressen oder Kontoverbindungen.

---

* BMF-Schreiben vom 30.06.2021 – IV C 6 – S 2145/19/10003 :003, BStBl. I S. 908.

Wie der/die Gastronom:in trotz aller Vorsicht Authentizität und Integrität der vorgelegten Dokumente prüfen kann, ist nach wie vor offen. Derzeit besteht nur die Möglichkeit, sich in Zweifelsfällen mit der Geschäftsstelle des zuständigen Finanzamts in Verbindung zu setzen, um sich über die Rechtmäßigkeit der Kassen-Nachschau Gewissheit zu verschaffen. Werden Sie zur Abend- oder Nachtzeit besucht, existiert diese Möglichkeit nicht. Bei berechtigten Zweifeln könnte aus Sicherheitsgründen die zuständige Polizeibehörde hinzugezogen werden.

> **Wichtig:** Die Prüfungsdienste sind verpflichtet, elektronische Aufzeichnungssysteme nicht über Gebühr und länger als erforderlich „lahmzulegen". Der Grundsatz der Verhältnismäßigkeit darf nicht verletzt werden – insbesondere dürfen keine nennenswerten Umsatzeinbußen oder erhebliche Störungen des Geschäftsbetriebs entstehen. Es gilt das Gebot des geringstmöglichen Eingriffs in den laufenden Kassenbetrieb.* Hohes Kundenaufkommen allein ist zwar kein Grund für die Verlegung einer Nachschau, der/die Amtsträger:in sollte aber möglichst vermeiden, die Nachschau in Stoßzeiten durchzuführen.

Wenn der Chef nicht vor Ort ist

Ist der/die von der Kassen-Nachschau betroffene Gastronom:in, sein/ihr gesetzliche:r Vertreter:in (§ 34 AO) oder ein:e von diesen Personen ausdrücklich bestimmte:r Vertreter:in (zum Beispiel Betriebs- oder Filialleiter:in) nicht anwesend, sollte er telefonisch kontaktiert und gebeten werden, sich innerhalb angemessener Wartezeit in den Geschäftsräumen einzufinden oder eine:n anwesende:n Vertreter:in zu benennen, mit dem die Nachschau durchgeführt werden kann. Kommt er dem nicht nach und erscheint auch nicht innerhalb einer angemessenen Wartezeit, können anwesende Personen zur Mitwirkung bei der Nachschau aufgefordert werden, von denen angenommen werden kann, dass sie über alle wesentlichen Zugriffs- und Benutzungsrechte des Kassensystems verfügen.

> **Schon gewusst?** Diese Personen haben dann die Pflichten des/der Steuerpflichtigen zu erfüllen, soweit sie dazu rechtlich und tatsächlich in der Lage sind (§ 35 AO).**

---

*   Drüen, in: Tipke/Kruse, Kommentar, AO/FGO, § 146b Rz. 5.
**   AEAO zu § 146b, Nr. 4.

Vor diesem Hintergrund empfehlen sich – auch zum (arbeitsrechtlichen) Schutz der Mitarbeiter:innen – klare Anweisungen an das Personal in einer Kassier- und Nachschauanweisung.

Werden der Finanzverwaltung keine Unterlagen bereitgestellt, entfällt der gewollte Überraschungseffekt der Nachschau. Wenngleich eine Betriebsprüfung damit nicht vorprogrammiert ist, so steigt doch das Risiko. Mithin ist überlegenswert, dem/der Amtsträger:in zumindest einen Teil der erbetenen Unterlagen vom Mitarbeiter beziehungsweise der Mitarbeiterin übergeben zu lassen (zum Beispiel Verfahrensdokumentation, Kassenaufzeichnungen der Vortage), um im Verfahren der Nachschau zu bleiben. Auch ein Kassensturz als wichtiges Kontrollinstrument ließe sich mit Mitarbeiter:innen realisieren. Alle weiteren, insbesondere sensiblen Unterlagen, könnte der/die Unternehmer:in nachreichen.

> Wichtig: Angehörige steuer- und rechtsberatender Berufe dürfen an der Nachschau teilnehmen. Allerdings besteht keine Verpflichtung für den/die Amtsträger:in, seine Ermittlungen bis zu deren Erscheinen zurückzustellen.

Vorlage von Unterlagen und Erteilung von Auskünften

Die von der Kassen-Nachschau betroffenen Gastronom:innen haben dem/der Amtsträger:in auf Verlangen Aufzeichnungen, Bücher sowie die für die Kassenführung erheblichen sonstigen Organisationsunterlagen über die der Kassen-Nachschau unterliegenden Sachverhalte und Zeiträume vorzulegen und Auskünfte zu erteilen. Auskunfts- und Vorlageverlangen müssen ermessensgerecht, insbesondere notwendig, verhältnismäßig und zumutbar sein.

Vorlagepflichtige Unterlagen sind die nach steuerlichen oder außersteuerlichen Vorschriften zu führenden Bücher und sonst erforderlichen Aufzeichnungen, darüber hinaus alle Unterlagen, die zum Verständnis und zur Überprüfung der für die Besteuerung gesetzlich vorgeschriebenen Aufzeichnungen im Einzelfall von Bedeutung sind.[*]

---

[*] BFH vom 24.06.2009 – VIII R 80/06, BStBl. II 2010 S. 452.

Zu den vorlagepflichtigen Unterlagen in Papierform gehören insbesondere handschriftlich geführte Kassenbücher oder Kassenberichte. Dazu gehört auch eine aussagekräftige Verfahrensdokumentation, insbesondere der Bedienungsanleitungen, der Ersteinrichtungs- und Änderungsprotokolle (Programmierung), Angaben zum internen Kontrollsystem (IKS) einschließlich der an das Personal gerichteten Kassier- und Nachschauanweisungen.

Wer noch keine (ausreichende) Verfahrensdokumentation erstellt hat, sollte unverzüglich damit beginnen. Die Vorteile für alle Beteiligten liegen auf der Hand (siehe folgende Übersicht). Der Deutsche Fachverband für Kassen- und Abrechnungssystemtechnik stellt auf seiner Homepage eine kostenlose Muster-Verfahrensdokumentation im Word-Format bereit[*], die für die eigenen Bedürfnisse passgenau individualisiert werden kann.

Übersicht: Vorteile der Verfahrensdokumentation

Gastronomiebetrieb	Steuerberatung	Finanzverwaltung
Einsparpotenziale	Allgemeines Branchenwissen	Prüfbarkeit
Erhöhter Schutz vor Sicherheitslücken Datenmanipulation Mitarbeiterbetrug	Aufbau und Struktur des Unternehmens	Nachvollziehbarkeit der Geschäftsvorfälle von der Entstehung bis zur Abwicklung
Klare Regelung der Arbeitsabläufe	Art(en) der Kassenführung	Einblick in die Prozesse des Unternehmens
Wissenstransfer (Mitarbeiterwechsel/ Erbfall)	Erkennen von Schwachstellen und steuerlich komplexen Sachverhalten	Setzen von Prüfungsschwerpunkten
Schätzungsrisiko	Optimale Vorbereitung auf Betriebsprüfung und Nachschau	Rationalität mit dem Ziel der beschleunigten Abwicklung von Betriebsprüfungen und Nachschauen
Entlastung von steuerstrafrechtlich relevanten Vorwürfen (AEAO zu § 153 Nr. 2.6)		

---

[*] Version V 2.0, Stand August 2020, Abruf unter www.dfka.net/Muster-VD-Kasse.

Kontoauszüge

Auch Kontoauszüge können vorlagepflichtig sein. Zwar sind Kontoauszüge keine Kassen-aufzeichnungen im Sinne des § 146b AO, deren Einsichtnahme kann zur Prüfung der ord-nungsmäßigen Erfassung einzelner Vorgänge jedoch unabdingbar sein (beispielsweise bei der Prüfung des Geldtransits). Dagegen werden Provisionsabrechnungen über sogenannte Wirteanteile, etwa bei Geldspielgeräten im Eigentum Dritter, in der Regel unbar abgerech-net und unterliegen daher nicht der Kassen-Nachschau.

Der/die Amtsträger:in darf Papierunterlagen nicht im Original mitnehmen – § 146b AO ge-währt ihm nur das Einsichts-, nicht das Wegnahmerecht. Mitgenommen werden dürfen Pa-pierunterlagen nur, wenn der/die Steuerpflichtige zustimmt oder Gefahr im Verzug besteht. Den Prüfungsdiensten steht aber das Recht zu, Papierunterlagen gegebenenfalls mit eigenen Geräten zu scannen.

Vorlagepflichtige Bücher

Liegen vorlagepflichtige Bücher und Aufzeichnungen in elektronischer Form vor, ist der/die Amtsträger:in berechtigt, diese einzusehen, die Übermittlung von Daten über die ein-heitliche digitale Schnittstelle zu verlangen oder zu verlangen, dass Buchungen und Auf-zeichnungen auf einem maschinell auswertbaren Datenträger nach den Vorgaben der ein-heitlichen digitalen Schnittstelle zur Verfügung gestellt werden (§ 146b Abs. 2 Satz 2 AO). Davon umfasst sind bei elektronischen Aufzeichnungssystemen, die bereits mit einer zertifi-zierten technischen Sicherheitseinrichtung (TSE) ausgestattet sind:

die Einzelaufzeichnungen aus dem elektronischen Aufzeichnungs-/Archivierungssys-tem im Format der Digitalen Schnittstelle der Finanzverwaltung für Kassensysteme -DSFinV-K- (Vorlage in Form von CSV-Dateien mit beschreibender Index-Datei),
die innerhalb der TSE abgesicherten Anwendungsdaten (sogenannte TAR-Files) zur Ve-rifikation der Protokollierung (AEAO zu § 146a, Nr. 4.1).
Der Zugriff auf die TAR-Files allein ermöglicht keine vollumfängliche Prüfung. So wer-den beispielsweise nur die Bonsummen, getrennt nach USt-Sätzen und Zahlarten ge-speichert. Einzelaufzeichnungen finden sich hier nicht.
Gegebenenfalls weitere Daten aus anderen EDV-Bereichen, sofern sie kassenrelevant und steuerlich von Bedeutung sind (z. B. Warenwirtschaft, elektronisch geführte Kassen-bücher).

Zur Prüfung der Daten setzt die Finanzverwaltung seit jeher u. a. die Prüfsoftware IDEA, inzwischen vermehrt auch MS PowerBI ein.

Richtigkeit und Vollständigkeit der Betriebseinnahmen lassen sich zudem durch sogenannte Schnittstellenverprobungen (SSV) untersuchen.[*]

Beispiel: Schnittstellenverprobung

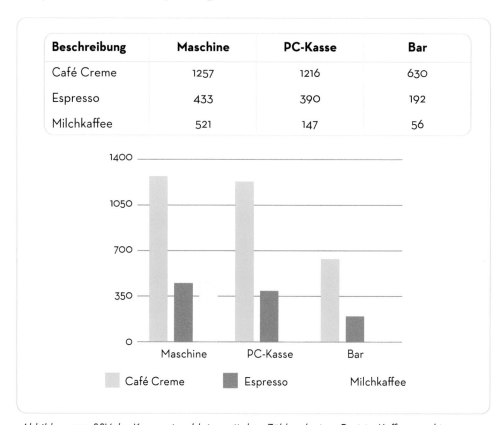

Beschreibung	Maschine	PC-Kasse	Bar
Café Creme	1257	1216	630
Espresso	433	390	192
Milchkaffee	521	147	56

Abbildung 17.2: SSV der Kasseneinzeldaten mit dem Zählwerk einer Barista-Kaffeemaschine

Während Café Creme und Espresso unauffällig sind (Anzahl laut Maschine entspricht in etwa der Anzahl laut PC-Kasse, davon ca. 50 Prozent Barzahlung), fällt beim Milchkaffee auf, dass nur vergleichsweise wenige davon in der PC-Kasse erfasst wurden. Zudem liegt der Anteil Barzahlung nur bei etwa 30 Prozent der erfassten Getränke.

---

[*] Achilles/Danielmeyer, Die Kassenführung im Spannungsfeld von TSE, Corona und Mehrwertsteuersenkung, Rethinking Tax, Heft 4/2020, S. 18 (20); Weber/Danielmeyer, StBp 2015 S. 353; Becker/Danielmeyer/Neubert/Unger, DStR 2016 S. 2983 ff.

Tipp: Für TSE-Kassen steht bundesweit die neue Prüfsoftware AmadeusVerify der Firma Gastro-MIS, Gräfelfing, zur Verfügung, die im April 2021 die offizielle Ausschreibung der Finanzverwaltung für sich entscheiden konnte.

Die schnelle Bonprüfung

In einem ersten Schritt lassen sich damit im Rahmen von Testkäufen oder vorliegendem Kontrollmaterial auf den Kassenbelegen ausgegebene QR-Codes einscannen.

Abbildung 17.3: Scannen des freiwilligen Prüf-QR-Codes © Amadeus360

Sehr schnelle Nachschauen könnten die Folge sein. Enthält der Bon einen QR-Code, kann eine Kassen-Nachschau gegebenenfalls bereits beendet sein, wenn die Belegverifikation funktioniert und die Integrität und Authentizität der Aufzeichnungen durch den/die beauftragte:n Amtsträger:in prüfbar ist.

Abbildung 17.4: Erfolgreiche technische Prüfung des freiwilligen Prüf-QR-Codes © Amadeus360

Befinden sich ausschließlich Klarschriftangaben auf dem Beleg beziehungsweise fehlt der QR-Code oder ist gegebenenfalls nicht lesbar, funktioniert das nicht.

Ferner können DSFinV-K und TAR-Daten einzeln validiert oder miteinander abgeglichen werden.

Abbildung 17.5: Kassenprüfung über die DSFinV-K Schnittstelle mit AmadeusVerify – dem neuen offiziellen Prüfprogramm der Finanzverwaltung. © Amadeus360

Abbildung 17.6: TSE-Prüfung über den TAR-File Export mit AmadeusVerify © Amadeus360

Dann wären umfangreichere Ermittlungsmaßnahmen nötig mit der Folge einer „offiziellen" Kassen-Nachschau einschließlich der erforderlichen Prüfschritte, zum Beispiel Lücken- oder Mehrfachbelegungsanalysen. Auch herkömmliche mathematisch-stochastische Prüfmethoden mit der Prüfsoftware IDEA bleiben möglich (Chi²-Test, Benford'sches Gesetz etc.). Eine eventuell vermeidbare Störung des Betriebsablaufs kann in diesen Fällen nicht unterbleiben (s. DSFinV-K, S. 109 f.).

Tipp: Der QR-Code ist zwar eine freiwillige Angabe auf dem Bon, kann aber in puncto Arbeitsaufwand erhebliche Vorzüge für Gastronom:innen haben.

Wichtig: Bauartbedingt* nicht mit einer TSE aufrüstbare Registrierkassen, die nach den gesetzlichen Regelungen noch bis zum 31.12.2022 eingesetzt werden dürfen, können die Vorgaben der einheitlichen digitalen Schnittstelle nicht erfüllen. In diesen Fällen verbleibt es bei den bisher geltenden Bestimmungen zum Datenzugriff.

Einzelheiten dazu sollten mit dem/der Steuerberater:in und dem Kassendienstleister besprochen werden.

Soweit noch nicht geschehen, muss der/die Steuerpflichtige unverzüglich geeignete Vorkehrungen treffen, die ihn jederzeit dazu befähigen, die geforderten Daten qualitativ und quantitativ unverzüglich lesbar und maschinell auswertbar zur Verfügung zu stellen. Das bedingt regelmäßige Backups, um Datenverlusten vorzubeugen.

Tipp: Bei vielen Kassensystemen kann diese Datensicherung routinemäßig automatisch ausgeführt werden.

---

* Bauartbedingt bedeutet in diesem Kontext, dass die Registrierkasse tatsächlich nicht mit einer TSE aufgerüstet werden kann, zum Beispiel aufgrund fehlender Internet- oder Netzwerkfähigkeit oder aufgrund nicht vorhandener Slots für USB- oder (Micro)SD-Karten. Die bauartbedingte Nichtaufrüstbarkeit sollte durch eine Bescheinigung des Herstellers nachgewiesen und zur Verfahrensdokumentation genommen werden.

Besondere Vorsicht ist geboten, wenn Daten in der Cloud gespeichert werden. Die mit der Nachschau beauftragten Amtsträger:innen prüfen insbesondere den Standort des Servers und die Einhaltung der Voraussetzungen, wenn Bücher und Aufzeichnungen ins Drittland verlegt wurden. Bei Nichtbeachtung der einschlägigen Regelungen droht die Überleitung in eine Außenprüfung und die Festsetzung von Verzögerungsgeldern (vgl. § 146 Abs. 2a AO).

Datenschutz während der Prüfung

Nicht vorlagepflichtige oder geschützte Daten (zum Beispiel nicht kassenrelevante Geschäftsvorfälle, Kundenkontaktdaten während der Pandemie) sind dem Zugriff der Finanzbehörde durch rechtzeitige Einrichtung einer „Prüfer-Rolle" zu entziehen. Es ist Aufgabe des/der Steuerpflichtigen, seine Datenbestände so zu organisieren, dass bei einer zulässigen Einsichtnahme in die steuerlich relevanten Unterlagen (Daten) keine gesetzlich geschützten Bereiche tangiert werden können. Die unterlassene Trennung zwischen vorlagepflichtigen und nicht vorlagepflichtigen Aufzeichnungen berechtigt weder zur Verweigerung des gesamten Datenbestands noch resultieren daraus Verwertungsverbote.[*]

> **Wichtig:** Vorrangig erfolgt die Nachschau mit dem Gastronomen/der Gastronomin oder von ihm beauftragten Personen. An andere Personen darf herangetreten werden, wenn die Sachverhaltsaufklärung nicht zum Ziel führt oder keinen Erfolg verspricht (§ 93 Abs. 1 Satz 3 AO) und das Auskunftsersuchen dem Besteuerungsinteresse dienlich ist. Entsprechende Anfragen könnten sich insbesondere an das Kassenpersonal oder Kassendienstleister und -hersteller richten. Auch ehemalige Mitarbeiter:innen könnten involviert bzw. zu bestimmten Sachverhalten befragt werden.

Kassensturz als wichtiges Kontrollelement

Zur Prüfung der ordnungsgemäßen Kassenaufzeichnungen kann der/die Amtsträger:in einen sogenannten „Kassensturz" verlangen, da die Kassensturzfähigkeit (Soll-Ist-Abgleich) ein wesentliches Element der Nachprüfbarkeit von Kassenaufzeichnungen jedweder Form

---

[*] Achilles, DB 2018 S. 18 (23).

darstellt.[*] Ob ein Kassensturz verlangt wird, ist eine Ermessensentscheidung, bei der die Umstände im Einzelfall zu berücksichtigen sind. Bei der Ermessensausübung zu berücksichtigende Faktoren sind unter anderem Kassenfehlbeträge, fehlende Belege über Geldverschiebungen (Geldtransit), unübliches Entnahme- und Einlageverhalten oder außergewöhnlich hohe Kassenbestände.

Wird der Kassensturz vor Geschäftsöffnung oder nach Geschäftsschluss (und nach Zählung und Dokumentation des Endbestands durch den Gastronomen/die Gastronomin) durchgeführt, darf die Abstimmung der Kasse zu keinen (undokumentierten) Differenzen führen. Erfolgt der Kassensturz dagegen im laufenden Geschäftsbetrieb, sind Differenzen, etwa durch Wechselgeldfehler, in geringem Umfang unschädlich. Ein untertägiger „Permanent-Abgleich" zwischen Kassen-Soll und Kassen-Ist kann nicht gefordert werden.[**] Erfahrungsgemäß fördert ein Kassensturz unter Hinzuziehung aktueller Belege und Aufzeichnungen häufig (teils gravierende) Mängel zutage:

Die Kasse wurde lediglich rechnerisch geführt. Kassen-Soll und Kassen-Ist sind nur selten und ohne Protokollierung oder nie abgeglichen worden.
Kassenbestände wurden nur rechnerisch außergewöhnlich hochgehalten, indem Privatentnahmen bewusst nicht aufgezeichnet wurden („künstlicher" Kassenbestand zur Vermeidung von Kassenfehlbeträgen).
Dokumentierte Bargeldbestände verteilen sich auf mehrere Aufbewahrungsorte (weitere Kassen, Safe), Geldverschiebungen wurden aber weder belegmäßig noch in weiteren Grund(-buch-)aufzeichnungen, zum Beispiel in Nebenkassenbüchern, festgehalten.
Kasseneinnahmen aus unbaren Geschäftsvorfällen werden nicht gesondert erfasst.
Fiktive Bareinlagen zur Vermeidung von Kassenfehlbeträgen (Luftbuchungen).

---

[*]   AEAO zu § 146b, Nr. 1, m. w. N.
[**] Achilles, DB 2018 S. 18 (24).

Wichtig: Nimmt der/die Amtsträger:in den Kassensturz während der Öffnungszeiten vor, ist der laufende Geschäftsbetrieb kurzzeitig zu unterbrechen. Sodann zählt der/die Gastronom:in beziehungsweise Mitarbeiter:in das Bargeld getrennt nach Münzen und Scheinen. Der/die Amtsträger:in überwacht den Zählvorgang und dokumentiert dessen Ergebnis in einem Zählprotokoll. Er/sie darf keinesfalls selbst in Berührung mit dem Bargeld kommen, um über jeden Verdacht erhaben zu sein. Soweit möglich, sollte ein:e Zeug:in, gegebenenfalls ein:e zweite:r Amtsträger:in oder der Steuerberater:in, der Auszählung beiwohnen, um die korrekte Durchführung der Zählung und die rechnerische Richtigkeit des Additionsergebnisses bestätigen zu können.

Gründe für Kassendifferenzen können unter anderem Wechselgeldfehler, falsch gebuchte Zahlungsarten (bar/unbar), Trinkgelder, „vergessene" Privatentnahmen und -einlagen oder Diebstähle sein. Da die Sachverhalte zu unterschiedlichen Auswirkungen hinsichtlich des Gewinns und der Umsatzsteuer führen, sollten Ursachen für Kassendifferenzen möglichst noch am gleichen Tag aufgeklärt und entsprechend dokumentiert werden.

Wichtig: Bei der Einnahme-Überschuss-Rechnung EÜR (Gewinnermittlung nach § 4 Abs. 3 Einkommensteuergesetz -EStG-) ist in der Regel kein Kassensturz möglich, da vereinnahmtes Geld sofort Privatvermögen wird. Die Gewinnermittlung nach § 4 Abs. 3 EStG kennt grundsätzlich keine Bestände. Wird die Tageslosung jedoch mit Hilfe eines retrograden Kassenberichts erstellt, stehen die dort tatsächlich aufgezeichneten Bestände auch für einen Kassensturz zur Verfügung.[*]

---

[*]   Sächsisches Finanzgericht vom 04.04.2008 – 5 V 1035/07, juris.

Übersicht: Was dürfen Prüfer:innen?

Was ist erlaubt?	Was nicht?
Nachschau während der üblichen Geschäfts- und Arbeitszeiten, einzelfallabhängig auch nachts (beispielsweise in Diskotheken, Barbetrieben)	Betriebsstörungen über Gebühr Erscheinen zur Unzeit
Betreten von Geschäftsgrundstücken und Geschäftsräumen einschl. Arbeitszimmern, Marktständen und Foodtrucks*, soweit dort kassenerhebliche Sachverhalte verwirklicht werden.	Betreten von Wohnräumen (grundsätzlich) Öffnen verschlossener Schränke und Behältnisse/Durchsuchungen/Taschenkontrollen Verletzung des Steuergeheimnisses (§ 30 AO) gegenüber anwesenden Kund:innen
Fragen und Auskunftsersuchen stellen	Fragen und Auskunftsersuchen ohne Vorlage des Dienstausweises
Einsichtnahme in Papierunterlagen	Wegnahme ohne Einverständnis des Stpfl. (Ausnahme: Gefahr im Verzug)
Anfertigung von Fotografien und Scans (zum Beispiel Aufzeichnungssysteme und Typenschilder, papiergeführte Kassenbücher, Kassenberichte und Verfahrensdokumentationen)	Verwendung privater Geräte Fotografieren von Unternehmer:innen, Mitarbeiter:innen oder Kund:innen (Verletzung von Persönlichkeitsrechten)**
Einsichtnahme in das elektronische Aufzeichnungssystem (Z1-Zugriff), Mitnahme des Datenträgers (Z3-Zugriff)	Unzulässige Beschaffung von Daten gegen Wissen oder Wollen des Stpfl. (Kasse ist kein „Selbstbedienungsladen")***

---

* Das Betretungsrecht von Fahrzeugen ist für die Angehörigen der Prüfungsdienste durch den AEAO zu § 146b Nr. 3 gedeckt, in der steuerlichen Fachliteratur jedoch umstritten (vgl. Bleschick, DB 2018 S. 2390 (2393), dortige Fn. 55; Märtens, in: Gosch, AO/FGO, § 146b, Rz. 16 unter Hinweis auf BFH-Beschluss vom 08.11.2005, VII B 249/05, BFHE 211, 26 zu § 210 Abs. 2 AO).

** Bilder und Scans unterliegen dem Steuergeheimnis, ihre unbefugte Offenbarung oder Verwertung kann strafrechtliche Folgen nach sich ziehen (vgl. § 355 StGB). Zu weiteren Rechten und Pflichten bei der Anfertigung von Fotografien s. a. OFD Magdeburg vom 20.02.2012 – S 7420b -7-St 24 (ergangen zur Umsatzsteuer-Nachschau).

*** Verschafft der/die Amtsträger:in sich die Daten bewusst unzulässig, können Verwertungsverbote die Folge sein (Drüen, in: Tipke/Kruse, Kommentar, AO/FGO, § 147 Rz. 85; Bleschick, DB 2018 S. 2390 (2397)).

Übersicht: Was dürfen Prüfer:innen?	
Was ist erlaubt?	Was nicht?
System- und Verfahrensprüfung	Umprogrammierung des Kassensystems
Beobachtung Kundenfrequenz und Kundenanzahl	„Dauerbeobachtung"
Anwendung von Zwangsmitteln (§§ 328 ff. AO)	Festsetzung von Verzögerungsgeld (§ 146 Abs. 2b AO)
Nachschau bei vagen Vermutungen	Nachschau bei strafrechtlichem Anfangsverdacht i. S. d. § 152 StPO[*]
Entgegennahme von Einsprüchen gegen die Kassen-Nachschau und damit ggf. verbundenen Anträgen auf Aussetzung der Vollziehung	Fortführung der Nachschau, ohne dass über einen gestellten Antrag auf Aussetzung der Vollziehung entschieden wurde

Von der Kassen-Nachschau in eine Außenprüfung?

Sofern ein Anlass zu Beanstandungen der Kassenaufzeichnungen oder der zertifizierten technischen Sicherheitseinrichtung besteht, kann der/die Amtsträger:in nach § 146b Abs. 3 AO im Rahmen seines Ermessens ohne vorherige Prüfungsanordnung zur Außenprüfung (§ 193 AO) übergehen.[**]

Anlässe für die Überleitung in eine Außenprüfung können unter anderem sein:

Kassenvorgänge sind formell nicht richtig aufgezeichnet worden und können deshalb zu Steuerverkürzungen bei einer oder mehrerer Steuerarten führen,
Kassenvorgänge sind materiell nicht richtig aufgezeichnet worden,
Dokumentationsunterlagen wie aufbewahrungspflichtige Betriebsanleitung oder Einrichtungs- und Änderungsprotokolle können nicht vorgelegt werden[***],

---

[*]   FG Hamburg vom 11.04.2018, 6 K 44/17, juris.
[**] AEAO zu § 146b, Nr. 6; BT-Drs. 18/10667, S. 18.
[***] AEAO zu § 146b, Nr. 6.

die Richtigkeit der Bücher und Aufzeichnungen lässt sich ohne Übergang zur Außenprüfung nicht abschließend feststellen, sodass weitere Ermittlungen erforderlich sind (auch bei Anwendung statistischer und/oder stochastischer Prüfungsmethoden, die im Rahmen einer Nachschau aufgrund des geringen Datenmaterials nicht aussagekräftig oder nicht zuverlässig sind),

der/die Steuerpflichtige oder sein/ihre gesetzliche:r Vertreter:in kommt bestehenden Mitwirkungspflichten (zum Beispiel Einräumung des Datenzugriffsrechts, Vorlage von Unterlagen) nicht nach oder „torpediert" die Nachschau insgesamt (Totalverweigerung).

Der/die Steuerpflichtige ist unter Angabe der Gründe, des Prüfungszeitraums und des Prüfungsumfangs auf den Übergang zur Außenprüfung schriftlich hinzuweisen.[*] Die Kassen-Nachschau ist zu diesem Zeitpunkt beendet.

Wichtig: Ein nicht zu unterschätzendes Risiko im Rahmen der Kassen-Nachschau ergibt sich aus Zufallsfunden mit steuerlicher oder außersteuerlicher Bedeutung, zum Beispiel

Hinweise auf betrieblich oder privat genutzte Pkw,
Anhaltspunkte für hohe Schenkungen oder Erbschaften,
Aktivierung von zufällig gesehenen Wirtschaftsgütern,
Vollstreckungsmöglichkeiten bei rückständigen Steuern,
Anhaltspunkte für Verstöße gegen das Gesetz zur Bekämpfung der Schwarzarbeit und illegalen Beschäftigung.[**]

„Must have": Freiwillige Aufzeichnungen

Im Rahmen der Kassen-Nachschau brauchen Sie nur aufzeichnungs- und aufbewahrungspflichtige Unterlagen vorzulegen. Andere nicht aufzeichnungspflichtige Vorgänge, freiwillige Aufzeichnungen oder über die gesetzliche Pflicht hinausgehende Unterlagen dürfen jederzeit gelöscht oder vernichtet werden, wenn sich eine Aufbewahrungspflicht nicht aus anderen Gesetzen ergibt.[***] Gleichwohl können solche Aufzeichnungen der Glaubhaft-

---

[*]   § 146b Abs. 3 Satz 2 AO; AEAO zu § 146b, Nr. 6.
[**] S. SchwarzArbG vom 23.07.2004, BGBl. I 2004 S. 1842.
[***] BFH-Urteil vom 24.06.2009, BStBl. II 2010 S. 452; FG Hessen vom 20.02.2014, Az. 4 K 1120/12.

machung der sachlichen Richtigkeit von Büchern und Aufzeichnungen dienen. Da im Falle einer Schätzung alle Umstände des Einzelfalls zu berücksichtigen sind (§ 162 Abs. 1 Satz 2 AO), erscheint es durchaus sinnvoll, über die gesetzlich geforderten Aufzeichnungen hinaus ergänzende Unterlagen vorzuhalten, zum Beispiel über Freigetränke, Verderb, Schwund, Diebstahl, Sachspenden an die „Tafeln", Verwendung von Alkohol zur Speisenzubereitung, Rezepturen, Anteile bei Mischgetränken/Cocktails, Bestückungs- und Retourenlisten (Marktstände, Foodtrucks etc.) oder sonstige Beweismittel zu Kalkulationszwecken.

Um etwa Lückenanalysen oder „auffällige" Zeitreihenvergleiche der Prüfungsdienste zu entkräften, bietet sich zudem die Führung eines Betriebstagebuchs an, in dem sich täglich bestimmte Vorkommnisse dokumentieren lassen, zum Beispiel

außergewöhnliche Schließzeiten/-tage (Krankheit, Trauerfälle, Familienfeiern etc.)
Begründungen für
- umsatzschwache Tage (zum Beispiel Beeinträchtigung durch Baustelle),
- umsatzstarke Tage (zum Beispiel Volksfest),
- ungewöhnlich hohen Wareneinsatz (zum Beispiel Ausfall der Kühlung).

> **Tipp:** In einigen Jahren wird niemand mehr genau wissen, zu welchen Zeitpunkten welche Corona-bedingten Einschränkungen in den einzelnen Ländern, Städten und Gemeinden galten (Schließungen, touristische Einschränkungen auf Inseln, Verringerung der Tische im Lokal etc.). Daher sollten die im jeweiligen Betrieb vorliegenden Besonderheiten in einer Corona-Dokumentation festgehalten werden, um spätere Fehlinterpretationen der Daten zu vermeiden.[*]

Schlusswort

Mit Hinblick auf den Schutz ehrlicher Steuerpflichtiger ist die gesetzliche Einführung der Kassen-Nachschau ein notwendig gewordener Schritt in Richtung effizienter und gerechter

---

[*] Achilles/Jope, Corona-Dokumentation – Checkliste zur Vermeidung von Fehlinterpretationen in der BP, DB 2020 S. 1417. Zu dieser Thematik ist eine inzwischen sehr umfangreiche Corona-Dokumentation des Autors in Kooperation mit dem Zentralverband des Deutschen Handwerks entstanden, die unter www.zdh.de zum Download bereitsteht. Die dort eingestellte Version wird laufend an die veränderten Regelungen angepasst.

Steuervollzug. Im günstigsten Fall endet eine Kassen-Nachschau – von Ihnen völlig unbemerkt – mit einem Testkauf unter Validierung des QR-Codes. Im ungünstigsten Fall mit der Überleitung in eine Betriebsprüfung und ggf. existenzbedrohenden Schätzungen.

Wer Kassenaufzeichnungen vor dem Hintergrund bestehender Schätzungsrisiken nicht nur als lästige Nebenpflicht ansieht, kann sich gemeinsam mit Steuerberatung und Kassendienstleister mittels der folgenden Checkliste optimal auf das Szenario einer Kassen-Nachschau und/oder Betriebsprüfung vorbereiten.

Checkliste Kassen-Nachschau

- ✓ Identifizierung der Geschäftsvorfälle im Unternehmen – was wird wie, wann und wo erfasst?
- ✓ Überprüfung der Einzelaufzeichnungspflichten für die einzelnen Geschäftsvorfälle und deren zutreffende Abbildung im Aufzeichnungssystem (DSFinV-K)[*]
- ✓ Vorhalten aufzeichnungs-, aufbewahrungs- und vorlagepflichtiger Papierdokumente
- ✓ Sicherstellung des Datenzugriffsrechts der Finanzverwaltung (DSFinV-K, TAR-Files, sonstige kassenrelevante Daten) unter Anfertigung regelmäßiger Backups
- ✓ Erstellung/Ergänzung der Verfahrensdokumentation
- ✓ Einrichtung/Optimierung des internen Kontrollsystems (IKS)[**]
- ✓ Belegprüfung (Kassenbons, Bewirtungskostenbelege) – sind alle Mindestinhalte und auf freiwilliger Basis auch der QR-Code abgebildet?[***]
- ✓ Ist die jederzeitige Kassensturzfähigkeit gewährleistet und werden Kassendifferenzen zutreffend dokumentiert?
- ✓ Festlegung von Auskunftspersonen und deren Kompetenzen im Falle einer Kassen-Nachschau
- ✓ Hinterlegung von „Notfall"-Telefonnummern (Steuerberatung, Kassendienstleister)
- ✓ Anfertigung und Aufbewahrung freiwilliger Unterlagen zur Glaubhaftmachung der Vollständigkeit der Tageseinnahmen (z. B. Betriebstagebuch, Corona-Dokumentation, Bestückungs- und Retourenlisten, Zählprotokolle u. v. m.)

---

[*] Zur Vermeidung von Wiederholungen wird auf den Beitrag von Tobias Teutemacher, Seite 201, verwiesen.

[**] Zu dieser Thematik bietet sich an, in ERFA-Kreisen Best Practices zu finden. Zur digitalen Unterstützung im Backoffice können auf der Homepage www.taxpunk.de aktuell über 200 nach Steuerarten und aktuellen Themen sortierte TaxTech-Lösungen abgerufen werden.

[***] vgl. § 6 Kassensicherungsverordnung -KassenSichV-; BMF-Schreiben vom 30.06.2021 – IV C 6 – S 2145/19/10003 :003, BStBl. I S. 908.

Idealfall: Simulation einer Kassen-Nachschau gemeinsam mit dem IT-Dienstleister und der Steuerberatung, möglichst unter Testung der DSFinV-K- und TAR-Datenexporte und anschließender Analyse der Kassendaten.

Über den Autor

Dipl.-Finanzwirt (FH) Gerd Achilles ist seit vielen Jahren Betriebsprüfer in Nordrhein-Westfalen und in dieser Eigenschaft überwiegend mit der Prüfung bargeldintensiver Unternehmen befasst. Daneben ist er Mitglied des Dozententeams für Kassenführung in der Oberfinanzdirektion NRW und Gastdozent für Risikomanagement bei Bargeschäften an der Bundesfinanzakademie.

Außerhalb der Finanzverwaltung hat der Autor bereits zahlreiche Bücher und Publikationen zum Thema Kassenführung veröffentlicht, u. a. für die DATEV eG, die Fachmedien Otto Schmidt KG und den NWB-Verlag. In Kürze erscheint sein Buch *Kassenführung. Aufzeichnungs-, Aufbewahrungs- und Vorlagepflichten*, das Sie über buchvertrieb@esvmedien.de bestellen können.

Daneben unterrichtet er das Thema seit vielen Jahren für zahlreiche Steuerberaterverbände, Industrie- und Handelskammern und private Steuerakademien. Weitergehende Informationen, Referenzen, Publikationen und vieles mehr können über den folgenden QR-Code abgerufen werden.

Weitere Informationen: www.kassenschreiber.de

Der hier veröffentlichte Artikel wurde nicht in dienstlicher Eigenschaft verfasst. Er gibt die persönliche Rechtsauffassung des Autors wieder. Die Inhalte wurden mit größter Sorgfalt erstellt, erheben jedoch keinen Anspruch auf vollständige Darstellung und ersetzen nicht die Prüfung im Einzelfall.

18. Einmal Datenschutz, bitte!
Gastronom:innen, Gästelisten und der Datenschutz

Seit COVID-19 und die im Rahmen der pandemiebedingten staatlichen Auflagen eingeführten Gästelisten in der Gastronomie für eine erheblich gesteigerte Verarbeitung personenbezogener Daten sorgen, häufen sich auch die Unsicherheiten. Wofür ist wer verantwortlich, und was sollten Gastronom:innen über den Datenschutz wissen? Antworten gibt es in diesem Kapitel.

Doch fangen wir von vorne an: Der Datenschutz spielt – spätestens seit der Scharfschaltung der DSGVO im Mai 2018 – auch in der Gastronomie eine erhebliche Rolle. Angefangen im Bereich des oft wechselnden Personals sind in der Gastronomie die Mitarbeiter- und Bewerberdaten mit technischen und organisatorischen Maßnahmen ordnungsgemäß zu schützen. Dokumentations- und Löschfristen sind ebenso einzuhalten wie die vorgeschriebenen Informationspflichten.

Bei der Verarbeitung personenbezogener Daten zur Durchführung von Arbeitsverhältnissen liegt mit Art. 88 DSGVO i. V. m. § 26 BDSG eine Rechtsgrundlage vor, die in der Regel unproblematisch die Arbeitszeiterfassung und Lohnabrechnung – auch ohne (vorherige) Einwilligung durch die Mitarbeiter:innen – ermöglicht. Ganz anders liegt der Fall, wenn zum Beispiel auf der betriebseigenen Webseite, bei Instagram und/oder Facebook Mitarbeiter:innen oder auch Gäste abgebildet oder genannt werden sollen. Dann ist in der Regel eine rechtswirksame Einwilligung durch die jeweils betroffenen Personen erforderlich.

Abbildung 18.1: Der Datenschutz betrifft Mitarbeiter:innen und Gäste gleichermaßen

Was sind personenbezogene Daten?

Personenbezogene Daten sind alle Informationen, die sich auf eine identifizierte oder identifizierbare natürliche Person beziehen (Artikel 4 Nr. 1 DSGVO). Zwischen einer Information auf der einen und einer Person auf der anderen Seite muss also unmittelbar oder mittelbar eine Verbindung herstellbar sein. Unmittelbar ist eine Verbindung beispielsweise bei Name, Anschrift oder Geburtsdatum gegeben. Mittelbar ist die Verbindung, wenn erst zusätzliches Wissen die Identifizierung ermöglicht (zum Beispiel Telefonnummern oder IP-Adressen). Es reicht hier übrigens bereits aus, wenn die Information die Identifizierung der betroffenen Person nur theoretisch ermöglicht. Eine tatsächliche Identifizierung ist nicht erforderlich.

Kundenfeedback

Obwohl bei Verstößen gegen den Datenschutz seit Mai 2018 mit empfindlichen Geldbußen gerechnet werden muss, fühlen sich viele Gastronom:innen von den einschlägigen Datenschutzbestimmungen oft wenig betroffen, was sich in einem laxen Umgang mit dem Datenschutz widerspiegelt.

An dieser Stelle sei einmal der Bereich Marketing hervorgehoben: Beliebt ist hier beispielsweise das Kunden-Feedback mittels (Online-)Fragebogen. Die Fragebögen dienen in der Regel der Verbesserung des Service und der Kundenzufriedenheit. Doch auch hier gilt bei der Verarbeitung personenbezogener Daten:

Datenschutzinformationen gehen vor: Der Gast wird, bevor es an das Ausfüllen geht, über den Sinn und Zweck des Fragebogens informiert, über Speicherdauer, Auskunfts- und Widerrufsrechte oder auch gegebenenfalls die Kontaktdaten des Datenschutzbeauftragten etc.

Einwilligung bitte: Der Gast muss freiwillig und aktiv in die Datenverarbeitung einwilligen. Nur wenn das passiert, darf es weitergehen.

Nicht mehr als nötig: Es dürfen nur solche Informationen erhoben werden, die dem Sinn und Zweck der Umfrage entsprechen, nicht mehr und nicht weniger (Grundsatz der Datensparsamkeit und -minimierung).

Sicherheit geht vor: Schließlich müssen die erhobenen Daten auch ordentlich vor unbefugtem Zugriff geschützt werden (das geschieht mittels sogenannter technischer und organisatorischer Mittel, kurz auch TOMs), mit denen sichergestellt werden kann, dass die Daten auch nur für den genannten Zweck verwertbar sind und Unbefugte die Daten nicht zu sehen bekommen.

Typische Szenarien

Grundsätzlich gilt also, dass der Datenschutz immer dann beachtet werden muss, wenn personenbezogene Daten verarbeitet werden. Das ist in der Gastronomie an vielen Stellen typischerweise der Fall:

Reservierung: Bei Reservierungen werden in der Regel Namen und Telefonnummern verarbeitet

> **Tipp:** Verwenden Sie Nummern und keine Namensschilder zur Kennzeichnung reservierter Tische).

Bewerbungsverfahren: Hier werden viele personenbezogene Daten aufgenommen (in der Regel sind das: Name, Adresse, Kontaktdaten – wie zum Beispiel Telefonnummer, E-Mail-Adresse etc. –, Lebensläufe, Qualifikationen, Konfession etc.)

> **Tipp:** Bei Bewerbungen per E-Mail in der automatischen Antwort die Informationen über den Datenschutz (auch Datenschutzerklärung) mitschicken.

Veranstaltungsdokumentation: Oft werden Veranstaltungen mittels Video und/oder Foto dokumentiert und hierbei werden Gäste und Mitarbeiter:innen aufgezeichnet. Oft sollen die entsprechenden Multimediadaten dann auf der Homepage oder in einem Social-Media-Netzwerk (Instagram, Facebook etc.) geteilt werden

> **Tipp:** Kein Marketing ohne korrekte Einwilligung der Betroffenen.

Freies WLAN: Wird den Gästen beispielsweise Internetzugang über WLAN angeboten, dann werden hier ebenfalls personenbezogene Daten des/der jeweiligen Nutzers/Nutzerin erfasst

Corona: In den jeweiligen Bundesländern sind unterschiedliche Verordnungen ergangen, die Gastronom:innen das Führen von Besucherlisten auferlegen (in der Regel sind pro Hausstand aufzunehmen: Name und Kontaktdaten, Zeitraum und Datum des Aufenthaltes)

Der korrekte Umgang mit personenbezogenen Daten am Beispiel der Corona-Listen

Seit Monaten in einigen Bundesländern obligatorisch: Für einen Besuch im Restaurant müssen auf einem Zettel die eigenen Daten notiert werden (oder Check-in per App); ein anonymer Besuch ist in Zeiten einer weltweiten Pandemie nicht möglich und jeder muss seine privaten Daten preisgeben, wenn er denn bewirtet werden möchte.

Im Folgenden werden die zentralen Datenschutzanforderungen im Rahmen der Corona-Kontaktlisten betrachtet, die als Grundlage für einen korrekten Umgang mit dem Datenschutz (auch in anderen Bereichen) dienen können.

Vertraulichkeit

Vertraulichkeit beginnt schon bei der Gestaltung der Corona-Listen für die Erfassung der Kontaktdaten: Eine ellenlange Liste mit vielen Einträgen, die jeder einsehen kann, ist wohl kaum eine vertrauliche Variante.

Über solche tatsächlich in der Praxis immer wieder anzutreffenden Listen beschweren sich bei den Landesdatenschutzbeauftragten nicht ganz zu Unrecht viele Betroffene. Solche Listen sind höchstens dann in Ordnung, wenn sich die auf der Liste befindlichen Personen ohnehin bereits alle kennen, denn jeder kann die vorherigen Einträge sehen und gegebenenfalls sogar abfotografieren – ein Smartphone ist eben heutzutage schnell gezückt! Besser geeignet sind Einzelformulare, die dann auch entsprechend besser vor unbefugter Kenntnisnahme schützbar sind.

Es versteht sich von selbst, dass man hier die ausgefüllten Formulare nicht offen auf dem Tresen herumliegen lässt! Am besten ist es, wenn sie sicher verschlossen aufbewahrt werden.

Alle personenbezogenen Daten sind im Rahmen des Prinzips der Vertraulichkeit grundsätzlich davor zu schützen, dass jemand, der nichts mit ihnen zu tun hat, sie sehen – und vielleicht sogar missbrauchen – kann.

Information und Transparenz

Da für die Corona-Listen die Datenschutz-Grundverordnung (DSGVO) einschlägig ist, ist jedem Kunden/jeder Kundin auch eine vollständige Information nach Art. 13 DSGVO zur Ver-

Abbildung 18.2: Wer öffnen will, der muss die Corona-Verordnung samt Datenschutzbestimmungen einhalten

fügung zu stellen. Das kann je nach den Umständen auch durch einen Aushang passieren. Wichtig ist in jedem Fall, dass aus der Information eindeutig der Zweck der Verarbeitung sowie die Speicherdauer ersichtlich sind.

Die Information an die Kund:innen muss also über Folgendes aufklären:

Name und Kontaktdaten des Verantwortlichen und gegebenenfalls eines Datenschutz-beauftragten,
Zweck und Rechtsgrundlage der Datenverarbeitung,
(mögliche) Empfänger der Daten,
Speicherdauer,
Betroffenenrechte und das Beschwerderecht bei einer Aufsichtsbehörde,
Folgen, wenn jemand die Kontaktdaten nicht angibt.

Diese Informationen können gut einsehbar auf Tischen ausgelegt oder auch im Eingangs-bereich ausgehängt werden. Alternativ können sie auch auf dem Kontaktformular, auf dem die Kund:innen sich registrieren, dargestellt werden.

Zudem sollte immer die Möglichkeit bestehen, Kund:innen auf Wunsch ein Exemplar zum Mitnehmen aushändigen zu können.

Wichtig ist, im Rahmen der transparenten Information, die Betroffenen verständlich darüber zu informieren, was warum mit welchen personenbezogenen Daten geschieht.

Daten minimieren

Welche Daten im Rahmen der Corona-Listen zu erfassen sind und von wem, das ist je nach Bundesland unterschiedlich und in der jeweiligen, einschlägigen Verordnung zu finden.

In der Regel dürften folgende Daten aufzunehmen sein:

> Name und Kontaktdaten (Telefonnummer, E-Mail- oder postalische Adresse) sowie der Zeitraum des Aufenthalts.

Um die Nachverfolgung von Infektionsketten zu gewährleisten, reicht es aus datenschutzrechtlicher Sicht aus, dass in Fällen, in denen mehrere Personen aus demselben Hausstand die Location besuchen, nur eine Person ihre Kontaktdaten angibt. Die Daten aller Gäste zu erfassen, ist damit datenschutzrechtlich nicht erforderlich.

Mit anderen Worten, es sind nur wirklich die für den jeweiligen Zweck erforderlichen personenbezogenen Daten auch zu erfassen.

Zweckbindung beachten

Was mit den Daten aus den Corona-Listen passieren darf, ist ebenfalls ausdrücklich in den jeweiligen Verordnungen geregelt: Die Verantwortlichen dürfen die Daten ausschließlich auf Anforderung des zuständigen Gesundheitsamts zur Nachverfolgung von Infektionsketten weitergeben.

Die Verwendung der Daten aus den Corona-Listen für andere Zwecke – etwa für Werbung – ist datenschutzrechtlich unzulässig! Hier also aufgepasst, denn es drohen empfindliche Bußgelder, sollten Sie der Versuchung nicht widerstehen und aus den Corona-Listen ein Mehr an Empfängern für Ihre Newsletter generieren.

Speicherfrist und Datenlöschung

Meist beträgt die Aufbewahrungsfrist für die Daten aus den Corona-Listen einen Monat. Nach Ablauf der jeweils gültigen Aufbewahrungsfrist sind die in den Corona-Listen gesammelten Daten in datenschutzgerechter Weise zu vernichten. Dabei reicht es natürlich nicht aus, die Listen einfach ins Altpapier zu geben. Ein handelsüblicher Aktenschredder mit Sicherheitsstufe 3/4 (nach DIN 66399) sollte aber ausreichen, um hier die datenschutzrechtlichen Vorschriften einzuhalten. Wurden die Listen digital gespeichert, dann muss auch die digitale Löschung sichergestellt sein. Hier kann es erforderlich sein, zusätzliche Software zum Einsatz zu bringen.

> Wichtig: Sobald der Zweck erreicht wurde, für den die personenbezogenen Daten erhoben und verarbeitet wurden, sind diese sicher und datenschutzkonform zu löschen.

Probleme aus der Praxis

Bekannt ist aus Erhebungen der Datenschutzbehörden, dass in der Gastronomie oft folgende Fehler im Rahmen der Corona-Listen und des Datenschutzes begangen werden:

Es werden zu viele Datenkategorien erfasst (zum Beispiel neben Name und Telefonnummer auch Anschrift, obwohl gar nicht mehr erforderlich!)
Es wird verkannt, dass es ausreichend ist, dass entweder E-Mail-Adresse oder Telefonnummer anzugeben sind. Nicht beides ist anzugeben!
Die geltenden Löschfristen werden übersehen und die entsprechend rechtzeitige Löschung unterbleibt.
Der Umgang mit den gesammelten Daten ist oft ungenügend. Insbesondere ist es kritisch, wenn die Listen so ausliegen, dass jedermann sie zur Kenntnis nehmen kann!

Die von den Landesdatenschutzbehörden durchgeführten Erhebungen zum Thema zeigen, dass der Datenschutz von den Gästen ernst genommen wird und die Behörden bereits auf Grund der wachsenden Zahl an Beschwerden aktiv wurden. Die Kontrollen haben zudem erste Bußgeldverfahren ausgelöst. Grundsätzlich zeigen sich die Behörden vor dem Hintergrund der Pandemie bisher relativ kulant (erste Bußgelder für offene Corona-Listen liegen zwischen 50 bis 100 Euro; bei der privaten Nutzung von Kontaktdaten aus einer Corona-Liste durch einen Restaurantangestellten wurden 250 Euro Bußgeld verteilt); allerdings muss in Zukunft mit einem härteren Vorgehen der Behörden gerechnet werden. Zum Vergleich: Bei rechtswidrigen Videoüberwachungen liegen die ergangenen Bußgelder an Gastronom:innen immerhin schon in Bereichen von 3 000 bis knapp 9 500 Euro.

Gastronom:innen sollten im Hinblick auf die oben genannten Problembereiche auch das eigene Personal zum Thema Datenschutz sensibilisieren. Denn nicht zu selten beruhen einzelne Verstöße darauf, dass die mit der Umsetzung betrauten Mitarbeiter:innen den Datenschutz nicht ernst nehmen.

Konkrete Hilfestellungen

Die Grundlagen des Datenschutzes sind an und für sich einleuchtend und mit ein wenig gutem Willen und einer grundsätzlichen Sensibilisierung ist schon viel gewonnen. Das ändert aber natürlich nichts daran, dass im Rahmen der Corona-Verordnungen der Länder eine Vielzahl unterschiedlicher Bestimmungen – je nach Bundesland – es Gastronom:innen in der Praxis nicht gerade erleichtert sich zurechtzufinden.

> **Tipp:** Ein Blick auf die sehr guten Materialien und Übersichten des DEHOGA Bundesverbandes lohnt sich immer.

Der Verband veröffentlicht auf folgender Webseite Links mit den aktuell in den jeweiligen Bundesländern geltenden Verordnungen sowie Links zu kompakt zusammengefassten, aktuellen Übersichten für alle Bundesländer (Auflagen für das Gastgewerbe, Übersicht Länderregelungen Personalrestaurants/Betriebskantinen, Testpflicht für Gäste):

https://www.dehoga-corona.de/auflagen-praxishilfen/
verordnungen-der-bundeslaender/

Mitglieder erhalten zudem – insbesondere dann auf den länderspezifischen Unterseiten des Verbandes – weitere Hilfen und konkretere Informationen zu den jeweiligen, regionalen Bestimmungen.

Darunter sind dann auch Mustervorlagen, Checklisten sowie Aushänge usw. Für Nicht-mitglieder sind nicht alle Angebote zugänglich.

Daneben sollten Sie sich nicht scheuen, Ihren Rechtsbeistand zu kontaktieren, um im Zweifel auf Nummer sicher zu gehen und rechtzeitig einmal Ihre Geschäftsabläufe im Hinblick auf den Datenschutz abzuklopfen.

Schlusswort

Die Corona-Pandemie hat den Datenschutz auch in der Gastronomie ganz vorne auf die Tagesordnung gebracht. Schließlich kommt kein Betrieb umhin, sich mit den Auflagen zu beschäftigen, die einzuhalten sind, wenn denn auch im Rahmen von Corona geöffnet werden soll.

Doch nicht erst seit Corona gilt es auch in der Gastronomie den Datenschutz zu beachten. Möchte man unnötige Bußgelder vermeiden, dann sollte der Geschäftsbetrieb in allen Bereichen, in denen der Datenschutz eine Rolle spielt, einmal genauer unter die Lupe genommen werden.

Abbildung 18.3: Auch bei der Werbung auf Social-Media-Plattformen müssen die datenschutzrechtlichen Bestimmungen eingehalten werden

Gerade im Zeitalter der Digitalisierung, von Social Media und Smartphone – möchte man an den Möglichkeiten der schönen neuen Welt partizipieren – ist es auch für Gastronom:innen unumgänglich, sich mit dem Thema Datenschutz auseinanderzusetzen. Das Einholen von Kund:innenfeedback, das Marketing auf Social-Media-Plattformen mit Kund:innen- und Mitarbeiter:innendaten, das Personal- und Gästemanagement, das Einrichten öffentlicher Internetzugänge und nicht zuletzt generelle Auflagen wie zum Beispiel solche im Rahmen einer internationalen Pandemie zeigen das Spektrum unterschiedlicher Verarbeitungstätigkeiten auf, denen die Gastronomie tagtäglich ausgesetzt ist. Damit hier keine Fehler begangen werden, ist es ratsam, die einzelnen Bereiche sorgsam voneinander zu trennen und dort – wo möglich – zu verknüpfen. Zum einen kann hier die Digitalisierung helfen, aber zum anderen erfordert sie einen versierten Umgang mit ihr, damit sie nicht zur Datenschutzfalle wird.

In jedem Fall gehört der Datenschutz in der Gastronomie prominent serviert!

Über den Autor

Dipl. Jur. RA Oliver Huq ist Rechtsanwalt bei der Düsseldorfer Anwaltskanzlei Schumacher & Partner. Er ist im Schwerpunkt zivilrechtlich tätig und berät unter anderem umfassend neben dem IT-/IP- und Vertrags-Recht auch zu den Bereichen gewerblicher Rechtsschutz, Compliance (inkl. Kartell- und Wettbewerbsrecht) und Datenschutz.

Mehr Informationen: https://schumacherundpartner.de/oliver-huq/

19. Pachten, mieten, Franchise?
Rechtliche Herausforderungen in Bezug auf die Immobilie

Welches Konzept passt zu welcher Immobilie? Sind Größe, Lage (makro und mikro) wirklich entscheidend oder kann womöglich ein exzellent ausgewähltes und umgesetztes Konzept überall funktionieren?

> Gastronomiekonzepte sind heutzutage so vielfältig wie die Wünsche und Bedürfnisse der Gäste. Verweildauer, Ansprüche und Vorlieben haben sich verändert, und hierauf reagiert die Gastro-Welt mit spannenden Ideen, Design und Erlebnissen.

Nicht zuletzt ist die Art und Weise der vertraglichen Beziehung zwischen Gastronomiebetreiber:innen und Immobilieneigentümer:innen für den nachhaltigen wirtschaftlichen Erfolg eines Restaurantprojektes entscheidend. Ohne Immobilie kein Restaurant – ohne Betreiber:in kein Restaurant in der Immobilie. Das Verhältnis zwischen Eigentümer:in und Gastronom:in sollte ausgewogen sein und die beiderseitigen Bedürfnisse hinreichend berücksichtigen. Was aber macht Restaurantpachtverträge beziehungsweise Betreiberverträge aus und welcher Vertrag passt zu welchem Laden? Pacht, Miete, Management, Franchise etc.?

> Schon gewusst? Der deutsche Restaurantimmobilienmarkt weist eine deutliche Überzahl von Pacht- beziehungsweise Mietverträgen und nur eine recht geringe Zahl von Managementverträgen auf. Bei den sogenannten Hybridverträgen handelt es sich, vereinfacht gesagt, um Kombinationen einzelner Regelungsbereiche aus Pacht- beziehungsweise Mietverträgen einerseits und Managementverträgen andererseits. Das Recht der Franchiseverträge hingegen betrifft wohl am ehesten den Restaurantbetrieb selbst und rechtlich nur am Rande das Verhältnis zwischen Investor:in und Gastronom:in.

Welcher Vertragstypus passt also zu welchem Konzept beziehungsweise zu welcher Immobilie? Zeigen sich sogar Veränderungen im Markt durch geänderte wirtschaftliche Rahmenbedingungen? Dieses Kapitel gibt eine überblicksartige Darstellung der unterschiedlichen Betreiberverträge. Detaillierte Ausführung zu einzelnen rechtlichen Problemen (beispielsweise zur Wirksamkeit von Schriftformklauseln) können nicht vertiefend dargestellt werden.

Vertragstypen – welcher Vertrag passt zu welchem Konzept?

Bevor gleich die Details der jeweiligen Verträge vertiefender erläutert werden, mag dem Leser ein Überblick dienen, welche Vertragstypen wir aktuell im Markt sehen, und es kann dabei die Frage diskutiert werden, welcher Vertrag zu welcher Immobilie passt.[*]

Managementverträge

Von Managementverträgen ist derzeit wieder oft die Rede in der Gastronomie. Diese kennt man eher in der Hotellerie und auch dort bei den internationalen Hotelketten. Managementverträge werden häufig aus Sicht des Managers (Betreiber/Hotelier) als die einzig optimale Lösung bezeichnet; aber stimmt das? Bei einem Managementvertrag übernimmt der Manager den Betrieb des Immobilieneigentümers (Owner) einschließlich Inventar und Mitarbeiter und führt den Betrieb unter seiner Marke und gegebenenfalls mit seiner Führungsmannschaft als Teil seiner Gruppe. Der Manager tritt also als Vertreter des Owners auf und übernimmt vertretungsweise die Rolle des Inhabers des Betriebes und des Arbeitgebers. Hierfür erhält der Manager eine „Fee" beziehungsweise eine Gebühr, die sich am Umsatz des Betriebes orientiert. Diese Management Fee liegt häufig zwischen 1,5 und 3 Prozent des jährlichen Nettoumsatzes; oftmals werden zusätzlich Incentive Fees bei Überschreiten gewisser Umsatzschwellen vereinbart. Auch erhält der Manager häufig weitere Fees für Marketing, und gegebenenfalls besteht eine rechtliche Verpflichtung, wonach das Restaurant über die zentrale Einkaufsgesellschaft des Managers Waren und Dienstleistungen bezieht. Damit ist die Chancen- und Risikoverteilung einigermaßen klar: Der Owner trägt den Löwenanteil des wirtschaftlichen Risikos, hat aber dabei auch den durch den Manager erwirtschafteten Gross Operating Profit (GOP) als Ertrag. Dies führt in der Regel zu einem engen Austausch zwischen Owner und Manager.

---

[*] Des besseren Verständnisses wegen werden die folgenden Abschnitte nicht gegendert.

Pacht- und Mietverträge

Bei einem – derzeit wohl üblichen – Pachtvertrag beziehungsweise Mietvertrag hingegen ist das Verhältnis zwischen Eigentümer (Verpächter) und Restaurantbetreiber (Pächter) bei weitem nicht so eng. Der Gastronom betreibt das Restaurant mit seinen Mitarbeitern, unter seiner Marke oder als Franchisenehmer einer Markenkette. Als Pächter bewirtschaftet er die Immobilie auf eigenes Risiko und leistet an den Eigentümer monatliche Pachtzahlungen. Es kommt durchaus vor, dass die Pacht am Umsatz oder an sonstige Finanzkennzahlen geknüpft wird. Aber selbst in diesem Fall ist die wirtschaftliche, strategisch-unternehmerische und finanzielle Verknüpfung zwischen Eigentümer und Gastronom weit weniger engmaschig als bei Managementverträgen. Zahlt der Pächter seine Pacht pünktlich und kommt der Verpächter seinen Instandhaltungspflichten nach, so ist der Austausch zwischen beiden in aller Regel auf ein Minimum beschränkt.

Franchiseverträge

Franchiseverträge haben auf den ersten Blick mit dem Rechtsverhältnis zwischen Eigentümer und Gastronom in aller Regel keine oder kaum Berührungspunkte. Bei Franchiseverträgen überträgt ein Markeninhaber (Franchisegeber) seine Markenrechte und sein Konzept auf den Gastronom (Franchisenehmer), der ihm hierfür eine Gebühr zahlt. Dies hat aber mit der Immobilie in aller Regel nichts zu tun. Allerdings ist auch hier ein deutlicher Trend zu erkennen, sogenannte Owner-Agreements zu verhandeln und abzuschließen, durch welche der Franchisegeber sich eine direkte Vertragsbeziehung und damit eine direkte Rechtsbeziehung zum Grundstückseigentümer sichert.

Fazit: Was nun für Eigentümer und Gastronom (und gegebenenfalls Markeninhaber im Franchise) richtig und passend ist, muss im Einzelfall zwischen beiden verhandelt werden. Dabei sind die jeweiligen Handlungsprämissen der beiden Partner hinreichend zu berücksichtigen. Besteht beispielsweise bei einer Projektierung eines neuen Gebäudes beziehungsweise Quartiers in der Planungsphase Finanzierungsbedarf beim Entwickler beziehungsweise Investor über eine Bank, so erfreut sich nach wie vor der Pachtvertrag beziehungsweise Mietvertrag einer gewissen Beliebtheit, denn Banken finanzieren bekanntlich leichter und günstiger, wenn die Einnahmequelle des Eigentümers (Kreditnehmer) gesichert ist. Wie sicher eine Pachteinnahme beziehungsweise Mieteinnahme dann wirklich ausgestaltet sein muss, ist wieder Sache des Einzelfalls.

Vertragstyp: Pachtvertrag

Vormals war in der deutschen Hotellerie und Gastronomie der Pachtvertrag absoluter Standard. Die seltenere Ausnahme waren Mietverträge; Managementverträge waren fast gänzlich unbekannt beziehungsweise nur für sehr spezielle Häuser erforderlich und auch möglich.

Ausgangslage

Die Ausgangslage beim Pachtvertrag ist wie folgt: Der Eigentümer/Investor beziehungsweise in einer Vorstufe Projektentwickler erwirbt oder errichtet ein Restaurant und stattet dieses betriebsfertig aus. Das bedeutet, dass er das Restaurant fertig baut und mit Inventar beziehungsweise FF&E (Furniture, Fixtures & Equipment*) und häufig auch mit SOE (Small Operating Equipment**) beziehungsweise OS&E (Operating Supplies & Equipment***) ausstattet. Sodann verpachtet der Eigentümer das Restaurant für eine Festlaufzeit (von bis zu 30 Jahren) an den Gastronomen.**** Man spricht hier landläufig von „löffelfertig". Der Pächter als Betreiber muss – so der Grundgedanke – keine oder nur noch geringfügige Investitionen tätigen, um den Betrieb aufnehmen zu können.

Finanzierung der Immobilie

Unter dem Gesichtspunkt der Fremdfinanzierung der Immobilie ist dieser Vertragstyp (wie auch der Mietvertrag, siehe hierzu unten) denkbar ideal.

Dieser Punkt ist häufig entscheidend, denn kaum ein Restaurant wird zu 100 Prozent aus Eigenmitteln errichtet. Wer zum Erwerb beziehungsweise zur Errichtung eines Restaurants also ein Darlehen aufnehmen möchte beziehungsweise muss, wird dem Darlehensgeber beziehungsweise Fremdkapitalgeber (sprich: der Bank) gewisse Sicherheiten gewähren müssen. Dies ist erforderlich, damit der Fremdkapitalgeber eine Sicherheit erhält, dass Tilgung und Zinsen des Darlehens tatsächlich erfolgen werden. Eine wichtige Sicherheit ist die Grundbuchsicherheit (Grundschuld, Hypothek).

---

* Deutsch: Mobiliar, Betriebs- und Geschäftsausstattung.
** Deutsch: Kleininventar.
*** Ebenso Kleininventar bzw. Inventar, welches nicht unter das FF&E fällt.
****Der Grund für die Befristung von Verträgen liegt im damit einhergehenden Ausschluss des ordentlichen Kündigungsrechts (die außerordentliche Kündigung aus wichtigem Grund kann niemals ausgeschlossen werden); der Grund für die Befristung auf maximal 30 Jahre liegt in § 544 BGB, wonach Pacht- bzw. Mietverträge mit einer Laufzeit von über 30 Jahren innerhalb der gesetzlichen Frist kündbar sind.

Auch werden die laufenden Erträge der Immobilie von Fremdkapitalgebern* ebenfalls bewertet und auch als Sicherheiten genutzt. Darüber hinaus dienen die laufenden Erträge (insbesondere also die sogenannten Steady Cash Flows) auch dem Eigentümer beziehungsweise den Investoren (und gegebenenfalls deren Endinvestoren) zur Erwirtschaftung einer Rendite auf ihre Investition.

Strategische Gesichtspunkte

Die Wahl des Pachtvertrages (statt Miete, Management oder Hybrid) kann aber auch strategische Motive berühren. Für den Eigentümer des Restaurants kann es sinnvoll sein, Eigentümer der Immobilie und des Inventars beziehungsweise des FF&E und OS&E zu sein.

Wenn beispielsweise an das Szenario des Betreiberwechsels vor Ablauf der ursprünglichen Vertragslaufzeit beziehungsweise der Renovierungs- oder Ersatzausstattungszyklen gedacht wird: Als Verpächter (statt Vermieter – siehe hierzu sogleich) ist der Investor Eigentümer eines voll funktionsfähigen und vollständig ausgestatteten Restaurants und muss nicht noch die Übertragung des Inventars beziehungsweise des FF&E und OS&E vom ausscheidenden Betreiber auf den neuen Betreiber durchführen.

Typische Inhalte

Der typische beziehungsweise klassische Pachtvertrag weist folgende Punkte auf**:

Rubrum mit Parteibezeichnung

§ 1 Pachtgegenstand
§ 2 Vertragsdauer
§ 3 Pachtzins
§ 4 Umsatzsteuerklausel
§ 5 Wertsicherung
§ 6 Pachtsicherheit

---

*   Natürlich werden die sogenannten *steady cash flows* auch von Eigenkapitalgebern bzw. Mezzaninkapitalgebern bei ihrer Investitionsentscheidung eingewertet. Zur Verdeutlichung wird allerdings in diesem Beitrag vorwiegend von Fremdkapitalgebern gesprochen und nicht weiter auf die Anforderungen von EK-Gebern bzw. Mezzaninkapitalgebern eingegangen.
** Dieser Fall geht von einem Pachtvertrag für ein bestehendes Haus aus. Für einen Neubau bedarf es einer Vielzahl anderer Regelungen, welche im Gliederungspunkt über den Mietvertrag dargestellt werden.

§ 7 Betriebs- und Nebenkosten

§ 8 Versicherung, Haftung

§ 9 Außerordentliche Kündigung

§ 10 Veräußerung, Unterverpachtung

§ 11 Einrichtung und Umbauten

§ 12 Unterhaltung des Pachtobjektes, Instandhaltung

§ 13 Firmenschilder, Werbeanlagen

§ 14 Beendigung des Pachtverhältnisses

§ 15 Ertüchtigung und Modernisierung durch den Verpächter

§ 16 Sonstiges

§ 17 Konkurrenzschutz

§ 18 Schlussbestimmungen

Der sprichwörtliche Teufel steckt dabei wie immer im Detail. Wird beispielsweise bei den Regelungen über den Zustand bei Vertragsende nicht detailliert genug gearbeitet, so ist Streit vorhersehbar. Im Extremfall ist für den objektiven Dritten kein erkennbarer Gebäudezustand definiert, sondern allenfalls auf eine Sterneklassifizierung Bezug genommen. Doch sagt dies bekanntlich über den baulichen Zustand eines Restaurants, seiner technischen Anlagen und des Wartungszustandes etc. denkbar wenig aus.

Um nicht durch Wiederholungen zu ermüden, wird auf eine Darstellung der einzelnen Klauseln verzichtet, da sich deren kurze Beschreibung ohnehin nachfolgend im Kapitel über den Mietvertrag findet. Hierauf wird also verwiesen.

Vertragstyp: Mietvertrag

Mietverträge unterscheiden sich von Pachtverträgen im Wesentlichen nur durch das Eigentum am Inventar beziehungsweise FF&E. Beim Mietvertrag obliegt es dem Mieter (also dem Gastronomen), das Inventar beziehungsweise FF&E zu erwerben und einzubringen.* Ansonsten unterscheiden sich Mietvertrag und Pachtvertrag kaum.

---

* In diesem Fall natürlich auch das OS&E bzw. SOE.

Ausgangslage

Der Mieter eines Restaurants erhält vom Investor/Eigentümer/Vermieter das annähernd leere Objekt und stattet es selbst aus. Der Mieter bringt folglich das Inventar beziehungsweise FF&E sowie das OS&E ein.

Beweggründe

Mietverträge sind in der Hotellerie im Kommen und daher auch in der Gastronomie zunehmend anzutreffen. Dies hat weniger damit zu tun, dass Gastronomen ein neuerliches Interesse an der Eigentümerstellung hinsichtlich des Inventars beziehungsweise FF&E hätten; vielmehr liegt die Ursache für diesen Trend darin, dass die Verpachtung von Betriebsvorrichtungen sich gewerbesteuerlich nachteilig auf den Verpächter (also Eigentümer beziehungsweise Investor) auswirken kann.

Allerdings kann die Entscheidung für oder gegen einen Mietvertrag auch strategische Gesichtspunkte haben. Wenn beispielsweise der Eigentümer als Bestandshalter um die Krise beziehungsweise Insolvenz des Betreibers fürchtet, könnte für ihn als sogenannte „Stop-Loss-Option" der Pachtvertrag attraktiver sein, denn im Falle der Kündigung und Räumung des Restaurants hat der Eigentümer in der Rolle des Verpächters ein voll funktionsfähiges Restaurant, welches sehr schnell durch einen anderen Betreiber übernommen werden kann; im Falle eines Mietvertrages hingegen müsste erst zwischen Altbetreiber (beziehungsweise dessen Insolvenzverwalter) und Neubetreiber ein Vertrag über die Übernahme des Inventars beziehungsweise FF&E und OS&E (und gegebenenfalls auch der Mitarbeiter gemäß § 613a BGB*) abgeschlossen werden, und die Verhandlungen hierüber können langwierig sein.** Ist es allerdings bereits so weit gekommen, dass der Gastronom insolvent geworden ist, dürften sich die Übernahmeverhandlungen mit dem Insolvenzverwalter wohl recht einfach gestalten, denn die Veräußerung des Betriebsinventars stellt für den Insolvenzverwalter, dessen Aufgabe in der Verteilung des (bis dato dann liquidierten) Vermögens an die Gläubiger ist, ein probates und auch einfaches Mittel zur Generierung von verteilbaren Finanzmitteln dar.

---

* Der Übergang eines Restaurants vom Altbetreiber auf den neuen Betreiber ist nicht selten auch ein sogenannter Betriebsübergang im Sinne des § 613a BGB, wonach der neue Betreiber automatisch Arbeitgeber der Mitarbeiter des übergehenden Betriebes (allerdings begrenzt auf konkret diesen Betrieb) würde, sofern die Mitarbeiter dem Übergang nicht individuell widersprechen.
** Gerade im derzeit hochpreisigen Mietmarkt rechnen einige Eigentümer damit, dass der jeweilige Betreiber die Miete irgendwann nicht mehr erwirtschaften können wird.

Ein etwas komplexerer Mietvertrag für einen Neubau (also bei Vertragsabschluss vor Errichtung des Gebäudes – häufig sogar vor Erlangung des Baurechts) weist folgende Punkte auf:

Rubrum mit Parteibezeichnung
Präambel

§ 1 Mietgegenstand und Nutzungszweck

§ 2 Zusammenarbeit in der Errichtungsphase

§ 3 Ausbau-Übergabe, FF&E-Einbringung, Endübergabe, Terminverschiebung

§ 4 Mietbeginn, Mietdauer, Optionen

§ 5 Miete und umsatzsteuerbedingte Nutzungsvereinbarungen

§ 6 Betriebs- und sonstige Nebenkosten, Verwaltungskostenpauschale

§ 7 Verzug

§ 8 Genehmigungen, Erlaubnisse, Konzessionen

§ 9 Eröffnung und Betrieb

§ 10 FF&E / Inventar

§ 11 Mietsicherheit, Sicherungsübereignung des FF&E

§ 12 Instandhaltung und Instandsetzung

§ 13 Haftung für den Zustand

§ 14 Beschränkung Zurückbehaltungsrecht, Aufrechnung und Minderung

§ 15 Bauliche Veränderungen durch den Vermieter, Modernisierungen

§ 16 Bauliche Veränderungen durch den Mieter

§ 17 Namens- und Firmenschilder, Werbung

§ 18 Zutritt, Betreten

§ 19 Untervermietung

§ 20 Verkehrssicherungspflicht

§ 21 Versicherungen

§ 22 Kündigung aus wichtigem Grund

§ 23 Beendigung des Mietverhältnisses, Rückgabe

§ 24 Informationsrechte des Vermieters

§ 25 Veräußerung

§ 26 Zerstörung des Mietobjektes

§ 27 Konkurrenzschutz

§ 28 Schlussbestimmungen

Im Folgenden werden einzelne Regelungsinhalte des Mietvertrages vereinfacht dargestellt.

Präambel

Die Präambel beinhaltet einleitende Worte zum Mietvertrag; dort werden unter anderem die verschiedenen Parteien genannt und ihre Absichten erläutert. Der Mietgegenstand wird vorgestellt und eventuelle Genehmigungssituationen werden geschildert. Die Präambel wird häufig nicht Vertragsinhalt, hilft jedoch bei späteren Unklarheiten und Streitigkeiten bei der Vertragsauslegung.

Mietgegenstand, Bausoll, Änderungen in der Planung und Ausführung

Hier sollte genau geregelt werden, welche Immobilie überhaupt vermietet wird. Handelt es sich um ein freistehendes Gebäude, ein Gebäude angrenzend an andere Liegenschaften oder einen Teil eines sogenannten Multi-Tenant-Objekts? Sind Stellplätze und Außenanlagen mitvermietet? Eine genaue Beschreibung ist von Vorteil – häufig ergänzt durch Lagepläne und Baupläne (gegebenenfalls vorläufige). Dabei sollte nicht nur auf die Gesamtfläche eingegangen werden, sondern auch auf die Beschaffenheit des Objekts und eine möglichst klare Bestimmung von Mietobjekt und Mietzweck. Daher ist nicht nur das Mietobjekt zu beschreiben, sondern auch die Flächen, die dazugehören, wie etwa Parkplätze und Zufahrten. Auch beziehungsweise gerade wenn das Objekt erst errichtet werden soll, ist eine genaue Beschreibung dessen im Vertrag unverzichtbar, um spätere Unklarheiten zu vermeiden. So sollte auch berücksichtigt werden, wie viele Zimmer das Objekt beinhalten soll, wie groß diese sein sollten und was die Folgen einer Abweichung von diesem Bausoll sind.

Die praktische Erfahrung zeigt, dass es viele Gründe geben kann, das Bausoll im Zeitraum zwischen Vertragsschluss und Errichtung beziehungsweise Übergabe zu verändern. Neben Änderungswünschen der Parteien ergeben sich notwendige Änderungen beispielsweise aus dem Planungsprozess heraus oder sogar aus der Baugenehmigung. Die Parteien müssten in diesem Fall festhalten, wie eine solche Situation gehandhabt werden soll.

Weil auch die beste Planung und Beschreibung bei der Vermietung „vom Reißbrett" ihre inhaltlichen Beschränkungen und Herausforderungen in puncto Komplexität der Dokumente hat, sollte dringend darauf geachtet werden, wie mit Unklarheiten oder fehlenden Leistungsbeschreibungen umgegangen werden soll.

Abschließende Klarstellung zum Mietgegenstand: FF&E und OS&E werden beim Mietvertrag nicht mitvermietet. Wäre dies der Fall, würde es sich um einen Pachtvertrag handeln. Dies gilt auch dann, wenn der Vermieter – beispielsweise vor dem Hintergrund bestimmter steuerlicher Effekte – wirtschaftlich einen Pachtvertrag anstrebt, rechtlich aber einen Mietvertrag abschließen möchte und dem Mieter sodann für den Erwerb und den Einbau des FF&E einen Zuschuss zahlt.

Mietzweck

Bei Vertragsabschluss sollte geklärt werden, für welchen Zweck der Vermieter dem Mieter den Gebrauch der Immobilie überlässt. Wenn der Vermieter das Objekt zur Nutzung für einen gewerblichen Gastronomiebetrieb überlässt, so sollte dies auch im Vertrag niedergeschrieben werden sowie genehmigungsseitig abgedeckt sein. Somit wäre dem Mieter erlaubt, nur für diesen Zweck das Objekt anzumieten und zu benutzen. Den Mietzweck nennt man auch „Nutzungszweck".

Betriebspflicht

Besonderes Augenmerk sollten die Parteien auf die Vereinbarungen zur Betriebspflicht legen. Vielfach wird der Eigentümer der Immobilie ein valides Interesse daran haben, dass das Restaurant nicht dauerhaft geschlossen wird. Dies selbst dann, wenn der Mieter weiterhin die Miete bezahlen würde. Die Betriebspflichtregelungen zielen nicht darauf ab, die Miete laufend zu sichern; die Mietzahlungspflicht ist hiervon losgelöst ohnehin gegeben. Dem Vermieter geht es häufig darum, die Anmutung des Objektes zum Werterhalt sowie natürlich den Betrieb des Objektes in technischer Hinsicht (Heizung, Lüftung etc.) durch den Mieter zu gewährleisten. Insbesondere in einem Objekt, in dem sich mehrere Mieter befinden, die in einem Ensemble oder Quartier eingebunden sind, kommt der Betriebspflicht besondere Bedeutung zu.

Der Mieter wiederum hat ein besonderes Interesse daran, den Betrieb zumindest zeitweise schließen zu können; dies betrifft sowohl Schließungen für Instandhaltung oder Renovierung als auch möglicherweise saisonal bedingt sinnvolle Schließungen.

Miete

Der Vermieter überlässt dem Mieter die Sache gegen Entgelt. Beim Mietvertrag handelt es sich hierbei um den Mietzins. Es kommen dabei verschiedene Möglichkeiten in Betracht.

Bei der Fixmiete wird ein fester Betrag meist monatlich geschuldet. Wenn man eine Umsatzmiete vereinbart, dann hängt die Miete vom Umsatz des Mieters ab. Somit kann der Vermieter am Erfolg des Geschäfts teilnehmen. Damit der Vermieter seine Kosten auch dann decken kann, wenn der Betrieb nicht die erwarteten Erfolge erzielt, kann der Vermieter einen Mindestfestzins auch im Falle der Umsatzmiete vereinbaren. Da aber ein höherer Umsatz nicht gleich ein höherer Gewinn ist, könnte auch ein Höchstmietzins vereinbart werden.[*] Bei der Umsatzmiete ist ein besonderes Augenmerk auf die Definition des relevanten Umsatzes – also der entsprechenden Finanzkennzahl – zu richten.

Die Fälligkeit der Miete ist festzuhalten. Unter der Fälligkeit einer bestimmten Schuld versteht man, wann die Leistung zu erbringen ist. Wenn man eine Monatsmiete vereinbart, wird diese meist nach dem Ablauf eines Mietmonats fällig.[**]

Wertsicherung der Miete

Gewerberaummietverträge werden meist für einen längeren Zeitraum vereinbart. Bei Hotels häufig über 20 Jahre oder länger – in der Gastronomie etwas kürzer, beispielsweise 5 bis 10 Jahre. Da jedoch Geld über die Jahre nicht immer gleich viel wert ist, werden Wertsicherungsklauseln im Vertrag aufgenommen. Dabei geht es nicht um die Erhöhung der Miete oder Anpassung der Miete an die Veränderungen des Immobilienmarkts, sondern darum, inflations- oder deflationsbedingte Verschiebungen auszugleichen.[***] Andernfalls besteht nur dann die Möglichkeit, die Miete gemäß § 313 I BGB anzupassen, wenn sich die Umstände, die Vertragsinhalt geworden sind, so drastisch verändert haben, dass ein Festhalten am unveränderten Vertrag nicht mehr möglich ist. Eine derartige Veränderung der Umstände nimmt man erst bei einem Kaufpreiskraftschwund von etwa 60 Prozent an.[****] Daher sind Wertsicherungsklauseln inzwischen marktüblich.

---

[*]   Schmidt-Futterer/Eisenschmid BGB § 535 Rn. 268.
[**]   Blank/Börstinghaus BGB § 579 Rn. 3.
[***] Lindner-Figura/Oprée/Stellmann, Geschäftsraummiete Kapitel 10, Rn. 119 ff.
[****] OLG Hamburg, Urteil vom 15.03.1989 – 4 U 173/88 = OLGZ 1990, 65.

Bei der ersten Variante, nämlich der Staffelmietvereinbarung, wird die Miete in regelmäßigen Abständen um einen bestimmten Betrag oder prozentualen Anteil erhöht.[*]

Sofern die Vertragsparteien sich für eine sogenannte Spannungsklausel entscheiden, findet die Mietänderung anhand eines Vergleiches statt. Dabei müssen die zum Vergleich herangezogenen Leistungen gleichartig oder zumindest vergleichbar sein.[**] Dies wäre in der Praxis ein Vergleichsobjekt. Auch wenn dies bei Gewerberaummietverträgen (zum Beispiel für Büronutzung) durchführbar sein mag, entwickeln sich Gewerbemieten und insbesondere Gastronomieflächenmieten jedoch durchaus unterschiedlich und ein Mietspiegel oder vergleichbarere belastbare Aussagen für eine Spannungsklausel liegen selten so vor, dass die Parteien dies als nützlich einschätzen.

Daher wird häufig eine sogenannte Indexklausel vereinbart. Erfolgt die Mietänderung automatisch entsprechend der Änderung eines Index, so gilt dies nur dann als wirksam und ist auch dann marktüblich, wenn der vom Statistischen Bundesamt für die gesamte Bundesrepublik Deutschland festgestellte Lebenshaltungskostenindex herangezogen wird.[***]

Eine weitere Möglichkeit wäre die Leistungsvorbehaltsklausel. Wenn der Indexwert sich ändert, führt dies nicht automatisch zur Mietzinsänderung. Bei der Veränderung handelt es sich vielmehr um eine Voraussetzung, um die Miete zu ändern. Hier haben die Parteien einen Ermessensspielraum, da, im Gegensatz zur automatischen Wertsicherungsklausel, die Änderung nicht starr zur Mietänderung führt, sondern lediglich die Voraussetzung für die Anpassung oder Neusetzung des Mietzinses bildet.[****]

---

[*] Schulz, Wertsicherung im Gewerbemietrecht, NZM 2000, 1135.
[**] Schulz, Wertsicherung im Gewerbemietrecht, NZM 2000, 1135.
[***] Schulz, Wertsicherung im Gewerbemietrecht, NZM 2000, 1135.
[****] Schulz, Wertsicherung im Gewerbemietrecht, NZM 2000, 1135.

Die Betriebskosten trägt, bei fehlender Vereinbarung, ausschließlich der Vermieter – von den Heizkosten einmal abgesehen.[*] Falls die Betriebskosten zuzüglich zum Mietzins durch den Mieter beglichen werden sollen, dann muss dies ausdrücklich vereinbart und inhaltlich genau bestimmt werden.[**] Die bloße Formulierung, dass der Mieter die Kosten trage, reicht nicht aus.[***] In Mietverträgen finden sich daher ausgefeilte Regelungen, welche Kosten des Objektes unter die auf den Mieter umlegbaren Betriebskosten und Nebenkosten fallen. Im Grundsatz gilt: Es sollte stets bedacht werden, dass die Rechtsprechung dort Grenzen zieht, wo für den Mieter der letztlich betragsmäßige Effekt einer solchen Überwälzung der Kosten nicht mehr erkennbar ist. Es sollten daher entweder offene Kalkulationen der einzelnen Kostenarten vorgenommen oder aber für bestimmte Kostenpositionen Pauschalbeträge vereinbart werden; beispielsweise für die kaufmännische Objektbetreuung durch den Vermieter 1 Prozent der Jahresnettokaltmiete.

Häufig wird auch der Mieter ein Interesse daran haben, die Kostenhöhe und die Abwicklung entsprechend den eigenen Notwendigkeiten selbst beeinflussen zu können.

Vertragsdauer

Die Vertragsdauer können die Parteien nach eigenem Willen vereinbaren. Falls jedoch die Vertragslaufzeit über 30 Jahre beträgt, kann nach Ablauf der 30 Jahre gemäß § 544 BGB von jeder Partei außerordentlich, jedoch mit der gesetzlichen Frist, gekündigt werden. Dies gilt auch, wenn die Festlaufzeit unter 30 Jahre beträgt, doch mit der Optionsausübung die 30 Jahre überschritten werden.[****] Daher werden häufig Verträge auf höchstens 30 Jahre abgeschlossen oder – noch häufiger – auf 20 beziehungsweise 25 Jahre mit Optionen auf weitere 5 Jahre.

Zusätzlich zur Festlaufzeit kann also ein solches Optionsrecht vereinbart werden. Dabei handelt es sich um eine Verlängerungsvereinbarung, bei der durch die einseitige Erklärung das Mietverhältnis auf eine befristete Zeit verlängert wird. Häufig werden Voraussetzungen vereinbart, die erfüllt werden müssen, um das Optionsrecht auszuüben.[*****] Der Vermieter

---

[*]   BGH, Urteil vom 02.05.2012- XII ZR 88/10 = NZM 2012, 608.
[**]   BGH, Urteil vom 06.04.2005 – XII ZR 158/01 = NZM 2005, 863.
[***] OLG Jena, Urteil vom 06.10.2001 – 8 U 392/01 = NZM 2002, 70.
[****] OLG Karlsruhe, Urteil vom 05.06.2008 – 4 U 72/06 = BeckRS 2008, 21550.
[*****] Schmidt-Futterer/Blank BGB § 542 Rn. 184 ff.

wird ein Interesse daran haben, die Optionsausübung durch den Mieter daran zu knüpfen, dass beispielsweise keine Mietrückstände bestehen oder auch sonst der Mieter seinen Pflichten stets nachgekommen ist.

Das Optionsrecht muss von der Verlängerungsklausel abgegrenzt werden. Bei der Verlängerungsklausel bedarf die Verlängerung des Mietvertrags keiner einseitigen Erklärung. Vielmehr verlängert sich der Vertrag automatisch, wenn er nicht von einer Vertragspartei gekündigt wird.[*] Solche Klauseln sind aber üblicherweise auf Verlängerungen um jeweils ein Jahr beschränkt, wohingegen Optionen meist fünf oder zehn Jahre als Optionszeitraum beinhalten.

Mietsicherheit

Die Mietsicherheit dient dem Zweck, die Ansprüche des Vermieters aus dem Mietvertrag und deren Abwicklung gegen den Mieter zu sichern.[**]

Der Vermieter kann unter Umständen auch während des Mietverhältnisses auf die Kaution zugreifen, insbesondere dann, wenn der Mieter den Mietzins nicht zahlt. Im Einzelnen ist hier aber vieles rechtlich streitig und sollte im Vertrag daher ausdrücklich geregelt werden – so beispielsweise auch eine etwaige Pflicht des Mieters zur Wiederauffüllung der Mietsicherheit und, daran anknüpfend, Rechtsfolgen für die Unterlassung einer solchen Auffüllung.

Insbesondere aber nach der Beendigung des Mietvertrages hat der Vermieter die Möglichkeit, auf die Kaution zuzugreifen, wenn etwa die an den Mieter überlassene Sache bei der Rückgabe nicht im vertragsgemäßen Zustand ist.[***]

Dabei gibt es verschiedene Arten der Mietsicherheit, unter anderem die Barkaution, die Bankbürgschaft oder zum Beispiel auch die Mietkautionsversicherung. Die Höhe und die Art der Mietsicherheit vereinbaren die Parteien unter sich. Die Einschränkungen aus dem Wohnraummietrecht gelten hier nicht. Bankbürgschaften oder Kautionsversicherungen haben für den Mieter den Vorteil der Liquiditätsschonung.

---

[*]   Schmidt-Futterer/Blank BGB § 542 Rn. 184.
[**] Horst, Sicherung der Ansprüche der Vertragsparteien in der Gewerberaummiete, NZM 2018, 889.
[***] OLG München, Urteil vom 14.07.1989 – 21 U 2279/89 = NJW-RR 1990, 20.

Die Mietsicherheit muss der Vermieter getrennt von seinem Vermögen anlegen.[*] Nach Beendigung des Vertrages ist die Mietsicherheit zurückzuzahlen beziehungsweise die Bürgschaft oder Versicherung zurückzugewähren.

Instandhaltung, Instandsetzung und Ersatzanschaffung

Vermieter und Mieter treffen während der Laufzeit des Vertrages auch weitere Pflichten wie die Instandhaltungs-, Instandsetzungspflicht und die Pflicht, unter bestimmten Voraussetzungen eine Sache zu ersetzen. Wer genau für was und in welcher Höhe zuständig ist, sollte im Detail geregelt werden, da die gesetzliche Grundregelung davon ausgeht, dass diese Themen vollständig beim Vermieter liegen und daher jegliche Übertragung auf den Mieter einer Vereinbarung bedarf. Dass hierbei die relevanten Themen durchaus kostenintensiv sind, macht das Thema umso brisanter und erhöht den Druck, das häufig ungeliebte Thema seiner wirtschaftlichen Bedeutung entsprechend zu behandeln.

> Instandsetzung: Es handelt sich um Instandsetzung, wenn Mängel, die zum Beispiel in Folge einer Abnutzung, Alterung und fremden Einwirkung entstanden sind, durch eine Maßnahme wieder behoben werden, um die Gebrauchstauglichkeit der Mietsache wiederherzustellen. Der vertragswidrige Zustand soll aufgehoben werden. Wenn etwas repariert wird, weil es nicht mehr ordnungsgemäß funktioniert, dann spricht man von der Instandsetzung.
>
> Instandhaltung: Bei der Instandhaltung geht es darum, den Zustand oder den Standard des Mietobjekts aufrechtzuerhalten. Wartung ist hierbei ein häufig fallender Begriff. Hier geht es also nicht um die Behebung eines Mangels oder Schadens beziehungsweise um die Beseitigung eines vertragswidrigen Zustandes; vielmehr wirkt man dem präventiv entgegen. Deswegen handelt es sich zum Beispiel bei regelmäßigen Wartungsarbeiten nicht um eine Instandsetzung, sondern um eine Instandhaltung. Somit soll stets der vertragsgemäße Zustand erhalten bleiben. Es soll sich auch dann um eine Instandhaltung handeln, wenn eine alte, aber noch funktionierende Sache gegen eine neue, aber gleichwertige Sache ausgetauscht wird, um den Standard des Mietobjekts zu erhalten.
>
> Ersatzanschaffung: Bei der Ersatzanschaffung wird eine Sache, die infolge Alterung oder aus einem sonstigen Grund nicht mehr funktioniert, eine Repara-

---

[*]   Drasdo, die Anlage der Mietkaution, NJW-Spezial 2010, 225.

tur nicht möglich ist oder es zu erwarten ist, dass nach der Reparatur derselbe Mangel erneut auftritt, durch eine neue und gleichwertige Sache ersetzt. Dieselbe Frage stellt sich natürlich auch, wenn eine Reparatur zwar möglich, aber wirtschaftlich nicht mehr sinnvoll ist.

Kostenlast: Die Verteilung der Kostenlast für alle diese Themen ist wirtschaftlich bedeutend – wenn schon nicht im Zeitpunkt des Vertragsschlusses, so dann aber doch nach Ablauf von beispielsweise 15 oder 20 Jahren. Man bedenke als pars pro toto die Ersatzbeschaffung einer Aufzugsanlage – sei es die Kabine, die Türen oder die Trägerkonstruktion.

Konkurrenzschutz: Ist ein Konkurrenzschutz nicht geregelt (vereinbart oder ausgeschlossen), stellen sich häufig bei Quartiersentwicklungen mit mehreren Gastronomieflächen (auch Teilflächen zum Beispiel von Hotels oder Einzelhandel) komplizierte rechtliche Fragen des sogenannten vertragsimmanenten Konkurrenzschutzes. Dies gilt es zu vermeiden durch eine Regelung bereits bei Vertragsschluss.

Beendigung des Mietverhältnisses

Ein Mietvertrag kann aus verschiedenen Gründen beendet werden. Wenn eine feste Mietlaufzeit vereinbart wurde, dann gilt der Vertrag als beendet, wenn diese Zeit abläuft.[*] Eine Kündigung ist hier nicht notwendig. Falls keine Mietlaufzeit vereinbart wurde (sehr selten), dann besteht das Mietverhältnis auf unbestimmte Zeit und ist entsprechend kündbar.[**] Hier einigt man sich auf eine Kündigungsfrist. Bei der Abgabe der Kündigung muss diese Frist eingehalten werden. Erst nach Ablauf der Frist gilt der Vertrag als beendet. Der Vertrag kann ferner auch durch außerordentliche Kündigung beendet werden, sofern die Voraussetzungen dafür gegeben sind.

Insbesondere trifft man bei Mietverträgen Regelungen zum Inventar beziehungsweise FF&E (zwingend beim Mietvertrag) sowie der Sicherungsübereignung an den Vermieter, denn hier muss einerseits organisatorisch geregelt werden, wann der Mieter das FF&E in den veredelten Rohbau einbringt und ob dies geschossweise und damit baubegleitend erfolgen soll oder erst nach Abschluss der hierfür erforderlichen Arbeiten insgesamt en bloc. Dazu

---

[*]   Blank/Börstinghaus BGB § 565 Rn. 18
[**]   Blank/Börstinghaus BGB § 565 Rn. 18

kommt die finanzielle Frage eines etwaigen Zuschusses des Vermieters zum FF&E (letztlich wird hierdurch eine pachtähnliche Situation für den Mieter angestrebt. Da gleichwohl der Mieter das FF&E als sein Eigentum einbringt, fordert er häufig, dass Ersatzbeschaffungen und Neuinvestitionen auch in seinem Eigentum liegen sollen).

> **Zwischenfazit zu Pachtverträgen und Mietverträgen:** Diese beiden Vertragstypen unterscheiden sich im Grundsatz danach, wer das FF&E (und OS&E und IT-System etc.) erwirbt: Eigentümer oder Mieter.
>
> Stark vereinfacht beziehungsweise etwas humoristisch gezeichnet: Stellt man das Restaurant vor der Übergabe auf den Kopf und fällt nichts heraus, so liegt ein Mietvertrag vor; fällt hingegen FF&E, OS&E etc. heraus, wurde ein Pachtvertrag vereinbart.

Vertragstyp: Franchiseverträge

Franchise in der Gastronomie – das wäre aus rechtlicher Sicht sicherlich ein eigenes Fachbuch für sich. Zumal, wenn man sich die umfangreichen Vertragswerke der großen US-Marken-Konzerne in der Hotellerie zu Gemüte führt.

Der Franchisevertrag regelt die Rechte und Pflichten von Franchisegeber und Franchisenehmern, unter denen der Betreiber, also Pächter beziehungsweise Mieter, das Restaurant unter der Marke des Franchisegebers betreiben darf. Dies hat zunächst aber mit dem Vertrag über die Immobilie nichts zu tun. In der Praxis ergeben sich jedoch viele bedeutsame Berührungen.

Welche Vorteile bietet ein Franchisemodell?

Über diesen Weg ist es auch kleineren Unternehmen beziehungsweise Betreibergesellschaften möglich, sich die Vorteile nationaler oder sogar internationaler Brands zu sichern. Der Investor beziehungsweise Immobilieneigentümer verpachtet beziehungsweise vermietet das Restaurant an den Betreiber. Dieser Gastronom wiederum schließt mit einer Brand einen Franchisevertrag ab und darf das Restaurant dann unter der betreffenden Marke betreiben. Im Extremfall handelt es sich bei dem Betreiber sogar um einen Gastronomen als Einzelkaufmann beziehungsweise eine Gesellschaft (häufig GmbH), welche nur ein einziges

Restaurant betreibt; hier ist der Aufbau beziehungsweise die Reichweite einer eigenen Marke nur begrenzt möglich.

Wichtig: Gerade vor dem Hintergrund der langen Laufzeiten von Gastro-Pacht-verträgen ist zu beachten, dass Franchiseverträge strenge Regelungen beispiels-weise zu den sogenannten Brand Standards enthalten. Dies ist für den Franchise-geber (also aus Sicht der Marke) auch erforderlich und notwendig, um einen international einheitlichen Standard der unter einer Marke geführten Betriebe zu erreichen beziehungsweise zu erhalten und somit dem Gast das damit bezweckte Wiedererkennen zu ermöglichen. Nur eine gewisse Einheitlichkeit ermöglicht den Aufbau einer nachhaltigen Kundenbindung – zumindest hinsichtlich der in den Brand Standards geregelten Aspekte.

Je nach Ausgestaltung der Vertragsbeziehung(en) zwischen Betreiber (Gastronom) und Eigentümer/Investor (also Pacht oder Miete) muss man sich daher bereits im Vorfeld mit der Frage befassen, welche Kosten aus der Einhaltung des Franchisevertrages und insbesondere der jeweiligen Brand Standards erwachsen und wer diese zu tragen hat, denn immerhin haben Eigentümer und Restaurantbetreiber ein valides Interesse an der Erhaltung des Franchise; dieser Gedanke würde sogar eine gewisse Kostenteilung rechtfertigen.

Es ist im Franchisesegment der internationalen Hotellerie ein deutlicher Trend zu erkennen, sogenannte Owner-Agreements zu verhandeln und abzuschließen, durch welche der Franchisegeber sich eine direkte Vertragsbeziehung und damit eine direkte Rechtsbeziehung zum Grundstückseigentümer sichert; dies setzt sich auch in der Gastronomie fort.

Natürlich haben auch Eigentümer beziehungsweise Investoren ein Interesse, in den Pacht-verträgen beziehungsweise Mietverträgen Regelungen bezüglich der Franchise aufzuneh-men, denn für die Bewertung der Immobilie ist eine bestimmte Marke sicherlich von Be-deutung. Aus Sicht des Betreibers sollte allerdings kein Kündigungsrecht für den Vermieter bestehen, wenn der Betreiber (also Mieter) seinen Franchisevertrag verliert; schließlich kann dies aus einer Vielzahl von Gründen geschehen, zumal wenn man die mitunter langen Lauf-zeiten von Pachtverträgen beziehungsweise Mietverträgen in Betracht zieht. Umgekehrt zeigt eine aktuell sehr stark am Markt vertretene Brand die deutliche Tendenz, zusätzlich zum Franchisevertrag auch einen eigenen (direkten) Vertrag mit dem Grundstückseigentü-mer abzuschließen (Owner Agreement).

Dies sind die üblichen Inhalte eines Franchisevertrages stark verkürzt und im Überblick dargestellt:

Rubrum mit Parteibezeichnung
Präambel

§ 1 **Allgemeine Beschreibung der Leistungen des Franchisegebers**
Markenüberlassung
Team-Training
Pre-Opening-Begleitung
Sales- & Marketingunterstützung, Einbindung in das Reservierungssystem, Beratungsleistungen
Qualitätssicherung und Brand Standards
gemeinsamer Einkauf

§ 2 **Franchisegebühr, anderweitige Gebühren und Kosten**
Aufnahmegebühr
Franchisegebühren
sonstige Gebühren und Kosten (Training, Reisekosten, Dienstleistungsgebühren)
Teilnahmegebühren für zum Beispiel Gruppenmarketing etc.
Konzepterstellungskosten
„Key Money" als Anschubfinanzierung durch den Franchisegeber
Fälligkeiten und Zinsen bei verspäteten Zahlungen

§ 3 **Errichtung, Instandhaltung und Instandsetzung**
Baubeschreibung bei Neubauprojekten
Beschreibung des Bauablaufs und Abstimmung zu Detailfragen
Instandhaltung und Instandsetzung sowie Qualitätssicherung
Renovierungs- und Investitionsplanung

§ 4 **Einrichtung, FF&E, SOE**
Einheitlichkeit und Brand Standards
Bezug von Neuware

§ 5 Werbung, Marketing, Reservierung, Preisgestaltung und Zimmerraten

Eigene Marketingmaßnahmen des Franchisenehmers vor Ort

Allgemeine Marketingmaßnahmen des Franchisegebers und Anteil an den entsprechenden Marketingbudgets des Franchisegebers

Zusätzliche spezielle Marketingmaßnahmen durch den Franchisegeber

Reservierungssystem

Preisgestaltung und Zimmerraten

§ 6 IT-Systeme des Franchisegebers

Installation und Nutzung der IT-Systeme

Lizenzierung von IT

Datenschutz und Datensicherheit

§ 7 Betrieb/Operations

Grundlagen des Restaurantbetriebes durch den Franchisenehmer

Umgang mit Gästen, die nicht beherbergt werden können (Umlenkung auf andere Franchisenehmer des Franchisegebers)

Mitarbeitergrundsätze (zum Beispiel Auswahlprozesse)

Person des Betriebsinhabers (Change of Control)

§ 8 Markenlizenz und geistiges Eigentum

Grundsätze des Markenschutzes und Garantien des Franchisegebers

Nutzung des geistigen Eigentums und der IT-Systeme des Franchisegebers

Nutzung fremder Marken und geistigen Eigentums

Websites und Domains

§ 9 Accounting und Reporting

Grundsätze der Umsatzerfassung und des Berichtswesens an den Franchisegeber (soweit
für diesen relevant zum Beispiel für die Berechnung der Gebühren)

Einsichtsrechte des Franchisegebers in die Bücher des Franchisenehmers

§ 10 Versicherungen und Freistellung von Schäden

Pflicht des Franchisenehmers, bestimmte Versicherungen für den Betrieb aufrechtzuer-
halten (zum Beispiel Betriebsschließung, Betriebsunterbrechung)

Pflicht des Franchisenehmers, den Eigentümer der Immobilie im Pachtvertrag/Mietver-
trag zu verpflichten, bestimmte Versicherungen für das Gebäude zu unterhalten (zum
Beispiel Feuer, Elementar)

Freistellung des Franchisegebers durch den Franchisenehmer im Falle von Schäden bei Dritten

§ 11 **Rechteübertragung auf Dritte**
Üblicherweise Ausschluss der Übertragung der Rechte und Pflichten aus dem Franchisevertrag auf Dritte
Ausnahme zumeist Konzerngesellschaften des Franchisegebers und gegebenenfalls des Franchisenehmers

§ 12 **Laufzeit und Verlängerungen**
Koppelung beziehungsweise Harmonisierung der Laufzeiten von Franchisevertrag und Pachtvertrag/Mietvertrag/Managementvertrag

§ 13 **Vertragsbruch und Sonderkündigungsrechte**

§ 14 **Vertragsbeendigung**

§ 15 **Haftung und Schadensersatz**

§ 16 **Eigentum und Finanzierung**
Eigentum, Finanzierung und Sicherheiten der Immobilie
Inhaberschaft am Franchisenehmer
Sicherheiten

§ 17 **Geheimhaltung und Vertraulichkeit**

§ 18 **Schlussbestimmungen**
Rechtswahl, Gerichtsstand etc.

Stolpersteine – worauf ist besonders zu achten?

Die Frage nach den üblichen Fallen und Stolpersteinen pauschal und überblicksartig zu beantworten, scheint kaum möglich und wäre wohl auch nicht richtig. Der Autor möchte aber aus seiner Erfahrung heraus im Folgenden einige Punkte besonders hervorheben.

Planung, Umplanung, Kosten

Sollte es sich um ein Development – also um eine Projektentwicklung handeln, ist hinreichende Sorgfalt auf den Vertragsteil zu legen, welcher sich mit der Planung und dem Bau des Restaurants befasst. Wer hat wann welche Pflicht und welches Recht (zum Beispiel Änderungen im Vergleich zur Ursprungsplanung) und wer trägt die damit verbundenen Kosten? Soll eine Änderung der Marke für den Pächter beziehungsweise Mieter ohne Zustimmung des Eigentümers möglich sein beziehungsweise soll der Eigentümer sonstige Informationsrechte oder gar Kontrollrechte hinsichtlich des Betriebes erhalten? Hier sehen Developer häufig für sich eine Bearbeitungsgebühr (sogenannte Handling Fees) für Änderungswünsche vor. Dieses Thema ist aber im Vertrag ausdrücklich zu regeln und auch hinsichtlich der Berechnung solcher Fees im Detail zu erfassen, denn ohne Vereinbarung kann der Developer schwerlich eine Handling Fee verlangen.

Übergabe, Übergabeprozedere, Übergabedokumentation

Das Übergabeprozedere sollte in jedem Vertrag genau festgehalten werden. Die Übergabe ist in aller Regel bei Pachtverträgen beziehungsweise Mietverträgen ein zentraler Punkt, da hieran die Laufzeit und die sogenannte pachtfreie Zeit beziehungsweise mietfreie Zeit anknüpft. Auch sollte versucht werden zu definieren, ab welchem erreichten Bauzustand eine Übergabe zwingend durchgeführt werden muss beziehungsweise abgelehnt werden kann.

Nicht zu unterschätzen ist der Nutzen einer umfassenden Dokumentation bei der Übergabe. Nur dies schafft Klarheit beziehungsweise hilft bei der Streitvermeidung.

Instandhaltung, Instandsetzung, Ersatzbeschaffung

Die lange Dauer des Vertrages macht eine sorgfältige Betrachtung der Instandhaltungsklauseln erforderlich, denn irgendwann wird beispielsweise die Aufzugsanlage nicht mehr nur gewartet werden müssen, sondern es steht Ersatzbeschaffung an. Sollte dies oder Ähnliches auf den Pächter beziehungsweise Mieter abgewälzt worden sein, ist eine rechtzeitige Rücklagenbildung hilfreich.

Sicherheiten

Pachtsicherheiten beziehungsweise Mietsicherheiten sind ein offenkundig wichtiges Thema. Hierbei können sich die Marktteilnehmer aber nicht mehr nur auf die gängige Bankbürgschaft[*] auf erstes Anfordern verlassen; es treten vermehrt Fälle auf, in denen auch deutsche Geschäftsbanken solche Bürgschaften auf erstes Anfordern nicht mehr bedienen und der Eigentümer den Klageweg beschreiten muss.

Entwicklung der Pacht/Miete: Wertsicherung und Indexierung

Die Wertsicherung beziehungsweise Indexierung der Pacht beziehungsweise Miete ist ebenfalls häufig Streitpunkt. Ist beispielsweise nicht klar geregelt, ob der Eigentümer eine Änderung auch anzeigen muss, stellt sich häufig Jahre später die Frage der nachträglichen beziehungsweise rückwirkenden Rückzahlung.

Betriebs- und Nebenkosten

Eigentümer wollen sämtliche Betriebs- und Nebenkosten auf den Gastronom umlegen. Ein besonderes Augenmerk sollte dieser dabei auf Verwaltungskosten beziehungsweise Kosten der technischen und kaufmännischen Objektverwaltung richten; diese werden häufig in Vertragsentwürfen als Pauschalen der Jahresmiete angesetzt. Aus Sicht des Gastronomiepächters sollten diese aber nicht pauschal bezahlt werden, sondern allenfalls begrenzt auf einen Prozentsatz (1 bis 3 Prozent) der Jahresnettokaltmiete (also ohne Umsatzsteuer und ohne Betriebs- und Nebenkosten).

> Wichtig: Jüngst sieht man bei Betriebs- und Nebenkosten ebenfalls den Versuch, dies auch bereits für heute noch unbekannte und erst in Zukunft entstehende Betriebs- und Nebenkosten zu vereinbaren. Das ist aus der Sicht des Restaurantpächters natürlich bedenklich und sollte hinsichtlich der Themen und Beträge begrenzt werden.

Bei Rückgabe geschuldeter Zustand

Auch sollte genau definiert werden, in welchem Zustand das Restaurant nach Ende des Vertrages zurückzugeben ist und wer beispielsweise die Kosten einer externen Begutachtung hierfür trägt.

---

[*] Alternativ Versicherungsbürgschaft.

Jedem Leser wird schnell klar, dass es eine Vielzahl weiterer Punkte geben kann. Der Jurist ist geneigt, die vorstehende Auflistung als nur exemplarisch und nicht abschließend zu kennzeichnen. Klar dürfte aber anhand dieser wenigen Beispiele sein, dass je nach wirtschaftlicher und operativ-strategischer Situation beziehungsweise Ausrichtung fast jeder Punkt eines Betreibervertrages „wichtig" ist und der exakten Würdigung (auch durch die nicht juristischen Beteiligten*) bedarf.

Ausblick mit Markttrend

Welches Konzept passt zu welchem Standort? Die Frage ist ebenso einzelfallabhängig zu beantworten wie die Frage nach dem passenden Vertragstyp. Leider gibt es für beide Fragen keine Standardantwort. Chancen und Risiken müssen ausgewogen verteilt werden – dies ist zumindest das Petitum des beratenden Rechtsanwaltes, da es sich um lang laufende Vertrags- und Geschäftsbeziehungen handelt.

Über den Autor

Prof. Dr. Clemens Engelhardt ist Rechtsanwalt und Professor für Wirtschaftsrecht an der FOM Hochschule für Oekonomie und Management. Er steht interessierten Lesern hierzu natürlich sehr gerne mit Rat und Tat zur Verfügung.

Rückfragen gerne an
clemens.engelhardt@trustberg.com

---

* Die Erfahrung zeigt, dass die kaufmännischen, planerischen und technischen Bereiche der Beteiligten häufig sehr wertvolle Hinweise für die Vertragsgestaltung geben können.

DIE KOMMUNIKATION: MARKETING & PR

20. Pressemitteilungen:
Wer, wann, warum, wie – und für wen?

Der, die, das. Wer, wie, was. Wieso, weshalb, warum … Jetzt haben Sie einen Ohrwurm? Gut so, dann sind Sie schon auf dem besten Weg zur perfekten Pressemitteilung! Warum es für Gastronom:innen ausgesprochen sinnvoll ist, Publikums- und Fachmedien zu nutzen, um die eigene Bekanntheit bei Gästen und in der Branche zu steigern, wie der Titelsong aus der Sesamstraße helfen kann, einen Text so zu schreiben, dass ihn die Redaktionen gerne veröffentlichen, und was es bei der Kommunikation mit den Medien sonst noch zu beachten gilt, erfahren Sie in diesem Kapitel.

Must-have Pressearbeit

Print ist tot und die Pressemitteilung schon lange? Im Zeitalter der sozialen Medien und Netzwerke, von Leserreporter:innen und „Online first" scheinen ausführliche Texte als Informationsquelle für Redaktionen ausgedient zu haben. Doch tatsächlich ist das Gegenteil der Fall: Wie die Deutsche Presseagentur dpa 2018 in einer anonymen Befragung von 554 Journalist:innen im deutschsprachigen Raum herausfand, nutzen 86 Prozent der Umfrageteilnehmer:innen das klassische PR-Werkzeug Pressemitteilung nach wie vor für ihre tägliche Arbeit.

Gastronom:innen, die sich eine Berichterstattung über ihr Restaurant wünschen, sind also gut beraten, die entsprechenden Medien mit Informationsmaterial zu versorgen, das aus der Flut der täglich eingehenden Meldungen heraussticht und der Redaktion die Verarbeitung möglichst erleichtert. Schafft es die Nachricht ins Blatt oder auf die Website, generiert sie Aufmerksamkeit – entweder die der Öffentlichkeit in der jeweiligen Stadt (lokale Publikumspresse) oder innerhalb der Branche und ihrer Partnerindustrien (Fachpresse).

Das bringt in vielen Fällen mehr Umsatz durch zusätzliche Gäste sowie wertvolle Kontakte zu Kolleg:innen, Lieferant:innen, Vermieter:innen und – in diesen Tagen nicht zu unterschätzen – potenziellen Mitarbeiter:innen!

Doch wie muss eine Pressemitteilung aussehen, damit sie aus der Vielzahl an Nachrichten ausgewählt und im Medium publiziert wird? Aus eigener Erfahrung als Redakteurin kann ich bestätigen: Texte von hoher Qualität erhöhen die Wahrscheinlichkeit einer Veröffentlichung deutlich. Und zwar aus drei Gründen:

Die Relevanz des Themas wird schneller klar als bei schlecht geschriebenen Texten.
Es bleiben keine Fragen offen, die zusätzlicher Recherche (= Arbeitsaufwand) bedürfen.
Herrscht Zeitdruck (und das ist in den meisten Redaktionen eigentlich immer der Fall), lässt sich der Text notfalls auch ohne große Änderungen ins Blatt oder auf die Website heben.

Denn machen wir uns nichts vor: Auch wenn die meisten Journalist:innen natürlich gerne exklusiv recherchieren und ihre Geschichten mit viel Liebe selbst schreiben – im Alltag bleibt vielen heute angesichts ausgedünnter Redaktionen und hoher Nachrichten-Schlagzahl häufig nichts anderes übrig, als ihre Seiten und Newsletter auch mit angelieferten Inhalten zu füllen.

Wer, wie, was? Und warum?

Was macht einen Pressetext nun zu einem guten Pressetext? Hier kommt der Sesamstraßen-Song ins Spiel. Denn die Redaktion und ihre Leser wollen wissen: Wer macht was, wie, wo, wann, warum, mit wem und für wen? Ein guter Text beantwortet diese klassischen W-Fragen umfassend, aber nicht ausschweifend. Vorneweg gilt es zu definieren:

Was will ich überhaupt vermelden?
Und wen interessiert das?

Die Nachricht sollte selbstverständlich Relevanz für die Zielgruppe haben, sonst kann man sich die Arbeit sparen. Aus gastronomischer Perspektive ist dies meistens eine Restaurant-eröffnung, eine besondere Marketingaktion, signifikante Veränderungen auf der Speise-karte oder auch soziales Engagement. Fachpresse-Leser interessieren sich außerdem für Themen wie Kooperationen mit bestimmten Lieferant:innen, Betreiberpartnerschaften, Nachhaltigkeitsinitiativen oder innovatives Mitarbeitermanagement. Für Sie als Restaurantbetreiber:in sind das allesamt wichtige Themen – im E-Mail-Postfach eines Redakteurs/einer Redakteurin landen täglich aber im Schnitt 20 bis 30 ähnlicher Nachrichten, aus denen er/sie auswählen muss.

Deshalb muss auf den ersten Blick klar werden, warum Ihre Meldung unbedingt veröffentlicht werden sollte – möglichst viele „Ws" gehören also schon in den Betreff der E-Mail, spätestens aber ins Anschreiben.

Beispiel: Restauranteröffnung

In der Titelzeile beziehungsweise Überschrift erscheinen idealerweise die Namen der Betreiber:innen, der Name des Restaurants und am besten auch der Standort: „Max Mustermann und Erika Musterfrau eröffnen Restaurant ‚Zum Beispiel' am Marktplatz in Musterort". Damit ist – trotz limitierter Zeichenzahl – schon mal einiges klar und die Redakteurin klickt hoffentlich auf „öffnen" der Mail. Dort sollte sie in einem kurzen Einleitungstext weitere Ws beantwortet finden sowie den Hinweis auf die Pressemitteilung im Anhang.

Storytelling, aber KISS

Die Pressemitteilung selbst ist dann der Platz für Ihre Geschichte: Übersichtlich gegliedert werden das Konzept und die Menschen dahinter mit ihrer Motivation, ein Restaurant zu eröffnen, vorgestellt:

Was haben sie bisher gemacht?
Warum eröffnen sie das Restaurant?
Was unterscheidet sie und ihr Konzept von anderen Gastronom:innen?
Was ist neu und im Trend?

Die Lokalpresse liebt es dabei emotionaler, menschelnder und vor allem heimatverbun-dener als die Fachpresse. Letztere interessiert sich eher für die harten Fakten hinter einem

Business, sprich: Sitzplätze, Investition, Mitarbeiter:innen, Kostenstruktur, Umsatz, eventuell Expansionspläne etc. – je mehr, desto besser.

Tipp: Seien Sie ruhig offenherzig: Transparenz wirkt professionell.

Es kann also sinnvoll sein, zwei verschiedene Pressemitteilungen für die unterschiedlichen Leserzielgruppen zu versenden. Und der Umfang? Bitte nicht mehr als eine bis eineinhalb DIN A4-Seiten – die Regel lautet: KISS (Keep it Short and Simple). Wer mehr zu erzählen hat, macht es der Redaktion leichter, indem er eine Kurz- und eine Langfassung schickt.

Ein lesenswerter Text enthält überwiegend aktive Formulierungen und eine ausgewogene Mischung aus sachlichen Aussagen und wörtlicher Rede, in der auch subjektive Meinungen transportiert werden können.

Wichtig: Kreativ-rätselhafte Wortspiele und poetische Sprachakrobatik haben in einer Pressemitteilung nichts zu suchen - es geht um Information, nicht um den schriftstellerischen Wert des Texts. Gleiches gilt für nichtssagende Adjektive oder großspurige Superlative („die besten, leckersten, gesündesten" etc.) - solange ein:e Journalist:in sich nicht selbst vom Wahrheitsgehalt solcher Aussagen überzeugen konnte, wird er/sie sie vermutlich gnadenlos löschen. Vermeiden sollte man auch fehlerhafte Rechtschreibung und Grammatik, ein schlampiges Layout und ein Format, aus dem der Text nicht herauskopiert werden kann (Stichwort Zeitdruck - siehe oben!). Ach ja, wie viele Zeitungen und Websites kennen Sie, die Unternehmensnamen in GROSSBUCHSTABEN schreiben? Keine? Dann sparen Sie sich das auch in der Pressemitteilung - es stört den Lesefluss und macht der Redaktion zusätzliche Arbeit, alles wieder „gemischt" zu schreiben.

Die Redaktionen neugierig machen

Unbedingt in eine Pressemitteilung hinein gehören dagegen neben vollständigen und wahrheitsgemäßen Angaben zu den wichtigen „Ws" auch Ort und Datum, eine Kontaktperson samt Telefonnummer und E-Mail-Adresse für Rückfragen und Interviewwünsche sowie die Unternehmenswebsite, die neben der aktuellen Speisekarte weitere Informationen und

Fotos bietet – am besten in einem sorgfältig kuratierten Pressebereich. Denn auch wenn der Text alle wichtigen Fragen beantworten sollte: Im Idealfall macht er die Redaktion so neugierig, dass sie noch mehr wissen und tiefer in die exklusive Recherche einsteigen will. Wenn das gelingt: Bingo! Eine halbe Seite in der Lokalzeitung oder ein längerer Bericht in einem Fachmedium ist Ihnen fast schon sicher.

Fotos vom Profi

Was außerdem keinesfalls bei einer Pressemitteilung fehlen darf: Fotos, natürlich ordentlich benannt und gerne mit passender Bildunterschrift! Auch hier gilt es, der Redaktion die Arbeit zu erleichtern, zum Beispiel, indem die Bilder und Logos als jpg, png, tif oder eps sowohl in Druckqualität als auch im Web-Format über einen Link zum Download bereitstehen. Selbstgeschossene Handy-Fotos erfüllen allerdings selten die Qualitätsstandards von Redaktionen – ebenso wenig wie die Erwartungen der Leser. Deshalb empfiehlt es sich, in Profi-Aufnahmen vom Restaurant, vom Essen und der verantwortlichen Personen zu investieren.

> Wichtig: Die Nutzungsrechte müssen bei Ihnen liegen, das Copyright angegeben und alle Abgebildeten bzw. deren Eltern mit der Veröffentlichung einverstanden sein, andernfalls drohen böse Überraschungen! Die Redaktionen verlassen sich diesbezüglich auf die Absender der Pressemitteilung.

Nachfassen?

Nun haben Sie eine wohlformulierte, vollständige und Neugier weckende Pressemitteilung an die relevanten Medien geschickt – und es wurde trotzdem nichts veröffentlicht? Vermutlich waren Sie nicht die einzigen – die Zahl der täglichen E-Mails, welche die Postfächer der Redaktionen füllen, ist tatsächlich beachtlich. Und leider gibt es keine Garantie, sondern es hängt von vielen verschiedenen und individuellen Faktoren ab, ob eine Meldung berücksichtigt wird oder eben nicht. Sollte man nachfragen? Das ist Abwägungssache. Hat der Redakteur Ihre Meldung bewusst aussortiert, wird er sie auch nach einem Anruf oder erneuten E-Mail vermutlich nicht wieder hervorkramen. Liegt sie auf dem „Vielleicht"-Stapel, kann ein Nachhaken durchaus die Entscheidung beeinflussen. Doch bitte nicht gleich am nächsten Tag anrufen – frühestens nach einer Woche!

> **Tipp:** Pressemitteilungen am besten vormittags verschicken, wenn die redaktionelle Planung für den Tag läuft und das Postfach noch überschaubar ist.

Einladung zum Frühstück oder Abend-Event

Wer seine Chancen auf eine Veröffentlichung erhöhen will, organisiert einen Presseevent und präsentiert den Medienvertreter:innen das eigene kulinarische Können live vor Ort. Selbstverständlich garniert mit einer ausführlichen Pressemappe auf einem USB-Stick sowie ausreichend Zeit und Gelegenheit für individuelle Fragen und Gespräche. Vor allem zum (späten) Frühstück oder noch lieber zu einer Abendeinladung kommen Journalist:innen erfahrungsgemäß gerne, um sich selbst von neuen Konzepten und gastronomischen Angeboten zu überzeugen und anschließend vor dem fundierten Hintergrund der eigenen Erfahrung darüber zu berichten. Der Event sollte am besten dann stattfinden, wenn das Team schon gut eingespielt ist und das Konzept rundläuft. Denn eine positive Besprechung in der Lokalzeitung könnte schließlich tatsächlich zum beabsichtigten Gästeansturm führen, der dann reibungslos bewältigt werden will!

Zu solch einem Termin kann und sollte man übrigens auch Blogger:innen einladen. Sie haben inzwischen häufig gerade in der jungen Zielgruppe und speziellen Communitys – zum Beispiel Veganern – eine deutlich größere Reichweite als klassische Zeitungen und Zeitschriften. Sie arbeiten anders als Journalist:innen, stehen normalerweise weniger unter Zeitdruck, setzen deshalb mehr auf eigene Erfahrungen als auf fertige Pressetexte. Heißt: Sie wollen das, was sie loben, auf jeden Fall vorher probieren! Da viele auf Instagram aktiv sind, haben Fotos einen noch höheren Stellenwert für sie – eine optisch aufregende Präsentation der Speisen ist deshalb unverzichtbar, um sie zu begeistern.

Hilfe naht!

Auch im Online-Zeitalter sind die klassischen Fach- und Publikumsmedien mit ihren Internetseiten und natürlich auch junge Internet-Portale wichtige Adressat:innen und Multiplikator:innen bei der Kommunikation von gastronomischen Angeboten und unternehmerischen Leistungen. Eine professionell gestaltete Pressemitteilung erhöht die Chancen, dort stattzufinden und so einerseits mehr Gäste und andererseits die Aufmerksamkeit der

Branche zu bekommen – beides wichtige Faktoren für ein erfolgreiches Restaurantbusiness, heute und in Zukunft. Und wer sich mit dem Kochlöffel am Herd einfach viel wohler fühlt als mit dem Stift in der Hand oder an der Tastatur, der findet vielfältige Unterstützung bei PR-Agenturen und Textprofis. Denn wie heißt es so schön im Kinderlied? „Manchmal muss man fragen …"

Damit Sie sich vorstellen können, was ich unter einer gelungenen Pressemitteilung verstehe – beziehungsweise, was eben nicht –, habe ich im Folgenden noch ein kleines Beispiel für Sie.

XXX WHITE SALTY PEANUT ☆☺☁

> Sterne, Smileys, Wolken? Emojis haben in einer Pressemitteilung nichts zu suchen.

Ein himmlischer Genuss!

> Dieses Adjektiv gehört wie die folgenden (einzigartig, lecker, unvergleichlich, unschlagbar köstlich, überirdisch usw.) in den Giftschrank. Schlüssel bitte wegschmeißen.

Liebe Medienpartner,

eine neue einzigartige Köstlichkeit von XXX. Der Protein Bar „White Salty Peanut" schenkt überirdischen Genuss – und reiht sich ein in das unvergleichlich leckere Sortiment des schwedischen Erfolgsunternehmens.

> Auch wenn es hippe Agenturen nicht wahrhaben wollen: In den meisten Redaktionen dürfte man noch von „Riegeln" sprechen bzw. schreiben.

Der leckerste Proteinriegel aller Zeiten – nichts weniger als das soll die himmlische Geschmacksrichtung „White Salty Peanut" von XXX sein! Zu hoch gegriffen? Auf keinen Fall! Der neue Protein Bar punktet mit einer unschlagbar köstlichen Kombination. Gesalzene Erdnüsse, die zuvor ein Bad in feiner Karamellsoße nehmen durften, treffen auf cremige weiße Schokolade. Einfach überirdisch lecker!

> Den schenkt er nicht. Man muss ihn kaufen.

> Der superlativste Superlativ aller Zeiten!

> Doch! Anscheinend ahnt der Schreiber selbst, dass er hier etwas zu sehr auf den Putz haut.

All diejenigen, die süße Snacks lieben und Wert auf eine bewusste Ernährung legen, dürfen sich freuen: Auch das neue Mitglied der XXX-Familie enthält 20

> Hoffentlich war es kein Schaumbad, bei all der Schaumschlägerei im Text.

Gramm Protein und keinerlei Zuckerzusatz. Perfekt für himmlische Momente zwischendurch – egal ob bei der Arbeit, nach dem Sport oder einfach nur so.

Kein Zucker (auch nicht in Schokolade und Karamell), aber süß? Müsste man erklären, wie das geht.

Nach den erfolgreichen Launches der Core Bars, Vegan Protein Bars und den Double Bars in den vergangenen Monaten wird nun das Sortiment der klassischen Protein Bars um die neue Sorte White Salty Peanut ergänzt.

Ah! All das hätte man gerne von Anfang an erfahren. Stattdessen gab es jede Menge Marketing-Sprechblasen, die (hoffentlich) kein Redakteur drucken wird.

Im XXX-Heimatland Schweden wurde der Klassiker „Salty Peanut" mit zarter Milchschokolade schnell zum meistverkauften Proteinriegel. Jetzt verzaubert der unvergleichliche Bestseller zusätzlich noch im weißen Kleid. „White Salty Peanut" ist neben Favoriten wie „Caramel Cashew" und „White Chocolate Almond" die siebte Kreation, die nun auch deutsche Protein Bar-Fans ins Schwärmen geraten lässt. So wie Lea Wolff, Marketing Manager bei XXX: „Ich verspreche, dass „White Salty Peanut" die Geschmacksknospen zum Singen bringen wird wie ein Engelschor." Worauf also warten? Lieber gleich ein Stück vom Himmel kosten!

Im Sortiment des Herstellers? Auf dem gesamten Markt?

Puh … Nochmal: Pressemitteilungen sind keine Werbeanzeigen!

Geht nicht. Um zu probieren, muss der Redakteur erst einmal ein Exemplar anfordern.

Über XXX

XXX, Tochter der schwedischen YYY Holding, gibt es seit 2018 auch in Deutschland. Das junge Unternehmen wächst rasant und verlagert seinen Standort deshalb im Frühjahr 2019 von der Hamburger City in die Flamingo Lofts nach Ottensen. Das Mutterunternehmen, bereits seit 2008 im Bereich Functional Food aktiv, hat sich nicht nur durch seine innovativen Protein-Produkte, sondern auch durch die Marke ZZZ einen Namen gemacht. Die koffeinhaltigen, zuckerfreien Drinks werden wie die XXX-Produkte in Fitness-Studios und entsprechenden Online-Shops sowie zunehmend auch im regulären Einzelhandel verkauft.

Das ist ja eine brandaktuelle, leider aber für die Redaktion ziemlich uninteressante Information! Viel relevanter, um das „rasante Wachstum" zu belegen, wären der Umsatz, Märkte, Mitarbeiter… Insgesamt bleibt der Faktengehalt der Meldung dünn.

Dos:

- Erste Frage: Ist meine Nachricht überhaupt relevant? Wenn ja, für wen? Was und wen soll eine Veröffentlichung erreichen? Zielgruppe definieren: Öffentlichkeit in der Umgebung oder nationale Branche?
- Zweite Frage: Wie kann ich es der Redaktion leicht machen, sich für die Veröffentlichung meiner Nachricht zu entscheiden?
- Text verfassen: Wer, wie, was ...? Die wichtigen Ws gleich zu Beginn klären.
- Don't talk (too much), just KISS (Keep it Small and Simple)!
- Gliederung: Überschrift, 3 bis 4 Bullet Points mit den wichtigsten Informationen, danach ein Vorspann mit einer Zusammenfassung der Meldung plus ausführlicher Haupttext, eventuell auch ein Abbinder mit allgemeinen Informationen zum Unternehmen
- Kontaktadresse, Website
- Vollständig und wahrheitsgemäß
- Aktive Formulierungen
- E-Mail-Anschreiben mit den wichtigsten Infos –> Relevanz klarmachen!
- Profi-Fotos mit Copyright, Beschriftung, druckfähig und fürs Web
- Dranbleiben: Wenn die erste Pressemitteilung nicht berücksichtigt wird, dann vielleicht die nächste.

Don'ts:

- Großspurige Adjektive, übertriebenes Eigenlob
- Markennamen in Großbuchstaben
- Fehlerhafte Rechtschreibung und Grammatik, unordentliches Layout
- Format, aus dem nicht herauskopiert werden kann
- Handyfotos ohne Nennung des Motivs, Fotos mit ungeklärten Rechten
- Pressemitteilung gedruckt per Post schicken – wir haben 2021!!
- Gleich am nächsten Tag telefonisch nachfragen. Wenn überhaupt: frühestens nach einer Woche.

Über die Autorin

Barbara Schindler schrieb schon als Schülerin und später als Studentin für verschiedene Lokalzeitungen wie die Recklinghäuser Zeitung, die Bonner Rundschau und die Aachener Zeitung. Nach Abschluss ihres Studiums der Musikwissenschaft, Anglistik und Romanistik in Bonn arbeitete sie ein Jahr lang auf Sylt für eine Wochenzeitung, bevor sie ein Volontariat bei der TV-Produktion und in der Lokalredaktion Bad Salzuflen des Westfalen Blatts (Bielefeld) absolvierte. Über den Umweg als Brezelbäckerin im Kaufhaus Selfridges in London kam sie zum Fachjournalismus für die Gastronomie und zur Fachzeitschrift foodservice, wo sie 14 Jahre lang als festangestellte Redakteurin für die deutsche sowie die englische Ausgabe und den Internetauftritt tätig war. 2018 machte sie sich als freie Journalistin und Texterin selbstständig und schreibt heute Artikel für Fachmedien wie Fizzz, Getränke Zeitung, Lebensmittel Zeitung, Chef-Sache (Schweiz), VerpflegungsManagement und die AHGZ. Darüber hinaus textet sie Pressemitteilungen, Websites und Magazine für Kunden aus der Gastronomie, der Zulieferindustrie, für Agenturen sowie Branchenverbände. Auf ihrer eigenen Plattform www.presstaurant.de schreibt sie über aktuelle Gastronomie-Themen.

Kontakt

Barbara Schindler
Am Borsdorfer 60
60435 Frankfurt am Main
0151 46133772
barbara.schindler@presstaurant.de

21. Steuerbare Bildschirmwerbung: Digital Signage CoffeeBoard

Sie wollen mehr Zusatzverkäufe? Sich von der Konkurrenz abheben? Und dabei auch noch wertvolle Zeit sparen? Dann ist Digital Signage, oder auch steuerbare Bildschirmwerbung, für Sie absolut interessant! In diesem Kapitel erfahren Sie alles über die Chancen, Möglichkeiten und die Umsetzung zu Ihrer eigenen umsatzsteigernden Strategie.

Die Idee zum CoffeeBoard

Wie kommt man als Kassenhändler auf die Idee, ein Digital-Signage-System auf die Beine zu stellen? Meist kommen die besten Ideen aus der Praxis. So auch in diesem Fall.

Beispiel: Mehr Umsatz durch Zusatzverkäufe

Ein Bestandskunde mit ungefähr 50 Filialen, den wir gerade mit Kassen ausstatteten, bat uns, ein System zu entwickeln, mit dem er seine Werbung aus dem Büro heraus steuern kann. Er wolle auf bestehender Fläche mehr Umsatz durch Zusatzverkäufe generieren.

Ohne viel Ahnung von der Materie zu haben, sagten wir erst einmal: „Ja, kriegen wir hin!" Zusammen mit unserem Softwarehersteller und dem Kunden haben wir eine simple zentrale Steuerung aller Monitore erarbeitet. Wichtig war auch die zeitlich genaue Auslieferung der Inhalte: Morgens sollte auf den Monitoren etwas anderes angezeigt werden als abends. Unter der Woche etwas anderes als am Wochenende.

Es kamen Fragen auf wie: „Was passiert, wenn der Standort keine Internetverbindung hat? Zeigt der Monitor dann nichts mehr an?" Nach und nach konnten wir für jedes der potenziellen Probleme eine Lösung finden. Die zeitlich genaue Steuerung wurde integriert und das System läuft auf Datenbank-Basis. Wenn also keine Internetverbindung vorhanden ist, spielen die Monitore trotzdem den vorhandenen Plan ab.

Diese simple Art der Administration und das durchdachte System haben großen Anklang gefunden. Inzwischen wird das CoffeeBoard von Hunderten Kund:innen aus verschiedensten Branchen verwendet!

Was ist Digital Signage überhaupt?

Digital Signage ist der klangvolle Begriff für „fernverwaltende Digitalanzeige". Im Grunde ist Digital Signage ein Kommunikationsmedium zu Ihren Kund:innen, welches Sie selbst steuern können. Oft wird es als Sales- und Marketing-Instrument verwendet, mit dem Ziel, die Umsätze durch Zusatzverkäufe zu steigern.

Einfacher gesagt: Sie können dort, wo sich Ihre Kund:innen aufhalten, Ihre eigene Werbung zeitgenau in (bewegten) Bildern präsentieren, auf bestimmte Angebote hinweisen oder Kund:innen mit Ihren eigenen Inhalten Ihre Produkte schmackhaft machen.

> **Tipp:** Die Möglichkeiten, wie Sie die Bildschirmwerbung in Ihr Unternehmen integrieren, sind immens. Es gibt Präsentationsmonitore in allen erdenklichen Größen und Formen: fast rahmenlose Monitore, welche zu einer großen „Videowand" verknüpft werden können, und sogar mobile Monitore für den Indoor- und Outdoor-Bereich, quasi als digitaler Kundenstopper. Auch Beamer können verwendet werden.

Abbildung 21.1: Das CoffeeBoard als „Videowand" in einem von Simply POS betreuten Café in Bonn

Digital Signage kaufen – lohnt sich das?

Nielsen ist das weltweit renommierteste Unternehmen auf dem Bereich der Messung von Publikumsreaktionen bei digitalen Inhalten. In einer Studie, die in über 200 Edeka-Filialen in Deutschland durchgeführt wurde, fand Nielsen Entscheidendes heraus: Durch den zusätzlichen Einsatz dynamischer, digitaler Werbung im Vergleich zu Printwerbung können beeindruckende Umsatzgewinne erzielt werden. In der Studie wurden die Kund:innen der Testfilialen zu ihrem Einkaufsverhalten befragt. Die Ergebnisse finden Sie in der folgenden Übersicht.

> 68 % der Befragten gaben an, dass der Einsatz digitaler Werbung ihre Entscheidung, das beworbene Produkt zukünftig zu kaufen, positiv beeinflusst.
>
> 44 % der Kund:innen stimmten zu, dass die digitale Produktwerbung sie dazu bewegt hatte, statt des ursprünglich geplanten Produkts das digital beworbene Produkt gekauft zu haben.
>
> 80 % der ausgewerteten Filialen erzielen durch die digitale Beschilderung ein Umsatzplus von 33 % im Vergleich zu reiner Print-Beschilderung.

Übrigens: Auch unsere Bestandskund:innen berichten vergleichbare Zahlen. Doch wie setze ich das System ein, um für mein Unternehmen die gewünschten Zahlen zu erreichen?

Bildschirmwerbung für mein Unternehmen

Restaurantkonzept widerspiegeln

Jedes Unternehmen ist anders, sodass man nicht sagen kann, dass es *die* richtige Taktik für Bildschirmwerbung gibt. Das Wichtigste: Der Inhalt muss zum bestehenden Konzept passen. Haben Sie ein Restaurant, in dem Ihre Gäste zur Ruhe kommen und entspannen wollen? Dann machen schnelle, aufregende Bildwechsel keinen Sinn. Haben Sie aber eine quirlige Bar, dann sollte die Bildschirmwerbung ebenfalls aufregend gestaltet sein.

Entscheidend für den Erfolg: Ihr Ziel klar definieren. Möchten Sie mehr Gäste dazu bewegen, Ihre Räumlichkeiten zu besuchen? Dann versprechen digitale Kundenstopper vor dem Laden gute Erfolge. Möchten Sie Ihren Durchschnitts-Bon erhöhen, erreichen Sie das eher mit Bildschirmwerbung in den Räumlichkeiten. Können sich Ihre Kund:innen bei Ihnen selbst ein Menü zusammenstellen, ist hierzu eine kurze Erläuterung sinnvoll.

Abbildung 21.2: Die hochwertigen Outdoor-Displays sind wetterfest und ertragen klaglos auch stärkeren Regen.

Inhalte finden

Nun zum Kern: dem Inhalt auf den Monitoren. Produktbilder, welche professionell in Szene gesetzt, freigestellt oder bearbeitet sind, wirken bei Endkund:innen am effektivsten. Die beworbenen Produkte sollten Ihren Kund:innen „das Wasser im Mund zusammenlaufen lassen". Wecken Sie das Bedürfnis für das Produkt. Versetzen Sie sich gedanklich in die Lage Ihrer Kund:innen:

> Warum sind sie hier?
> Was erwarten sie von ihrem Besuch?
> Und wie können Sie sie positiv überraschen und begeistern?

Bestimmt haben Sie sich hierzu schon einmal Gedanken gemacht. Wahrscheinlich gibt es auch schon passende Angebote dazu. Nun gilt es, diese in professionelles Bild- oder Videomaterial zu verpacken. Fragen Sie einfach bei Ihrer Werbeagentur nach. Diese hat Ihnen bestimmt schon bei Ihrem Internetauftritt, Plakaten oder den Speisekarten geholfen.

Die Vorteile von Digital Signage

Vorteile für Ihre Kund:innen

Egal ob Sie ein Restaurant, eine Bar, einen Schnellimbiss oder eine Systemgastronomie betreiben, es lässt sich nicht vermeiden, dass Ihre Kund:innen ein wenig auf die Bestellung warten müssen. Diese Wartezeit können Sie nutzen. Zeigen Sie bewegte und vor allem interessante Anzeigen auf den Monitoren. Die Folge: Der Gast fühlt sich nicht gelangweilt. Dadurch wird die gefühlte Wartezeit kürzer. Ganz nebenbei entdeckt Ihr Gast auch noch Angebote, die für ihn interessant sind und die er vielleicht sonst übersehen hätte. Kurze Filme über Ihr Unternehmen oder die Produktion und Zubereitung Ihrer Speisen geben dem Gast ein gutes Gefühl und lassen ihn gerne wiederkommen.

Vorteile für Ihre Mitarbeiter:innen am Standort

Neben Service und Verkauf haben Ihre Mitarbeiter:innen vor Ort im Betrieb noch einiges zu tun. Alles muss ordentlich für die Kund:innen aussehen, alle Hygienerichtlinien müssen eingehalten werden und die Dokumentation dazu darf auch nicht fehlen. Der Zeitaufwand für das Beschriften von Kreidetafeln in einwandfreier und fehlerfreier Schönschrift sowie das Austauschen von Plakaten wird durch die Digital Signage deutlich minimiert. Das CoffeeBoard einfach per Fernbedienung oder sogar komplett automatisch einschalten und fertig.

Vorteile für Ihre Mitarbeiter:innen im Büro

Im Büro werden die Inhalte für alle Monitore zentral verwaltet. Hier spielt es keine Rolle, ob nur ein Monitor bespielt werden soll oder Hunderte an verschiedenen Standorten. Bei vielen Monitoren können Sie diese in Gruppen zusammenfassen. So müssen Sie nur einmal pro Gruppe Inhalte hinterlegen. Aus Erfahrung lassen sich beispielsweise 150 Monitore an 50 Standorten in nur 15 Minuten pro Woche bespielen! Die Inhalte planen Sie für Monate im Voraus und können bei Bedarf trotzdem spontan ins Tagesgeschäft eingreifen und die Ausspielung ändern.

Sowohl Ihre Mitarbeiter:innen an den Standorten als auch Ihre Mitarbeiter:innen im Büro sparen Zeit durch die einfache Verteilung der Werbung – so weit, so gut. Sie können bestimmen, was Ihre Kund:innen in Ihren Räumlichkeiten an Werbung zu einer bestimmten Zeit sehen. Neben Angeboten können Imagefilme, Veranstaltungshinweise oder Stellenausschreibungen präsentiert werden, also genau die Inhalte, die Sie transportieren möchten. Digital können Sie spontan reagieren. Das Drucken und Verteilen von Plakaten dauert in der Regel einige Tage. Haben Sie mehrere Standorte, ist ein einheitlicher Werbeauftritt komfortabel umsetzbar, passend zur Webseite oder den Social-Media-Kanälen.

Voraussetzungen für eine reibungslose Installation

Für eine reibungslose Installation werden lediglich eine Stromversorgung in Monitornähe und eine Internetverbindung benötigt. Hier reicht sogar das übliche WLAN aus. Sollte eine ganze Videowand gewünscht sein, gilt es zusätzlich noch zu beachten: Die Präsentationsmonitore haben eine Einbautiefe. Da die Videowand idealerweise bündig mit der Wand abschließen sollte, müssen die Monitore entsprechend nach hinten versetzt eingebaut werden. Wie viel die Einbautiefe tatsächlich beträgt, hängt von den Monitoren ab und sollte im Vorfeld abgesprochen werden. Die Kommunikation mit dem Ladenbauer, auch wegen des zeitlichen Ablaufplans, ist für einen störungsfreien Ablauf wichtig!

Fazit: Digital Signage ist ein wirkungsvolles Instrument zur Kommunikation mit Ihren Kund:innen. Bei korrektem Einsatz (Art, Konzeption, Inhalt, Zeitpunkt) können die gewünschten Ziele, beispielsweise eine Umsatzsteigerung durch Zusatzverkäufe, schnell erreicht werden. Bewiesenermaßen reagieren Kund:innen positiv auf die bewegten Bilder. Durch die simple Gestaltung des Systems sparen sich Ihre Mitarbeiter:innen, sowohl im Büro als auch an den Standorten, wertvolle Arbeitszeit. Ihren einheitlichen Werbeauftritt gemäß Ihres Corporate Designs von der Webseite oder Ihren Social-Media-Kanälen bringen Sie damit direkt in Ihre Räumlichkeiten. Auch die Installation des Systems und der Monitore vor Ort kann schnell und einfach durchgeführt werden.

Checkliste: Digital Signage

✓ **Ziel definieren**: Zusatzverkäufe generieren, mehr Kund:innen anlocken
✓ **Konzept erarbeiten**: Mit welchen Angeboten kann ich mein Ziel erreichen?
✓ **Techn. Voraussetzungen**: Stromzufuhr in Monitornähe, WLAN/Netzwerkanschluss
✓ **Installation des Systems im Büro**: Inklusive Schulung und Einrichtung
✓ **Installation der Monitore am Standort**: Zusammen mit Ihrem Ladenbauer

Über Simply POS

„Mein Bondrucker funktioniert nicht mehr! Können Sie mir bitte helfen?" – „Sie rufen außerhalb unserer Öffnungszeiten an, probieren Sie es morgen noch mal …" Diese Antwort werden Sie von uns nicht bekommen! Wir von Simply POS wissen, es kommt neben dem Kassensystem vor allem auf die Betreuung an! Die Erfolgsgeschichte von Simply POS beginnt, ähnlich wie bei vielen erfolgreichen Unternehmen, nicht direkt in eigenen Büros, sondern „hinterm Wohnzimmerschrank". Von hier aus verkauft, installiert und betreut Gründer Gerd Klein die ersten Kassensysteme selbst.

Aktuell ist Simply POS mit drei Standorten und zehn Mitarbeiter:innen deutschlandweit im Einsatz für die Gastronomie, Hotellerie, Bäckerei, Fleischerei und viele weitere Branchen. Neben der Anbindung von Handhelds und Küchenmonitoren binden wir auch Waagen, Wiegeladen und Schankanlagen ein.

Tobias Kreilaus und Inhaber Gerd Klein

Über den Autor

Tobias Kreilaus gehört mittlerweile seit sieben Jahren zur Mannschaft bei Simply POS am Standort Bad Driburg. Er kam als zweiter Mitarbeiter an Bord und hat die Entwicklung des Unternehmens gemeinsam mit Gerd Klein vorangetrieben. Heute ist er Verkaufsberater und Marketingleitung. In dieser Funktion spricht er mit den Kund:innen häufig über Marketingpotenziale mit und ohne Digital Signage.

Kontakt

Simply POS Kassensysteme
Am Siedlerplatz 5
33014 Bad Driburg
05253 – 975 60 77
www.simply-pos.de

22. Video Killed The Radio Star!
Wie Sie Ihr Marketing mit Videos aufpeppen

MTV wusste bereits in den frühen 1980ern, dass das Video das Format der Neuzeit sein wird. Heute, 2021 wissen wir, dass sie damit recht behalten sollen. Neugierig geworden? Dann sind Sie hier genau richtig. Am Ende dieses Kapitels werden Sie, als Gastronom oder Hotelier, dazu in der Lage sein, Videomarketing für Ihren Betrieb nachhaltig und messbar einzusetzen und Ihren Mitbewerbern dadurch einen bedeutenden Schritt voraus zu sein.

Videomarketing Basics

Wie das Bewegtbild das Marketing revolutionierte

Sein Debüt feierte das Videomarketing im Jahre 1941, als die Marke Bulova, welche noch heute als renommierte Brand für hochqualitative Uhren gilt, den ersten kommerziellen Werbespot während eines Yankee-Spiels in New York ausstrahlte.

40 Jahre später folgte der Musiksender MTV mit dem ersten kommerziellen Musikvideo, welches einen Titel trägt, der passender nicht sein könnte: Video Killed The Radio Star!

www.youtube.com/watch?v=W8r-tXRLazs

Etwa zwei Jahre später, im Jahr 1984, sollte das Videomarketing die breite Masse erreichen – und zwar durch niemand geringeren als die Marke Apple. Während einer weltweit bekannten Sportveranstaltung, dem Super Bowl XVIII, strahlte Apple seinen legendären Werbespot für den Macintosh aus.

Apples Werbespot „1984" ist an den gleichnamigen Roman von George Orwell angelehnt und spielte (ironischerweise) mit der Message, dass das Jahr 1984 eben nicht wie der Roman 1984 enden wird.

www.youtube.com/watch?v=R706isyDrqI

Spätestens zu diesem Zeitpunkt war klar, dass das Bewegtbild nicht mehr wegzudenken ist und das Marketing wie auch die gesamte Werbebranche per se revolutionieren wird.

20 Jahre später – passend zum Start des neuen Millenniums – wurde 2005 *die* Plattform für das moderne Bewegtbild ins Leben gerufen: YouTube.

Nur ein Jahr später witterte der Big Player Google, gegründet kurz vor der Jahrtausendwende, seine Chance und kaufte YouTube für unglaubliche 1,65 Milliarden US-Dollar. Auch wenn diese Summe im ersten Moment unvorstellbar wirken mag, ist sie doch nur ein Bruchteil dessen, was Google heute mit der Plattform erwirtschaftet.

> Schon gewusst? Alleine im Jahr 2019 hat Google laut eigenen Angaben über 15 Milliarden US-Dollar mit YouTube umgesetzt[*] – Tendenz steigend.

Zurück im Jahr 2021 ist eines klar: Der Markt und die Akzeptanz von Video(-Marketing) wächst unaufhaltsam. Neben dem organischen und teils vorhersehbaren Wachstum ist dafür vor allem ein Ereignis stark treibende Kraft: die weltweite Corona-Pandemie. Deutlich wird dies durch aktuelle Statistiken, die beweisen, dass Video mehr kann als nur lustige Katzenvideos. Es hat sich als das Mittel der Kommunikation etabliert.

Bereits 2016 gaben laut dem „State of Video Marketing Report" von Wyzowl[**] rund 60 Prozent der befragten Unternehmen an, dass sie Bewegtbild als Marketing Tool nutzen. 2020 waren es schon fast 90 Prozent.

---

[*] Nick Statt, „Alleine im Jahr 2019 hat Google laut eigenen Angaben über 15 Milliarden US-Dollar mit YouTube umgesetzt", 2020. Online abrufbar unter www.theverge.com/2020/2/3/21121207/youtube-google-alphabet-earnings-revenue-first-time-reveal-q4-2019

[**] wyzowl, „State of Video Marketing Report", 2020. Online abrufbar unter www.wyzowl.com/video-marketing-survey-2020/

Macht sich dies aber nun auch bezahlt oder handelt es sich lediglich um ein weiteres Fragezeichen in der Budgetplanung? Auch dies lässt sich in der besagten Studie herausfinden: Während 2015 nur 33 Prozent der Unternehmen sagten, dass sie mit dem Einsatz von Video-Marketing einen positiven Return on Invest* erzielen konnten, gaben im Jahr 2021 ganze 87 Prozent an, dass es ihnen gelungen ist.

> Schon gewusst? Laut dem globalen Unternehmen Cisco werden 82 Prozent des weltweiten Internetverkehrs bis 2022 auf das Streaming von Videos und Downloads entfallen.

Bewegtbild ist gekommen, um zu bleiben! Wenn Sie bis dato auf den Einsatz von Videomarketing verzichtet haben, ist jetzt die Zeit, um damit zu beginnen. Grenzen Sie sich mit Videos von Ihren Mitbewerbern ab. Machen Sie den Unterschied!

Wie man Videos (nicht) erfolgreich verwendet

Der erste Schritt ist bekanntlich der schwerste: Beim erfolgreichen Videomarketing gibt es mindestens genauso viele Stolpersteine wie bei allen anderen Werbemaßnahmen und Kanälen. Um Ihnen ein Gefühl für Erfolg und Misserfolg im Videomarketing zu geben, beschäftigen wir uns in den kommenden Absätzen mit gelungenen und weniger gelungenen Beispielen.

Was macht erfolgreiches Videomarketing eigentlich aus? Kurz gesagt: Eine pauschale Antwort gibt es nicht. Es kommt auf Ihre Marke, Ihre bisherige Kommunikation nach außen und vor allem auf Ihr Ziel an.

Mögliche Ziele einer erfolgreichen Videomarketing-Kampagne:

maximale Reichweite zur Steigerung Ihrer Produktbekanntheit,
Ankurbeln Ihrer Dienstleistungs- oder Produktverkäufe,
Etablierung am Markt/Markenbekanntheit,
Kundenbindungsmaßnahmen,
Pre-Sales-/After-Sales-Maßnahmen,
Verbreitung von Lerninhalten und Tutorials.

---

* Der Return on Investment (ROI) beschreibt eine betriebswirtschaftliche Kennzahl, die den Gewinn im Verhältnis zum Aufwand angibt.

Getreu dem Motto „Der Weg ist das Ziel" ist eben genau die sorgfältige Auswahl Ihres Ziels der erste, wichtige Schritt zum Start von erfolgreichem Videomarketing.

Ein beliebter Irrtum ist, dass stets der Produkt- oder Dienstleistungsverkauf im Vordergrund stehen muss.

Edekas Weihnachtsspot 2015

www.youtube.com/watch?v=V6-okYhqoRo

Die Weihnachtskampagne von Edeka gilt als eine der (in Deutschland) erfolgreichsten Videokampagnen aller Zeiten mit beinahe 68 Millionen Aufrufen bei YouTube – und das trotz folgender Fakten:
Die Marke „Edeka" steht (eher) im Hintergrund,
es gibt (fast) keine Produktplatzierungen und
der Spot hat eine Länge von über 100 Sekunden
(weit länger als übliche Werbespots).

Was macht genau dieses Video so erfolgreich? Das Stichwort lautet „Emotionen". Erzählt wird im Spot eine rührende (Familien-)Geschichte, die selbst Hartgesonnene zu Tränen rührt, Marketer sprechen in diesem Zusammenhang vom „Storytelling"*.

Edekas Weihnachtsspot 2020

www.youtube.com/watch?v=sSd-fnPVoY4

Dass man auch sehr leicht danebengreifen kann, beweist Edeka allerdings ebenfalls selbst: im Jahr 2020. Ergebnis dieses Videos: 437 000 Aufrufe, knapp 40 000 „Dislikes" und die Kommentare der User fielen absolut vernichtend aus. Ein Shitstorm.

Was genau ging dieses Mal schief? Edeka hat in seinem Spot von 2020 versucht, die Themen Toleranz, Offenheit und Vielfalt zu behandeln. Dabei sind die Macher in jeden erdenklichen Fettnapf getreten. Der Ver-

---

* Storytelling ist eine Erzählmethode, mit der das zu vermittelnde Wissen in Form von Leitmotiven, Symbolen, Metaphern oder anderer Rhetorik weitergegeben wird.

such, Offenheit und Aufgeschlossenheit zu demonstrieren, ging ordentlich nach hinten los. Was lernen wir daraus?

3 Faustregeln für Videospots

1. **Keine politischen oder gesellschaftskritischen Themen** (sofern Ihre Marke diese nicht explizit behandelt)
2. **Nichts über Sexualität, Diskriminierung oder Ähnliches** (selbst, wenn Sie eigentlich darauf aufmerksam machen wollen)
3. **Konzentrieren Sie sich auf Ihre Marke** (die Geschichte sollte Ihre Werte, Produkte, Dienstleistungen beinhalten)

Auch weltweit agierende Marken wie Pepsi sind nicht vor einem Fauxpas gefeit. Das beweist die Werbekampagne von 2017, gemeinsam mit Kendall Jenner.

Pepsis Polizeispot

www.youtube.com/watch?v=uwvAgDCOdU4

In diesem Video wird das Model als Friedensstifterin zwischen Demonstranten und Polizisten gezeigt – mit einer Dose Pepsi in der Hand. Auch hier wurde versucht, mit aktuellen gesellschaftskritischen Themen zu spielen – vielleicht sogar auf positive Beeinflussung gehofft. Stattdessen wurde Pepsi vorgeworfen, Polizeigewalt zu verharmlosen.

Die Konsequenz: Pepsi reagierte prompt mit einer öffentlichen Entschuldigung und zog den Spot zurück. Ironisch bleibt die Sache zuletzt deshalb, da die Darstellerin Kendall Jenner, die ja für „Verantwortung zeigen" warb, nie die Verantwortung für den Spot übernahm. Sie schweigt bis heute.

Aber es geht auch anders. Dass man sich mit viel Geschick dann doch an gesellschaftskritische Themen wagen kann, beweist Pepsis Konkurrent Coca-Cola.

www.youtube.com/watch?v=1VM2eLhvsSM

1971 bediente sich Coca-Cola der amerikanischen Frie-
densbewegung in einem Super Bowl Spot (bestehend aus
drei Clips). Diese Verwendung wurde nicht nur nicht kri-
tisiert, sondern von den Medien und der Masse in den
höchsten Tönen gelobt.

Videomarketing für Gastronom:innen und Hotelier:es

Zurück zu Ihnen als Gastronom:in: Wie können Sie Videomarketing nutzen?

Für Sie eignet sich ein anderer Videotyp besser: die bestmögliche, Präsentation des eigenen
Hauses, des Personals, der Leistungen und der Vorteile.

Wie das am besten funktioniert und worauf Sie bei der Produktion Ihrer Videos achten sollten, lesen Sie im nächsten Absatz.

Classy vs. Trashy vs. Sketchy

Welcher Video- und welcher Produktionstyp sich am besten für Sie und Ihren Betrieb eignet,
kommt – neben Ihrem Ziel – auf das Image und die Außenwahrnehmung Ihrer Marke an.

Traditionelle Familienbetriebe mit uriger Einrichtung sollten beispielsweise darauf verzichten, Schauspieler für ihren Clip zu engagieren. Sie würden nicht authentisch wirken. Was als
authentisch angesehen wird, ist von Fall zu Fall unterschiedlich.

Auf der sicheren Seite sind Sie meist durch den Einsatz eigener Mitarbeiter:innen oder Stake-
holder:innen.

> **Wichtig:** Sowohl die Darsteller:innen als auch die Videoproduktion selbst müssen an Ihr Haus und Ihre Werte anknüpfen, damit die Wahrnehmung Ihres Hauses nicht verzerrt wird.

Neben der Auswahl der sichtbaren Personen und Markenbotschafter in Ihrem Werbespot können folgende Kriterien ebenfalls über Erfolg und Misserfolg entscheiden:

Erzählen Sie eine Geschichte? Versuchen Sie Abstand von generischen Präsentationen Ihres Hauses zu nehmen. Erzählen Sie eine Geschichte, beispielsweise die eines Gastes von Ankunft bis Abreise.

Werden die Werte Ihres Hauses deutlich? Gehen Sie immer von Neukund:innen aus. Diese kennen Ihr Restaurant oder Hotel im Zweifelsfall nicht. Ihnen müssen Sie innerhalb weniger Sekunden einen Eindruck über Sie und Ihre Werte vermitteln.

Werden Ihre USPs* gezeigt? Was macht Ihr Hotel oder Restaurant so besonders? Speziell in Urlaubsorten mit vielen Wettbewerber:innen ist es wichtig, Ihre Besonderheit zu vermitteln. Vielleicht ist es Ihr Standort, Ihre Küche, Ihr Ambiente oder die Geschichte, die Ihr Haus erzählt.

Passt die Produktion zu Ihrem Betrieb? Ein Innenstadt-Hotel mit Neubau und glänzender Glasfront sollte bei der Produktion ebenfalls hochwertig „classy" wirken. Das erreicht man zum Beispiel mit modernen, „hippen" Elementen: durch die Art der Aufnahme (Drohne, Qualität, Schnitt etc.) oder die Post-Produktion (mehrsprachige Untertitel, passende Musikauswahl, Animationen und Intro-/Outro-Sequenzen).

> **Wichtig:** Ein traditioneller Familienbetrieb kann sich zwar eine günstigere Produktion erlauben, sollte aber dennoch darauf achten, nicht zu billig, also umgangssprachlich „trashy" wahrgenommen zu werden. Die Produktion sollte trotzdem noch professionell anmuten und die richtige Zielgruppe erreichen.

---

* USP steht für Unique Selling Proposition: Als Alleinstellungsmerkmal wird im Marketing und in der Verkaufspsychologie das herausragende Leistungsmerkmal bezeichnet, durch das sich ein Angebot deutlich vom Wettbewerb abhebt.

Wie erwähnt, gibt es kein allgemeines Erfolgsrezept für die perfekte Videoproduktion für Ihren Betrieb, wohl aber Kniffe und Tricks, die die Erfolgschancen steigern.

Die musikalische Untermalung

Modernes Innenstadthotel: moderne, ruhige Musik; sollte nicht ablenken

Traditionelles Altstadthotel: klassische Musik; Akustik-Elemente

Uriges Almhotel: regionale Musik; Akustikversionen (ohne Gesang)

Der richtige Videotyp

Boutique-/Design-Hotel: gerne im „sketchy" Stil; künstlerisch, auch mit Teilanimationen denkbar wie beispielsweise Bleistiftstriche, Ornamente

Gehobenes Restaurant: Hochglanzproduktion mit Fokus auf Speisen; qualitativ hochwertige Nahaufnahmen; auch Zeitlupe, zum Beispiel in der Küche

Urige Bar/uriges Restaurant: Mensch im Vordergrund; Präsentation des Teams als Porträtaufnahmen; gegebenenfalls schwarz-weiß oder geringe Sättigung mit entsprechendem Kontrast-Setup

Die passende Post-Produktion

Untertitel: Achten Sie bei der Auswahl der Untertitel auf Ihre Zielgruppe bezogen auf Sprache, Wortwahl und so weiter.

Farbeinstellungen: Die Farbkorrektur sollte zum bisherigen Erscheinungsbild passen – nicht zu hohe Kontraste; bei Außenaufnahmen mit grünen Wiesen sind hohe Kontrastwerte dagegen vorteilhaft.

Make it easy, make it lean!

Nachdem wir Ihnen aufgezeigt haben, welche Möglichkeiten es beim Video-Marketing gibt und welche Grundpfeiler Sie beachten sollten, beschäftigen wir uns nun mit der praktischen Umsetzung.

Neben der richtigen Zielauswahl und der passenden Videoproduktion ist vor allem eines wichtig: die Nutzung des richtigen Kanals. So sehr sich YouTube, Vimeo oder vergleichbare Plattformen für die Verbreitung von Videos eignen, so ungeeignet sind sie in der Regel für Unternehmen. Besser: Präsentieren Sie sich in einem geschlossenen Kosmos und vor allem in der eigenen Corporate Identity!

Typische Probleme mit gängigen Videolösungen wie YouTube & Co könnten beispielsweise sein:

Thema: Ihr Video wird – oft als Suchergebnis – innerhalb einer ganzen Sammlung thematisch passender Videos präsentiert. Die Folge: Ihr:e Wettbewerber:in ist nur einen Klick entfernt. Die Bereiche „Ähnliche Videos" oder „Empfohlene Videos" direkt neben Ihrem Video lenken zusätzlich ab.

Umgebung: In der Regel wird Ihr Video stets in der Umgebung der gewählten Plattform eingebunden – ohne Anpassung an Ihren Stil und Ihr Design. Die Wahrnehmung Ihrer Marke wird dadurch auf ein Minimum reduziert.

Ergänzungen: Meist fehlen ebenfalls Möglichkeiten, weiterführende Inhalte wie zusätzliche Texte, Dateianhänge (beispielsweise Corona-Maßnahmen in Ihrem Hause) als PDF-Dateien oder Bildergalerien zu platzieren.

Flexibilität: Die existierenden Web-Applikationen für Hotelier:es/Gastronom:innen erlauben wenig Spielraum, zumindest bei kostengünstigen Lösungen.

Mit dem Wunsch, diese Problematik zu lösen, wurde 2020 die Plattform talkindly gegründet. Getreu dem Motto „Make it easy, make it lean!" soll sie den Gastronom:innen und Hotelier:es eine einfache Möglichkeit bieten, sich mit Videomarketing von ihrer Konkurrenz abzuheben.

Mit talkindly erschaffen Sie mit sechs Klicks das perfekte (Video-)Erlebnis für Ihre Besucher und Gäste.

Die perfekte User Journey

Um das beste Nutzererlebnis „User Journey" zu erreichen, begleiten Sie Ihre Gäste durchgängig vom ersten Kontakt bis zur Abreise.

Altstadthotel Kasererbräu in Salzburg

www.kasererbraeu.at

1.   Buchung auf der Kasererbräu Website

Hier im „Above the Fold"-Bereich sind alle wichtigen Infos ohne zu scrollen sichtbar:

Wie ist das Wetter in Salzburg?

Wo liegt das Altstadthotel Kasererbräu?

Wie bewerten Gäste das Altstadthotel?

Video über das Hotel – Stichwort: Videomarketing!

2.   Die personalisierte Reise beginnt

Begrüßungs-E-Mail mit weiterführenden Informationen und Link zur durch talkindly bereitgestellten Landingpage

Landingpage mit persönlicher Video-Botschaft vom Direktor des Hotels und wichtigen Informationen für die Anreise direkt als PDF-Download.

Pre-Stay-E-Mail wenige Tage vor dem Besuch mit Video-Link auf der Website für den ersten Eindruck der Räumlichkeiten und wieder ergänzende Infos, diesmal über die Umgebung.

Abschluss-E-Mail nach dem Besuch mit Dankes-Video-Botschaft vom Direktor des Hotels und einem Gutschein für den nächsten Besuch.

Diese beispielhafte User Journey zeigt, dass ein Hotel dank der richtigen Technik die Kontaktpunkte so optimieren kann, dass sich der Gast persönlich betreut fühlt und das Hotel in guter Erinnerung bleibt. Das können Sie auch!

Mögliche User-Journey in der Gastronomie

Begrüßungs-E-Mail nach Tischbuchung mit Buchungs-Informationen und talkindly Link zur Landingpage.

Landingpage mit persönlichem Begrüßungsvideo vom/von der Restaurantleiter:in oder Küchenchef:in mit Dankesbotschaft und aktueller Speisekarte.

Pre-Stay-E-Mail: 24 Stunden vor dem Besuch mit einer Video-Botschaft des Küchenchefs/der Küchenchefin – er/sie präsentiert die aktuellen Tages- oder Wochengerichte. Beiliegend außerdem aktuelle Corona-Maßnahmen direkt als PDF-Download.

Abschluss-E-Mail nach dem Besuch mit Dankes-Video-Botschaft und der Bitte, eine Bewertung abzugeben.

Warum Sie jetzt mit Videomarketing starten sollten

Image-Bonus als Vorreiter nutzen.
Video-Vorteile nutzen: Ein Video sagt mehr als 1000 Worte.
Kostengünstige Optimierung von Pre-Sales und After-Sales.
Vertrauen in die Marke, Produkte und Dienstleistungen schaffen.
Mit außergewöhnlicher Nutzererfahrung in Erinnerung bleiben.

- ✓ Mögliche Hindernisse ausloten.
- ✓ Ziele definieren: Mehr Gäste? Mehr Kundenbindung? Mehr Reichweite?
- ✓ Finden Sie Ihre Geschichte: Menschlichkeit! Emotionen!
- ✓ Video-Typ und Bestandteile wählen (siehe Tipps).
- ✓ Den richtigen Kanal wählen.

Über den Autor

Dominik Waitzer ist geschäftsführender Gesellschafter des Digital Business Accelerators „DeSight Studio®" mit Sitz in München und Chief Strategy Officer der SaaS-Plattform „talkindly".

Seine Liebe zur digitalen Welt entdeckte Dominik bereits als kleiner Junge in seiner Heimat Salzburg, in Österreich – anschließend und vertiefend in seiner beruflichen Laufbahn, allem voran als internationaler Brandmanager für den asiatischen E-Commerce-Giganten Rakuten mit Hauptsitz in Japan.

Seit über zwölf Jahren berät Dominik Waitzer Unternehmen jeder Branche und jeder Größe in ganz Europa. Gemeinsam mit Carolina Waitzer und Prof. Dr. Clemens Engelhardt hat er die Software „talkindly" entwickelt.

Kontakt

dominik.waitzer@desightstudio.com
+49 (0)173 / 86 444 97
www.linkedin.com/in/dominikwaitzer/

23. Die Macht der Beurteilungssysteme:
Fünf einfache Regeln für dauerhafte Umsatzsteigerung

Es gibt sie noch, die gute alte Mundpropaganda! Der größte Teil der Individualgastronomie hofft und lebt von Empfehlungen. Ältere Semester aus der vordigitalen Ära verlassen sich auch heute noch auf die analoge Empfehlung ihrer Gäste, um neue Kund:innen zu gewinnen – oft mit schwindendem Erfolg. Ist Mundpropaganda dein Marketing-Instrument Nummer eins?

In diesem Kapitel erfährst du, warum es sinnvoll ist, Beurteilungssysteme zu nutzen und welche fünf Regeln du beachten solltest. Danach kannst du dich gegen den positiven Effekt kaum noch wehren.

Damit du das Konzept ganz einfach in deinem Geschäft umsetzen kannst, kommt zunächst noch etwas Basiswissen vorab.

Schon gewusst? Wenn Gäste dich weiterempfehlen, ist das eine tolle Sache und spricht für dich! Aber warum verzichtest du auf noch mehr Umsatz und zufriedene Gäste? Kolleg:innen, die schon digital unterwegs sind, haben Umsatzsteigerungen von 44 Prozent! Ohne auch nur einen Euro in Werbung zu investieren.

Das am schnellsten wachsende Bewertungsportal für Restaurants ist Google. Laut einer Umfrage lesen allein in Deutschland über 60 Prozent aller Restaurantbesucher vor dem ersten Lokalbesuch die Rezensionen, um sich ein Bild zu machen und final zu entscheiden.

Wichtig: Bei der Suche nach einem guten Restaurant vertrauen Menschen auf die Aussagen von Freund:innen. Wenn keiner aus der näheren Bekanntschaft etwas dazu beisteuern kann, wird gegoogelt.

Die Kombination aus Suchmaschine, Navigation und Bewertung macht es den Gästen sehr einfach. Google belohnt den/die Nutzer:in, weil er anderen hilft, ein geeignetes Lokal zu finden, und das Restaurant, indem es sichtbar in der Suche platziert wird.

Eine positive Google-Restaurant-Bewertung ist folglich für Kund:innen und für Restaurantbesitzer:innen eine feine Sache. Regelmäßige Top-Bewertungen und damit eine große Anzahl an Bewertungen erst recht.

Fakten

70 Prozent der Gäste würden eine Bewertung abgeben – nach Aufforderung.

60 Prozent schauen sich vor einem Restaurantbesuch die Bewertungen an.

90 Prozent der Konsumenten vertrauen den Bewertungen genauso wie Empfehlungen von Bekannten.

45 Prozent höhere Wahrscheinlichkeit, dass der Gast kommt, wenn auf eine negative Bewertung reagiert wurde.

5 Prozent höhere Kundenbindungsrate = 25 Prozent mehr Umsatz.

26 Prozent höhere Umsätze durch saisonale Aktionen.

92 Prozent der deutschen Internetuser verwenden Google für ihre Suchanfragen.

Durchschnittliche Bewertungen von 4,35 Sternen, wenn proaktiv um eine Bewertung gebeten wurde.

Durchschnittliche Bewertungen von 3,89 Sternen, wenn nicht proaktiv um eine Bewertung gebeten wurde.

Die letzten zwei bis drei Bewertungen werden überwiegend gelesen.

Die Macht der Bewertungen

Gästebewertungen sind ein Spiegelbild der wahrgenommenen Leistung. Mit fünf bis zehn Bewertungen pro Tag kann man die tägliche Performance überprüfen und Fehler sofort korrigieren.

Parallel zu öffentlicher Bewertung kann man auch ein internes personalisiertes Bewertungssystem installieren. Gerade bei Onlinebestellungen sind alle notwendigen Daten schon vorhanden. Man hat die Kontaktdaten der Kund:innen und den Warenkorb. Gibt es eine Reklamation, kann man so viel leichter überprüfen, wo der Fehler entstanden ist. Regeln oder Prüfsysteme können aufgestellt werden, um diesen Fehler zukünftig zu vermeiden. Der Kunde/die Kundin kann gezielt und persönlich angeschrieben werden. Das richtige Reklamationsmanagement kann dazu beitragen, Ihre Kund:innen nicht nur zufriedenzustellen, sondern langfristig zu binden.

Grundsätzlich sollten die Gästebewertungen zwischen 4 und 5 Sternen und der Durchschnitt nicht unter 4,3 Sternen liegen. Die positive Wirkung auf den gesamten Personalstamm ist nicht zu unterschätzen. Schaffe ein System, dass es allen Mitarbeiter:innen ermöglicht, die neusten Bewertungen und deine Kommentare dazu zeitnah zu sehen.

> **Tipp:** Laut einer Studie erhalten 65 Prozent aller Mitarbeiter:innen innerhalb von drei Monaten kein Feedback. Siehe dazu auch das Interview mit Kerstin Rapp-Schwan ab Seite 103. Mit diesem System partizipieren deine Mitarbeiter:innen an dem positiven Feedback deiner Gäste. Das schafft eine positive Stimmung – und gute Laune ist ansteckend!

Die Erfahrung hat gezeigt, dass ein großer Teil der Stammkund:innen bereit ist, immer wieder Bewertungen abzugeben und auch zu kommentieren. Du kannst diese Kontaktbereitschaft nutzen und Angebote und News mit deinen Kund:innen teilen. Diverse automatisierte Tools vereinfachen die Arbeit. Mit der richtigen Kundenansprache schaffst du so einen weiteren Baustein zur Kundenbindung.

Gäste-Bewertungen

Bewusst eingesetzte Bewertungen deiner Gäste sorgen für:

mehr Sichtbarkeit,
mehr Gäste,
mehr Umsatz und Gewinn,
ein hochmotiviertes Team,
weniger Fehler und
stärkere Kundenbindung.

Kundenbewertungssysteme sind eine gute Kommunikationsmöglichkeit. Neben Google gibt es noch weitere Bewertungssysteme. Einige sind direkt mit deiner Website verknüpft. Mit einer Teilanonymisierung ist es möglich, diese Bewertungen auch direkt auf deiner Webseite zu veröffentlichen. Dann hast du auch schon die Kontaktdaten und E-Mail-Adresse deiner Kund:innen erhalten. Mit einem entsprechenden Hinweis nutzt du ganz DSGVO-konform die Adressen zum Beispiel für ein Newsletter. So kannst du mit Bildern, Videos und Texten kommunizieren und auch sehr viel mehr über deine Gäste erfahren. Die Bewertungen führen zu mehr und intensiveren Kundenkontakten. Es werden

Veranstaltungen angefragt,
neue Gerichte kommentiert,
neue Mitarbeiter:innen gelobt und
Stellenangebote nachgefragt und sich beworben.

Fünf einfache Regeln

1. Sorge für fünf und mehr Bewertungen pro Tag.
2. Reagiere innerhalb von 24 Stunden auf jede Bewertung.
3. Sei für jede negative Bewertung dankbar!

   Wenn ein Gast seinen Ärger bei dir loswird, ist das besser, als wenn er es zehn potenziellen Gästen erzählt.

   Du kannst dich bei dem Gast entschuldigen und eine Wiedergutmachung anbieten.

   Damit kannst du den Gast fester an dich binden als zuvor. Gäste, die erkennen, dass es dem/der Gastgeber:in wirklich leidtut, erkennen die Entschuldigung an und sind dem Lokal stärker verbunden.

   Reklamierende Gäste, die wiedergewonnen werden konnten, teilen diese Erfahrung mit ihrem Netzwerk.

   Potenzielle Kund:innen lesen verstärkt Reklamationen und wie diese behandelt werden, um ihr eigenes Risiko besser einschätzen zu können.

   Mit der richtigen Einwandbehandlung auf eine Reklamation können unzufriedene Gäste zurück- und neue Gäste hinzugewonnen werden.

4. Bitte Gäste proaktiv um eine Bewertung und biete ihnen eine Kleinigkeit dafür an.
5. Sammle die E-Mail-Adressen deiner Kund:innen, um den Kontakt mit ihnen steuern zu können und um in die Interaktion zu kommen.

Wichtig: Die folgenden Punkte solltest du unbedingt beachten:

Kaufe niemals Google-Bewertungen! Lügen haben kurze Beine ...
Lasse niemals Google-Bewertungen löschen! Außer vom Gast selbst.
Schreibe keine Rundmails und bitte um Bewertungen! Das Erlebnis zählt.

Wenn du die obenstehenden 5 einfachen Regeln umsetzt, dann werden

potenzielle Gäste dich leichter finden,
die Beurteilungen und Kommentare für mehr Gäste sorgen,
Gäste stärker an dich gebunden, da ihre positiven Bewertungen bei ihnen in Erinnerung bleiben und sie gerne wiederkommen und
Google wird dich besser ranken.

Dich hat das Konzept überzeugt? Dann mache den nächsten Schritt in die Profiliga! Spätestens, wenn du über 50 Bewertungen pro Monat erhältst, solltest du

das Verfahren automatisieren,
Google-Bewertungen generieren, analog und digital,
Danke-Mails versenden und
Angebote präsentieren.

Profi-Tipps

Kommuniziere mit deinen Gästen, wann immer du möchtest, und lade sie zur Interaktion ein.

Gerade dadurch, dass du dich an deine Gäste wendest, fühlen sie sich wahrgenommen und wertgeschätzt.

Du interagierst mit deinem Gast, wenn du ein Angebot formulierst. Je mehr Gäste es akzeptieren, desto besser hast du dein Angebot auf deine Gäste zugeschnitten.

Je weniger das Angebot nutzen, desto weniger Gäste hast du mit deinem Angebot angesprochen! Logisch und ganz einfach.

Nutze E-Mail-Marketing – es ist ein ausgezeichnetes, günstiges Instrument, um zu sehen, ob deine Angebote angenommen werden.

Versendest du 2000 E-Mails an deine Gäste mit einem neuen Angebot und es nutzen nur 2 Prozent, ist es nicht attraktiv und du kannst schnell reagieren!

Hast du erst die Speisekarte gedruckt, in Facebook gepostet und in der Zeitung beworben, merkst du erst Wochen später, dass dein Angebot nicht zieht. Dann sind die Kosten bereits entstanden!

Bekommst Du auf Deine 2000 E-Mails 20 Prozent positive Rückmeldungen, dann lohnt es sich, auf allen Kanälen zu werben.

Du möchtest nicht länger warten und aktiv den Erfolg deines Betriebes angehen? Dann setze ein Bewertungssystem ein, dass dir die Nutzung der E-Mail-Adressen deiner Kund:innen ermöglicht. Danach gibt es einen ganzen Blumenstrauß voller Möglichkeiten, die Interaktion mit deinen Gästen zu starten und zu intensivieren, wie die folgenden Beispiele zeigen sollen.

Professionelle Tischaufsteller mit QR-Code/Link

Automatisierte Beurteilungsaufforderungen (das macht dich unabhängig von den Service-Mitarbeiter:innen)

Ausfüllhilfen, die es den Gästen erleichtern, dir eine Bewertung zu geben

Automatisierte Speicherung der Kontaktdaten (natürlich DSGVO-konform!)

Bewertungen, die mit deiner Webseite verknüpft sind

Verbindung zu deinem Reservierungstool

Regelmäßige Angebote und Feedback deiner Gäste

Du siehst: Gäste aktiv nach einer Bewertung zu fragen, ist der Schlüssel zum Erfolg! Nutze im ersten Schritt das kostenlose Bewertungsportal von Google und deine Umsätze werden steigen! Ich wünsche dir ganz viel Erfolg dabei.

Über den Autor

Carlos Freding ist selbstständig, anfangs als Franchisenehmer, später mit seinem Konzept MyapplePizza. Er hat fünf eigene Betriebe eröffnet und bis November 2020 einen Lieferservice betrieben. Als Unternehmensberater hat er Unternehmer in die Selbstständigkeit geführt und über viele Jahre betreut. Zudem ist er Betriebswirt, zertifizierter Datenschutzbeauftragter, zertifizierter Management-Trainer (SHB) und Reiss Motivation Profile® Master.

Auf seiner Webseite: „Digitaler-Gastro-Marktplatz" finden Gastronom:innen Kontaktdaten zu nachhaltigen und digitalen Produkten und können diese vergleichen.

In dem Podcast „Gastro-Talk 360 Grad RUND UMS GESCHÄFT" werden alle Themen zur Unternehmensführung im Interview und als Solo Podcast behandelt.

Mit dem Taschenbuch „Regeln, Prinzipien und Weisheiten aus dem Business" gibt er allen Selbstständigen ein Handbuch für den Alltag an die Hand, um Fehler zu vermeiden und smarter erfolgreich zu werden.

Er ist Experte für Automatisierung & Digitalisierung für die System- & Individual-Gastronomie. Mit seiner Positionierungs- & Branding-Beratung hilft er Gastronom:innen, Kund:innen magnetisch anzuziehen.

24. Google Ads
für Gastronom:innen

Als Gastronom:in sieht man sich zunehmend vor der Herausforderung, Neukund:innen im Internet zu gewinnen, wo der Wettbewerb nur einen Klick entfernt ist. Wenn früher die Anzeige in der Tageszeitung oder das Verteilen von Flyern ausgereicht hat, wird die Internetwerbung ein immer wichtigerer Bestandteil der Werbestrategie.

Google Ads bietet zahlreiche Möglichkeiten, Sie als Restaurant zu präsentieren. Wir zeigen in diesem Kapitel anhand eines Praxisbeispiels auf, wie es Ihnen gelingt, dem Wettbewerb einen Schritt voraus zu sein und welche Einstellungen dabei relevant sind.

> **Wichtig:** Es entstehen Ihnen als Restaurant nur dann Kosten, wenn ein:e potenzielle:r Kunde/Kundin Ihre Anzeige sieht und auf diese klickt. Diese Einblendung kostet Sie nichts.

Warum brauchen Sie Google Ads?

Stellen Sie sich vor, es ist Sonntagabend. Sie sind in einer fremden Stadt und möchten essen gehen, wissen aber nicht genau, wo. Vielleicht wollen Sie ja mal was Neues ausprobieren oder haben einfach Lust auf einen leckeren Burger. Was tun Sie als Erstes? Sie öffnen auf Ihrem Handy den Internetbrowser und „googeln".

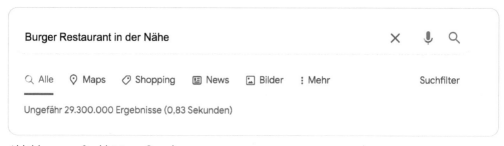

Abbildung 24.1: Suchleiste. © Google

Durch Ihre Suche in Google haben Sie nun eine Auswahl an Restaurants gefunden, die Burger servieren. Jetzt können Sie sich ein Bild der angebotenen Speisen machen und echte Bewertungen von Gästen durchlesen. Eine willkommene Entscheidungshilfe!

Abbildung 24.2: Suchergebnis mit Informationen und Google Maps. © Google

Nachfolgend zeigen wir Ihnen anhand des Grill- und Burger-Restaurants „Neuer Bahnhof", wie Sie Google-Anzeigen am effektivsten für Ihr Restaurant nutzen.

Google-Anzeigen „Ads" und Google My Business

Durch Google Ads sind Sie in dem Moment für Ihre Kund:innen präsent, in dem sie nach Ihren Produkten suchen.

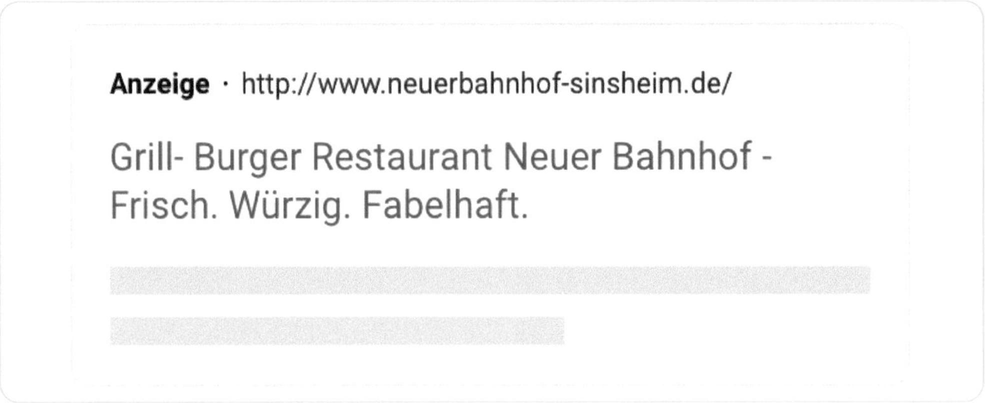

Abbildung 24.3: Kostenpflichtige Google-Anzeige. © Google

Neben dieser kostenpflichtigen Variante ist sehr wichtig, dass Sie auch einen guten, aktuellen und übrigens kostenlosen Eintrag in Google My Business erstellen. Dieser verbessert Ihre Darstellung sowohl unter den kostenpflichtigen Anzeigen als auch den kostenlosen Suchergebnissen und in Google Maps.

Abbildung 24.4: Eintrag für Google My Business. © Google

Ihr Profil können Sie auf www.google.com/business anlegen und pflegen.

> **Tipp:** Laden Sie regelmäßig neue Bilder/Videos von Speisen hoch und erstellen Sie Beiträge (zum Beispiel aktuelle Angebote, Neuigkeiten, Events), um Ihr Profil aktuell zu halten und in der Suche noch relevanter für Ihre Kund:innen zu sein.

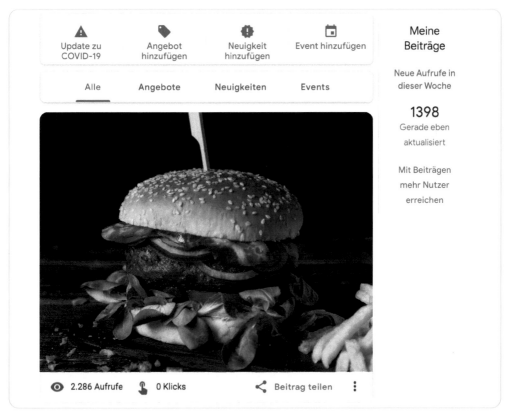

Abbildung 24.5: Aktuelle Informationen und Beiträge. © Google

Google-Konto anlegen

Für das Schalten von Anzeigen setzt Google ein Google-Konto voraus, das Sie schnell und einfach unter accounts.google.com erstellen können.

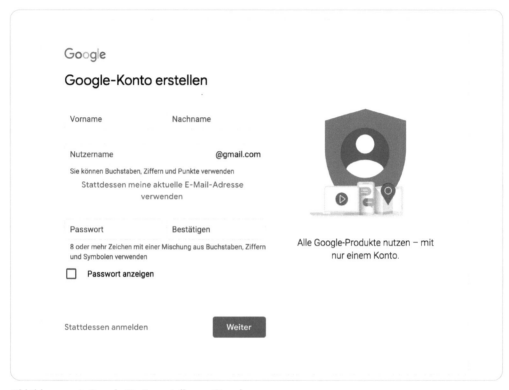

Abbildung 24.6: Google-Konto erstellen. © Google

Dafür legen Sie entweder eine neue Gmail-Adresse an oder verwenden stattdessen einfach Ihre aktuelle E-Mail-Adresse.

Google-Ads-Kampagne erstellen: Schritt-für-Schritt-Anleitung

Mit Ihrem Google-Konto und der dazugehörigen E-Mail-Adresse melden Sie sich über die Webseite ads.google.com an.

Abbildung 24.7: „Jetzt loslegen"-Button (rechts oben). © Google

Klicken Sie auf „Jetzt loslegen" und melden Sie sich mit Ihren Google-Konto-Daten an, um mit den Einstellungen zu beginnen.

Für Sie als Gastronom:in wird das wichtigste Werbeziel sein, neue Gäste für Ihr Restaurant zu gewinnen. Wählen Sie hierfür „Mehr Ladenbesuche" aus und klicken Sie auf „Weiter".

Abbildung 24.8: Werbeziel: Mehr Ladenbesuche. © Google

Im nächsten Schritt können Sie die Informationen aus Ihrem Google-My-Business-Konto nutzen, um die Kampagne schnell und unkompliziert einzurichten.

Abbildung 24.9: Kampagne einrichten. © Google

Nun haben Sie die Wahl, Ihre Anzeigen entweder mit Ihrem Google-My-Business-Profil oder Ihrer Webseite zu verknüpfen.

Tipp: Verlinken Sie in Google auch auf Ihr Unternehmensprofil, weil Sie hier aktuelle Bilder, Rezensionen und Events gepostet haben und Ihre Corporate Identity besser erlebt werden kann.

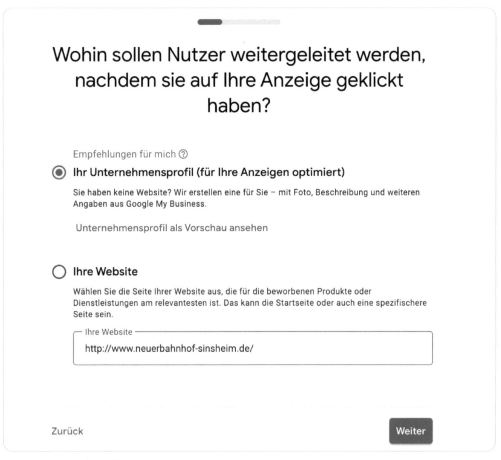

Wohin sollen Nutzer weitergeleitet werden, nachdem sie auf Ihre Anzeige geklickt haben?

Empfehlungen für mich ⑦

◉ Ihr Unternehmensprofil (für Ihre Anzeigen optimiert)

Sie haben keine Website? Wir erstellen eine für Sie – mit Foto, Beschreibung und weiteren Angaben aus Google My Business.

Unternehmensprofil als Vorschau ansehen

○ Ihre Website

Wählen Sie die Seite Ihrer Website aus, die für die beworbenen Produkte oder Dienstleistungen am relevantesten ist. Das kann die Startseite oder auch eine spezifischere Seite sein.

┌─ Ihre Website ─────────────────────────────────────┐
│   http://www.neuerbahnhof-sinsheim.de/   │
└──┘

Zurück   Weiter

Abbildung 24.10: Ziel-URL eingeben. © Google

Sie erhalten nun eine Vorschau Ihres Google-My-Business-Eintrags. Einmal in Form der mobilen Ansicht, das andere Mal in Form der Desktop-Ansicht (also auf einem Computer).

Nutzer landen nach dem Klick auf die Anzeige hier:

Mobil   Computer

6 neue Rezensionen

Bestätigt

Grill- Burger Restaurant Neuer Bahnhof

Restaurant in Sinsheim · Geschlossen

4.6 ★★★★✦ (171)

☏ Jetzt anrufen

Infos   Standort   Fotos   Beiträge   Speisekarte

INFOS

Restaurant · Bar · Grill · Burger · Pizza · Pasta · Salat · Cocktail · Kaffee · Wein · Bier Italienisches Küche · Deutsches Küche · Steakhouse · Fishhouse

07261 9494500

Zurück   Weiter

Abbildung 24.11: Mobile Ansicht. © Google

Abbildung 24.12: Desktop-Ansicht. © Google

Wenn Sie jetzt auf „Weiter" klicken, gelangen Sie zu der Übersicht, in der Sie Ihren Anzeigentext gestalten. Google fügt einige Ideen bereits ein.

Tipp: Passen Sie diese Vorschläge unbedingt auf Ihr Restaurant und dessen Besonderheiten an. Ihr Charakter muss erkennbar sein.

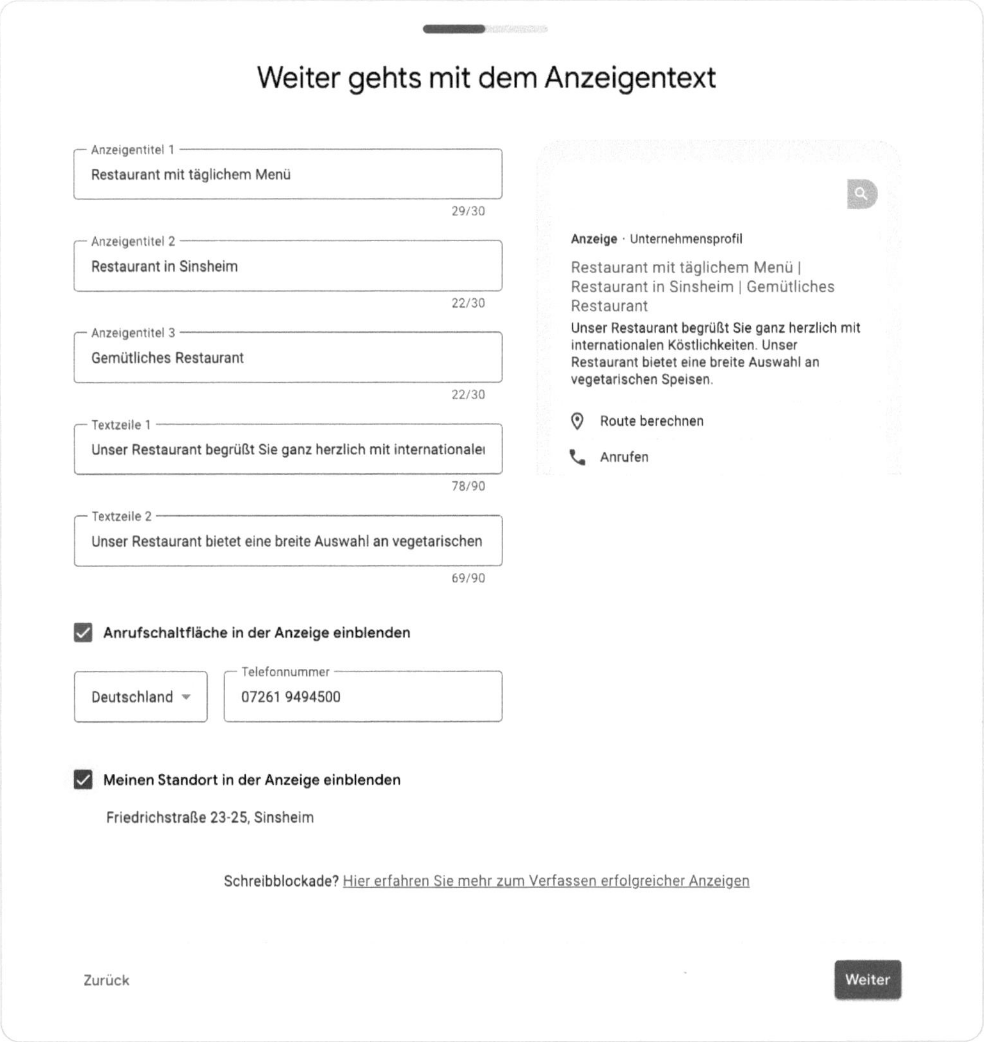

Abbildung 24.13: Anzeigentext eintragen. © Google

Bei den Anzeigen-Texten sind exakte Zeichenbegrenzungen festgelegt, die auch pro Zeile nicht überschritten werden können. Sie haben Platz für drei Anzeigentitel, müssen aber damit rechnen, dass nicht immer alle drei gleichzeitig angezeigt werden.

Tipp: Fügen Sie sowohl die Telefonnummer als auch den Standort hinzu. So sehen die potenziellen neuen Gäste sofort eine Route in Google Maps und können Sie für Fragen und Reservierungen direkt anrufen.

Und: Wenn Sie Unterstützung bei der Erstellung von wirkungsvollen Anzeigen benötigen, können Sie beim Google Support Inspirationen finden:
support.google.com/google-ads/answer/7652938?hl=de

Im nächsten Schritt wählen Sie die richtigen Suchworte („Keywords") für Ihr Restaurant aus. Diese Schlagworte sind ausschlaggebend dafür, bei welchen Suchen Ihre Anzeige eingeblendet wird.

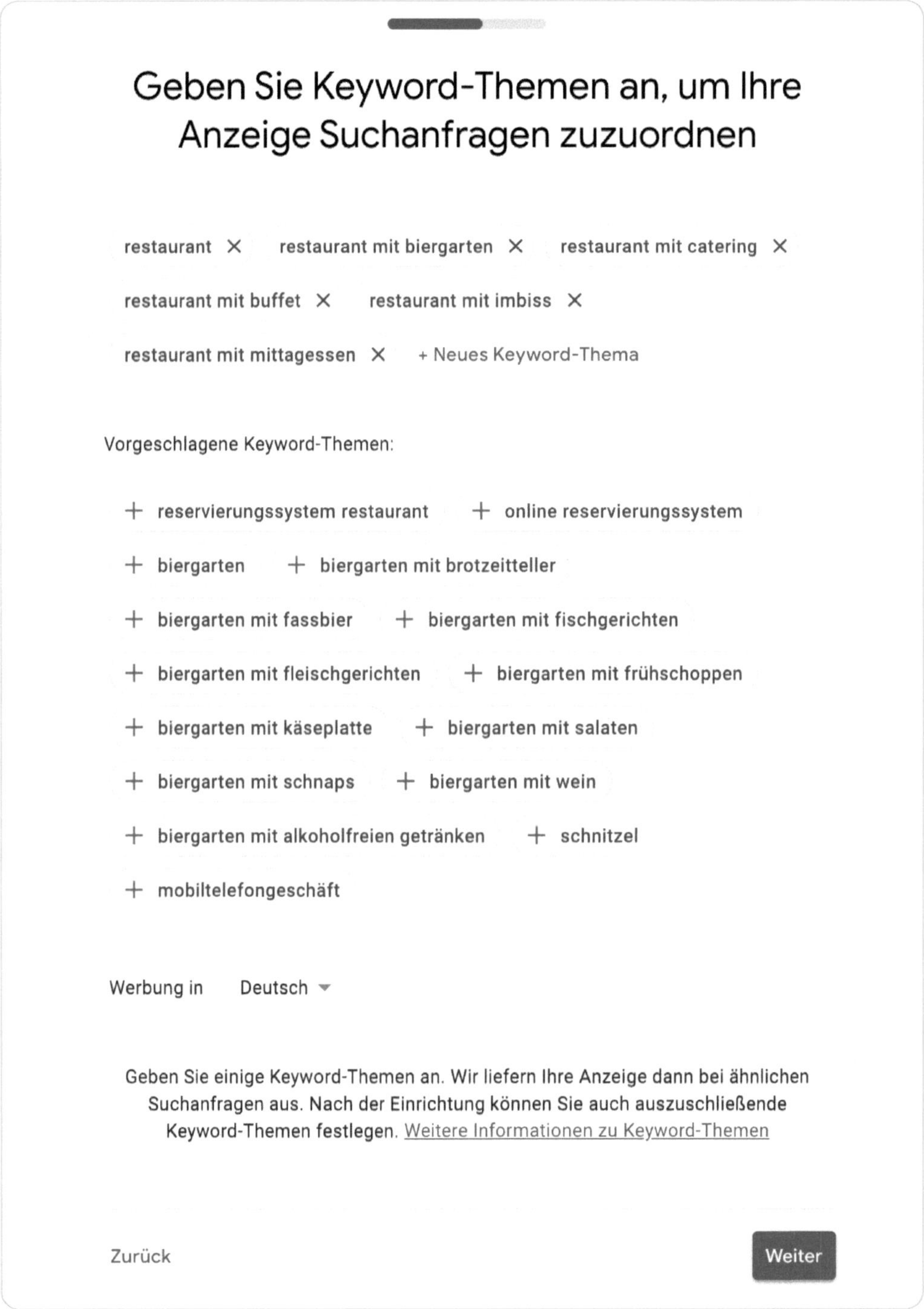

Geben Sie Keyword-Themen an, um Ihre Anzeige Suchanfragen zuzuordnen

restaurant ✕   restaurant mit biergarten ✕   restaurant mit catering ✕

restaurant mit buffet ✕   restaurant mit imbiss ✕

restaurant mit mittagessen ✕   + Neues Keyword-Thema

Vorgeschlagene Keyword-Themen:

+ reservierungssystem restaurant   + online reservierungssystem

+ biergarten   + biergarten mit brotzeitteller

+ biergarten mit fassbier   + biergarten mit fischgerichten

+ biergarten mit fleischgerichten   + biergarten mit frühschoppen

+ biergarten mit käseplatte   + biergarten mit salaten

+ biergarten mit schnaps   + biergarten mit wein

+ biergarten mit alkoholfreien getränken   + schnitzel

+ mobiltelefongeschäft

Werbung in   Deutsch ▾

Geben Sie einige Keyword-Themen an. Wir liefern Ihre Anzeige dann bei ähnlichen Suchanfragen aus. Nach der Einrichtung können Sie auch auszuschließende Keyword-Themen festlegen. Weitere Informationen zu Keyword-Themen

Zurück   Weiter

Abbildung 24.14: Keywords auswählen. © Google

Google Ads bietet auch hier bereits Vorschläge an, aus denen Sie wählen können. Natürlich können Sie auch eigene Keyword-Themen hinzufügen, wie in Abbildung 24.15 zu sehen ist.

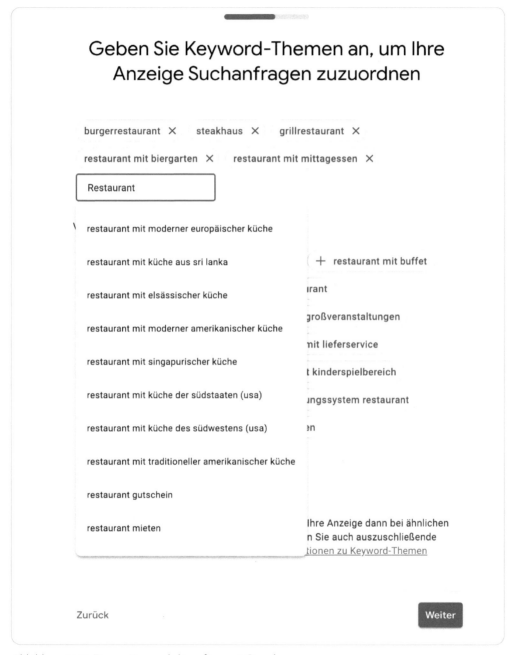

Abbildung 24.15: Eigene Keywords hinzufügen. © Google

Für unser Grill- & Burger-Restaurant wählen wir Burger- und Steak-spezifische Keywords aus, um gezielt bei den zugehörigen Suchanfragen angezeigt zu werden.

Nachdem Sie die richtigen Keywords für Ihr Restaurant herausgesucht haben, folgt nun die Einstellung, in welchem Umkreis Ihre Anzeige ausgespielt werden soll. Neben dem Umkreis können auch bestimmte Postleitzahlen, Städte oder Regionen ausgewählt werden.

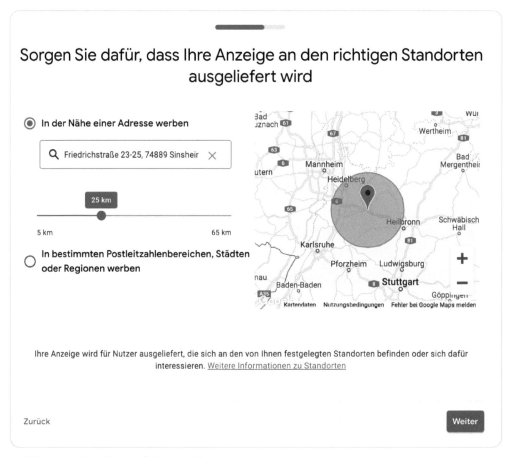

Abbildung 24.16: Umkreis definieren. © Google

Tipp: Wählen Sie einen Umkreis zwischen 25 und 30 km rund um Ihren Standort, da die Anreisezeit für Ihre Gäste dann noch überschaubar ist.

Bevor Ihre Anzeige geschaltet werden kann, ist es wichtig, ein Werbebudget festzulegen. Sie bestimmen damit eine tägliche Kostenbremse, welche Google bei der Ausspielung der Anzeigen im Schnitt nicht überschreiten wird.

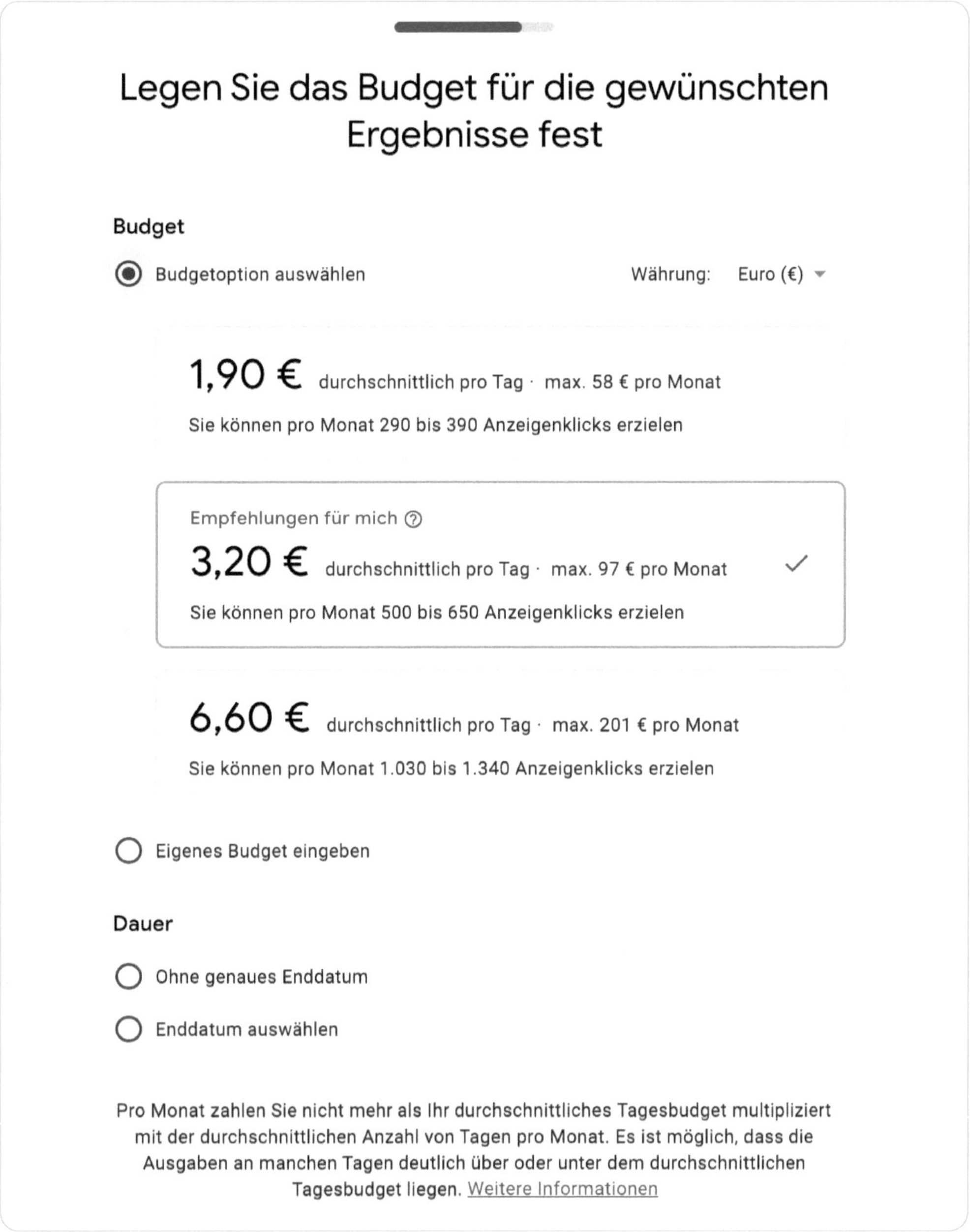

Legen Sie das Budget für die gewünschten Ergebnisse fest

Budget

◉ Budgetoption auswählen   Währung: Euro (€) ▾

1,90 € durchschnittlich pro Tag · max. 58 € pro Monat

Sie können pro Monat 290 bis 390 Anzeigenklicks erzielen

┌───┐
│ Empfehlungen für mich ⑦   │
│ **3,20 €** durchschnittlich pro Tag · max. 97 € pro Monat   ✓ │
│ Sie können pro Monat 500 bis 650 Anzeigenklicks erzielen │
└───┘

6,60 € durchschnittlich pro Tag · max. 201 € pro Monat

Sie können pro Monat 1.030 bis 1.340 Anzeigenklicks erzielen

○ Eigenes Budget eingeben

Dauer

○ Ohne genaues Enddatum

○ Enddatum auswählen

Pro Monat zahlen Sie nicht mehr als Ihr durchschnittliches Tagesbudget multipliziert mit der durchschnittlichen Anzahl von Tagen pro Monat. Es ist möglich, dass die Ausgaben an manchen Tagen deutlich über oder unter dem durchschnittlichen Tagesbudget liegen. Weitere Informationen

Abbildung 24.17: Werbebudget festlegen. © Google

Abbildung 24.18: Eigenes Budget eingeben. © Google

Je höher das Budget, umso öfter wird Ihre Anzeige ausgespielt und Sie erhalten mehr Reservierungen und Besucher.

Tipp: Wählen Sie am Anfang ein Enddatum (mind. 30 Tage nach Beginn) aus, um die Anzeigen und die Ergebnisse zu testen und das Budget überschaubar zu halten.

Am Schluss erhalten Sie noch mal eine Übersicht Ihrer Kampagne und eine Vorschau Ihrer Anzeige. Sie können jetzt noch letzte Änderungen am Anzeigentext, den Keywords, dem Budget und der Laufzeit durchführen.

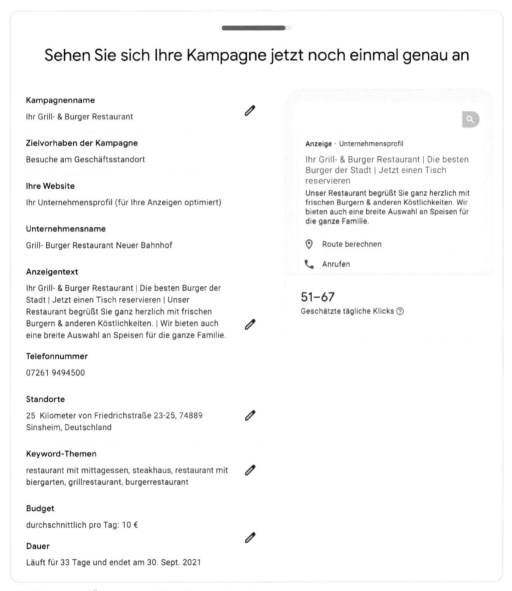

Abbildung 24.19: Übersicht und Vorschau. © Google

Bevor Ihre Anzeigen live gestellt werden, benötigt Google noch Ihre Zahlungsinformationen. Diese geben Sie einfach auf der entsprechenden Seite ein. Sie können eine Kreditkarte, einen PayPal-Account oder ein Bankkonto hinterlegen.

> **Tipp:** Holen Sie sich einen 75-Euro-Gutschein für Ihre ersten Kampagnen. Voraussetzung ist, dass Sie mindestens 25 Euro investieren.

Die genauen Informationen finden Sie unter

ads.google.com/intl/de_de/getstarted/

Einen Schnelldurchlauf zum Anlegen der ersten Google-Ads-Kampagne für Ihr Restaurant erhalten Sie in folgendem Video.

www.loom.com/share/df26254174e54dee89edde2dce5b3275

Schlusswort

Mit einer Google-Ads-Kampagne für Ihr Restaurant erreichen Sie Ihre Zielgruppe genau dann, wann es ihr am meisten nutzt: in dem Moment, in dem sie nach einem Restaurant sucht.

Ein aktuelles und gepflegtes Google-My-Business-Konto kann neben Ihrer Webseite als ein gutes Aushängeschild dienen. Ihre Kund:innen können Sie anrufen oder sich über das Handy direkt die Route zu Ihnen anzeigen lassen.

> **Tipp:** Google-Anzeigen müssen fortwährend gepflegt werden. Sie sollten die Ergebnisse Ihrer Kampagnen und auch die Anzeigen Ihrer Wettbewerber:innen regelmäßig selbst überprüfen oder eine Agentur beauftragen.

Checkliste: Google Ads

- ✓ Google-Konto einrichten
- ✓ Google-My-Business-Konto einrichten, wenn noch nicht vorhanden
- ✓ Google-Ads-Konto anlegen und mit Google My Business verbinden
- ✓ Google-Ads-Anzeige schreiben
- ✓ Keywords und Standort festlegen
- ✓ Budget und Laufzeit einstellen
- ✓ Zahlungsinformationen hinterlegen (Kreditkarte, PayPal, Bankkonto)
- ✓ 75-Euro-Gutschein sichern
- ✓ Kampagne starten

Über den Autor

Christian Lemke ist seit 2017 als Head of PPC gemeinsam mit seiner Frau Madeleine in der Google Ads Agentur Maggie M. tätig.

Zu ihren Kund:innen gehören Restaurants, Hotels, Händler und nationale sowie international tätige Unternehmen.

Weitere Informationen finden Sie unter www.maggie-madeleine.de

25. Digitale Kommunikation
und Social Media

Digitalisierung – unaufhaltsam auf dem Vormarsch

Die Digitalisierung ist in allen Lebensbereichen und Branchen seit geraumer Zeit auf einem unaufhaltsamen Vormarsch. In einigen Branchen mehr, in anderen weniger. In der Hospitality hinkten wir hinterher – bis zur Corona-Krise, die die Digitalisierung schlagartig ganz oben auf die To-do-Liste setzte. Auch in der Gastronomie. Besonders gefragt: die digitale Kommunikation und die sinnvolle, nachhaltige Nutzung von Gastdaten.

Der Gewöhnungseffekt

Gäste haben in den Monaten der Pandemie extrem viel Zeit im „digitalen Raum" verbracht. Sie sind flächendeckend digital affiner geworden und setzen mittlerweile einen bestimmten Digitalisierungsgrad voraus: Bargeldloses Zahlen, digitale Speisekarten oder auch die digitale Tischreservierung sind inzwischen Standard.

Staatliche Förderungen

Subventionen im digitalen Bereich haben einen großen Innovationsschub ausgelöst, der sich in seinem vollen Ausmaß erst in den nächsten Jahren zeigen wird. Unternehmen wie die Enchilada Gruppe machen es vor: Sie haben die Zeit genutzt, um sich für die Zukunft strategisch und vor allem digital aufzustellen.

Gast-Kommunikation

Dabei spielt die digitale Kommunikation eine zentrale Rolle, von der Sichtbarkeit im Netz über interne Kommunikation und Recruiting via Arbeitgeber-Marketing bis hin zur Gastkommunikation über alle Kanäle. In der Corona-Krise sind die Social-Media-Plattformen der wichtigste und oft auch einzige Kommunikationskanal zu den Gästen geworden. Insbesondere in der Vermarktung von neuen Angeboten, wie Take-away und Delivery, liegt riesiges Potenzial.

Es hat sich aber auch gezeigt, dass es nicht den einen Weg zur Digitalisierung gibt. Jede:r Marktteilnehmer:in geht mit den Herausforderungen anders um. Deshalb sind in den nächsten Jahren extreme Wettbewerbsverschiebungen zu erwarten. Nur wer die Möglichkeiten erkennt und sie strategisch nutzt, wird profitieren!

> Wichtig: Digitalisierung – und auch digitales Marketing – können nicht einfach delegiert oder von irgendjemandem erledigt werden. Gastronom:innen müssen sich selbst mit den Möglichkeiten und Herausforderungen auseinandersetzen und bereit sein, neue Wege einzuschlagen. Nur dann kann es gelingen, Entscheidungen durchzusetzen und Ressourcen zu schaffen.

Das folgende Kapitel soll als Leitfaden vom kleinen Marketing-Einmaleins bis zu den strategischen, digitalen Marketingmöglichkeiten dienen und einen Überblick zur Thematik verschaffen.

Abbildung 25.1: Digitale Speisekarte der Enchilada Gruppe

Digitale Relevanz – Erfolgswährung für die Zukunft

Einer der grundlegendsten Punkte für nachhaltigen Erfolg eines gastronomischen Unternehmens ist heute digitale Relevanz. Ganz gleich ob es sich um eine Bar, einen Club oder ein Restaurant handelt, nur wer gefunden wird, bekannt ist und empfohlen wird, kann langfristig erfolgreich sein. Was früher die „Mundpropaganda", also das Weiterempfehlen von guten Lokalen war, wird heute weitgehend digital abgebildet – und kann gezielt gefördert werden.

Das Kundenerlebnis beginnt heute bereits mit der Suche nach einem passenden Lokal. Wer relevant bleiben will, muss die ganze „digitale Guest Journey" im Blick haben und für eine gute Auffindbarkeit im Netz sorgen.

Schon gewusst? Der Großteil der deutschsprachigen Bevölkerung verwendet Google zur Suche, mit der Suchmaschine selbst oder über Google Maps. Oft ist dies der erste und auch der einfachste Weg, um ein Lokal passend zu den individuellen Bedürfnissen (in der Nähe von ... / Vorliebe Italienisch/Frühstück ...) zu finden.

Google My Business

Noch bevor der potenzielle Gast auf die Webseite weitergeleitet wird, erhält er bereits in der Übersicht zu seiner Suchanfrage die wichtigsten Informationen auf einen Blick. Diese Informationen können Gastronom:innen gezielt steuern über „Google My Business". Hier sollten alle Informationen hinterlegt und aktuell gehalten werden. Dazu zählen beispielsweise die Kontaktdaten (Adresse, Telefonnummer, Webseite, Branche, …), die Öffnungszeiten, verschiedene Bilder der Location und des Angebots sowie Verlinkungen zu Bestell- und Reservierungsplattformen. Im Kapitel *Google Ads für Gastronomen* finden Sie Screenshots und eine Schritt-für-Schritt-Anleitung für die Einrichtung eines Google-Profils (ab Seite 314).

Unter den besonderen Bedingungen der Corona-Krise hat die Branche mit sich ständig ändernden Öffnungszeiten und Auflagen zu kämpfen. Deshalb müssen die Informationen immer aktuell sein! Steht im Netz, ein Restaurant sei geschlossen, dann ist das für den potenziellen Gast auch so. Er wird sich gar nicht erst auf den Weg machen.

Um den Google-Businesseintrag zu pflegen, muss dieser zuerst beantragt beziehungsweise eingerichtet werden. Oft besteht schon ein rudimentärer Eintrag, wenn Google von Nutzer:innen gemeldet wurde, dass es das Unternehmen gibt. Dann muss der bestehende Eintrag übernommen und verifiziert werden.

> **Tipp:** Wenn nicht geschehen, kann die Übernahme beziehungsweise Verifizierung mit einem Klick auf den Button „Sind Sie Eigentümer des Unternehmens?" beantragt werden. Dies setzt ein eigenes Google-Konto voraus. Kosten entstehen aber nicht.

Bei allen Neuigkeiten, Angeboten und Bildern sollten sich Gastronom:innen die Gastbrille aufsetzen. Wie sieht die ideale digitale Guest Journey aus? Welche Informationen sind aus der Sicht der potenziellen Gäste relevant?

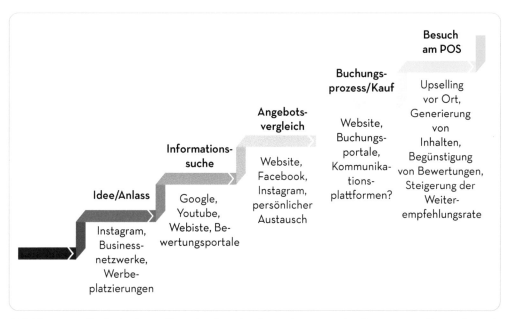

Abbildung 25.2: Grafische Darstellung der digitalen Guest Journey in der Gastronomie. Eigene Darstellung nach TNC Production GmbH

Neben Google sollten auch weitere Plattformen wie Tripadvisor bespielt werden, um beispielsweise touristische und internationale Gäste zu erreichen. Auch hier müssen die Informationen, Öffnungszeiten, Kontaktdaten und Bilder regelmäßig überprüft und angepasst werden.

Social Media

Gleiches gilt natürlich auch für die klassischen Social-Media-Plattformen wie Facebook, Instagram und Co. Viele Plattformen bieten Abos oder Premiumaccounts mit weiteren Marketing- und Werbemöglichkeiten an. Hier ist es wichtig, Kosten und Nutzen gut abzuwägen, strategisch zu hinterfragen und mit der Ausrichtung des Betriebs abzugleichen.

Sprachassistenten

Eine zunehmende Bedeutung wird den sich ständig weiterentwickelnden Sprachassistenzsystemen zugeschrieben. Für viele ist es mittlerweile ganz selbstverständlich, Alexa, Siri und Co um Auskunft zu bitten: „Alexa – wo kann ich in der Nähe indisch essen gehen?" oder „Alexa – empfehle mir eine Pizzeria in Köln".

Wer hier nicht gelistet ist oder keine Rezensionen vorweisen kann, der wird schlicht und einfach nicht gefunden.

BMW

BMW hat inzwischen Alexa in die Autos gebracht. Ein amerikanischer Werbespot zeigt das sehr anschaulich: Der Fahrer spricht einfach im Auto: „Alexa – order a salami pizza."

Alexa weiß jetzt,
> dass er eine Salami Pizza möchte,
> wo bestellt werden soll,
> und zu welchem Zeitpunkt die Pizza fertig sein sollte.

Datentechnisch ist das eine einfache Sache. Alexa erkennt über das Navigationsgerät die Route zum ausgewählten Ziel. Entlang dieser Strecke wird nach einer passenden Pizzeria gesucht und das Essen zeitgenau bestellt. Schließlich wird noch der Haltepunkt an der Pizzeria in die Navigation eingebaut. An Restaurants, welche Alexa nicht findet, wird vorbeigefahren. Diesen Umsatz nimmt der Mitbewerber mit.

Listings

Wie komme ich als Gastronom also in die wichtigen Datenbanken, damit ich möglichst oft gefunden werde? Hier gibt es zahlreiche Provider, die diese sogenannten „Listings" anbieten.

Die Enchilada Gruppe, zu der unter anderem die Konzepte Enchilada, Aposto und auch Wilma Wunder gehören, arbeitet aktuell mit dem Tool YEXT zusammen. Dort können unter anderem Geschäftseinträge und Öffnungszeiten zentral gepflegt und automatisch in alle relevanten Datenbanken eingespielt werden. Zahlreiche weitere Funktionen machen dieses kostenpflichtige Tool schnell lohnenswert, insbesondere für Unternehmen mit mehreren Filialen.

Relevanz

Die digitale Relevanz spielt in der Zukunft eine übergeordnete Rolle. Algorithmen erkennen Nachfrage, Aktivität und Reputation von bestimmten Orten unter anderem durch das Online-Verhalten von Eigentümer:innen und Gästen. Auf dieser Basis spielen sie organische Suchergebnisse, Reichweiten und Empfehlungen aus.

> **Tipp:** Je aktueller und aktiver ein Unternehmen mit digitalen Präsenzen arbeitet, desto relevanter wird dieser Ort im Netz und somit auch für potenzielle Gäste!

Reputations- und Communitymanagement

In diesem Zusammenhang spielt auch das aktive Reputations- und Communitymanagement eine wichtige Rolle. Unternehmen sollten die für sie wichtigen Plattformen ständig überwachen („monitoren") und auf Gästeanfragen, Rezensionen und Beiträge grundsätzlich schnellstmöglich antworten. Dafür gibt es mehrere Gründe:

Wenn sich ein Gast im Restaurant beschwert oder lobt, würde er ja auch direkt vor Ort eine Antwort erhalten und nicht einfach ignoriert werden. Dasselbe gilt auch im Netz, und zwar nicht nur bei negativen, sondern auch bei positiven Rezensionen. Ein kurzer Dank erwidert die Wertschätzung.

Im digitalen Raum kommt noch ein wichtiger Faktor dazu: Grundsätzlich können alle anderen Gäste beobachten, wie ein Unternehmen mit seinen Gästen umgeht. Sowohl die Bewertungen als auch die unternehmensseitigen Reaktionen sind öffentlich zugänglich.

Für die zuvor beschriebene digitale Relevanz sind regelmäßige Interaktionen wie das Beantworten von Rezensionen eine wichtige Grundlage. Herausfordernd ist es oft, die richtigen Worte auf Kritik zu finden.

> **Tipp:** Lassen Sie sich nicht auf öffentliche Diskussionen im Netz ein! Antworten Sie freundlich und empathisch und verlagern Sie das Gespräch in die private Eins-zu-eins Kommunikation (beispielsweise über E-Mail).

Wenn Kritik unkommentiert im Netz stehen bleibt, dann sind das für die Leser – und potenziellen Gäste – oft automatisch Fakten. Das kann ein negatives Licht auf das Unternehmen werfen.
Nachhaltiges Reputationsmanagement liefert oftmals sehr wichtige Sichtweisen des Gastes und kann auch als kleines, eigenes Marktforschungstool gesehen werden.

> **Tipp:** Reputationsmanagement kann eine zeitliche und personelle Herausforderung sein. Auch hier können digitale Tools helfen. Beispiele für Systeme, die hier zur Unterstützung genutzt werden können, sind unter anderem YEXT und Review Pro.

Digitale Kommunikation über Social Media

Social-Media-Plattformen eröffnen die Möglichkeit, einen eigenen Kommunikationskanal für Stammgäste und potenzielle Neukund:innen zu betreiben. Das funktioniert praktisch in Echtzeit und mit einem lukrativen Kosten-Nutzen- Verhältnis. Noch nie zuvor war es für Gastronom:innen so einfach,

auf sich aufmerksam zu machen,
eine eigene Marke zu schaffen,
Produkte zu bewerben,
Produkte zu verkaufen und
mit der Zielgruppe direkt ins Gespräch zu kommen.

> **Wichtig:** Diese Möglichkeiten sollten strategisch, gezielt und zum Unternehmen passend eingesetzt werden. Dazu ist es unabdingbar, sich vor der Entscheidung mit den Möglichkeiten und Funktionsweisen der Plattformen vertraut zu machen.

Als Basis sollte festgelegt sein, auf welchen Kanälen das Unternehmen kommunizieren möchte. Das hängt maßgeblich von der Zielgruppe und der generellen strategischen Ausrichtung ab. In Abbildung 25.3 finden Sie einen kleinen Überblick über die Social-Media-Nutzung in Deutschland.

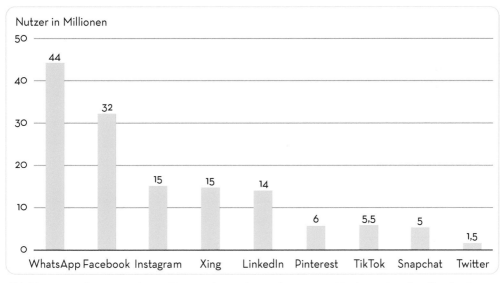

Abbildung 25.3: Die angegebenen Potenziale ergeben sich aus einer Mischung der aktuellen Studienergebnisse, eigenen Erfahrungen und Schätzungen und beziehen sich auf die monatlich aktiven Nutzer:innen der Plattformen. Eigene Darstellung nach TNC Production GmbH

Facebook

In der Entwicklung der letzten Jahre sind klare Tendenzen zu erkennen. Facebook gilt in der Wahrnehmung nicht mehr als innovativ oder herausragend erfolgreich. Die Nutzerzahlen bescheinigen dem Netzwerk jedoch nach wie vor eine hohe Relevanz, ganz besonders in der Zielgruppe ab 35 Jahren. Wichtiger als die eigene Unternehmensseite werden inzwischen themenspezifische Gruppen. Auch dort können Unternehmen mit Nutzer:innen interagieren.

Instagram

Instagram überzeugt schon lange mit guten Wachstumsraten und hat auch seine Funktionalitäten ausgebaut. Dieses Netzwerk ist für die Gastronomie wie gemacht. Mit Bildern von Food, Drinks, Emotionen und Events kann es hervorragend zur Markenbildung genutzt werden. Großes Potenzial steckt auf Instagram in den „Hashtags". Diese fungieren nicht nur als Infotext, sondern sorgen dafür, dass Ihre Beiträge auch Nicht-Abonnenten angezeigt werden.

> **Tipp:** Verwenden Sie Tools zur Bestimmung der richtigen Hashtags, z. B. den kostenlosen „Tagsfinder". Er hilft Ihnen, Begriffe zu finden, die häufig genutzt werden. Kreative Eigenkreationen sind nur ratsam, wenn Sie genügend Reichweite haben, um neue Trends zu erzeugen. Ansonsten fahren Sie mit bestehenden Hashtags sicherer.

Neben den Postings im Feed haben die Instagram-Stories eine wichtige Rolle eingenommen. Im Gegensatz zu Posts im Feed verschwinden Storys nach einem Tag wieder – wenn sie nicht im Unternehmensprofil verankert werden. Dann sind sie sogar sichtbarer als die Posts, welche mit der Zeit nach unten wandern. Stories dürfen auch improvisierte Schnellschüsse sein, beispielsweise, um aus dem Unternehmensalltag zu berichten. Damit wird eine gewisse Nähe zwischen Gast und Unternehmen geschaffen.

WhatsApp

Das am stärksten genutzte Netzwerk ist der Messenger WhatsApp, welcher nahezu von jedem genutzt wird. Inzwischen gibt es diverse Möglichkeiten, die Plattform im eigenen Marketingmix zu integrieren. Das Tool WhatsApp for Business bietet zahlreiche Funktionen, um direkt mit dem Gast zu interagieren. WhatsApp arbeitet ständig an Weiterentwicklungen wie der kürzlich getesteten Zahlungsabwicklung direkt im Messenger – nach dem Vorbild des chinesischen Giganten WeChat. Zukünftig könnte WhatsApp somit auch eine wichtige Rolle in der digitalen Guest Journey der Gastronomie einnehmen.

Weitere Konsumenten-Netzwerke

Auch weitere Netzwerke wie TikTok, Snapchat oder Pinterest können interessant sein. Hier ist es wichtig auf die Zielgruppe, Streuung und Reichweite zu achten. TikTok hat beispielsweise große Reichweiten – jedoch eher bei jungem und internationalem Publikum. Große Reichweiten sind zwar grundsätzlich schön, aber bringen nur dann etwas, wenn die Leser das Restaurant auch besuchen können.

Business-Netzwerke

Darüber hinaus könnten auch die Businessnetzwerke Xing und LinkedIn interessant sein – und das nicht nur im Recruiting. In diesen Kanälen erreichen Sie vorwiegend geschäftliche Zielgruppen. Eine gute Gelegenheit, um Businessveranstaltungen und Vermietungen zu bewerben oder allgemein den Eventvertrieb anzukurbeln.

Eine eher untergeordnete Rolle spielt im Gastromarketing in Deutschland die Plattform Twitter. In Einzelfällen können aber auch hier interessante Ansätze gefunden werden. Durch den großen Anteil an Journalist:innen und anderen Multiplikator:innen auf Twitter lohnt es sich eventuell dennoch, einen Kanal anzulegen und für die Veröffentlichung von Neuerungen und Pressemitteilungen zu nutzen.

> **Tipp:** Übernehmen Sie sich nicht. Treffen Sie eine klare Entscheidung, auf welchen Kanälen Sie präsent sein wollen, und dann bedienen Sie diese möglichst optimal. Auf diversen Plattformen nebenbei mitzumischen, wird keinen nachhaltigen Erfolg bringen.

Content und Content-Strategien

Ein wichtiger Erfolgsfaktor ist, den richtigen Content auf den richtigen Plattformen an die richtige Zielgruppe auszuspielen. Nach der strategischen Entscheidung, welche Themen mit welchem Ziel kommuniziert werden sollen, muss der passende Inhalt dafür produziert werden. Verwenden Sie aussagekräftige und emotionale Bilder und Videos. Die Textbausteine sollten, je nach Plattform, relativ kurz gehalten werden. Insbesondere auf der Plattform Instagram spielen die Bildbeschreibungen nur eine untergeordnete Rolle im Vergleich zu den optischen Eindrücken der Bilder und Videos.

Im Idealfall zeigt das eingesetzte Bild- und Filmmaterial die eigenen Produkte und Räumlichkeiten. Hierzu sollte regelmäßig Material produziert werden. Das muss nicht immer teuer sein. Auch kleine, semi-professionelle Content-Shootings sind in Ordnung. Oft erzielen Inhalte im „User-generated Style" – also einfach mit dem Handy aufgenommen – sogar bessere Ergebnisse als professionelle Hochglanz-Aufnahmen.

> **Tipp:** Die Beiträge sollten nicht wie Werbung erscheinen, sondern vielmehr den Beiträgen der Nutzer:innen ähneln.

Strategisches Social Media Marketing und Targeting

Die Zeiten, in denen Unternehmen ziellos Inhalte auf Social Media Accounts posten konnten, nur um präsent zu sein, sind vorbei. Ein einfacher Post ohne strategischen Hintergrund erreicht nur noch einen Bruchteil der eigenen Follower beziehungsweise Fans. Aufgrund der puren Masse der Posts setzen die meisten Social-Media-Plattformen inzwischen Relevanzfilter ein. Damit wollen sie die Nutzer:innen vor einer puren Überflutung bewahren. Das bedeutet aber auch, dass diese organischen Reichweiten weiter stark fallen. Nur Beiträge mit viel Interaktion – Likes, Klicks, Shares etc. – haben noch eine Chance.

Strategie, Strategie, Strategie

Deshalb dreht sich im heutigen Social-Media-Marketing alles darum, strategisch und zielgerichtet zu handeln: Die richtige Botschaft muss genau an die richtige Zielgruppe gesendet werden, damit sie relevant ist. Es geht nicht mehr darum, alle Inhalte an eine möglichst große, aber undefinierte Masse auszuspielen. Die erreichte Masse würde sonst schneller schrumpfen als ein Luftballon, dem man den Knoten entfernt.

> Restaurants können mit einer geeigneten Strategie gezielt Vegetarier mit den vegetarischen Speisen ansprechen. Oder die Menschen in den Büros der direkten Umgebung mit Mittagsangeboten. Oder Touristen mit einer individuellen Werbebotschaft, wo sich die besten Restaurants in der Nähe befinden.

Durch die Möglichkeiten einer detaillierten Zielgruppenauswahl können neue, potenzielle Gästegruppen gewonnen werden.

Facebook-Werbenetzwerk

Innerhalb des Facebook-Werbenetzwerkes können Anzeigen für alle zum Konzern gehörigen Kanäle auf einmal erstellt und gesteuert werden. Hierzu werden Kampagnen auf den gewünschten Netzwerken zuvor mit einem festdefinierten Budget versehen. Diese können dann auf Facebook, auf Instagram oder auch im Messenger ausgeliefert werden. Die Kampagnenverwaltung wird zentral über den Werbeanzeigen-Businessmanager von Facebook für alle genannten Kanäle gesteuert. Zusätzlich können Werbeanzeigen hier auch auf Partner- oder Drittseiten für die ausgewählte Zielgruppe bereitgestellt werden.

Retargeting

Richtig eingesetzt sind Social-Kampagnen ein hocheffektiver Baustein im Gastronomiemarketing. Noch nie war es für Gastronom:innen so einfach und – aufgrund des wegfallenden Streuverlustes – günstig, die richtige Zielgruppe mit der richtigen Botschaft zur richtigen Zeit zu erreichen.

Sehr interessant ist in diesem Zusammenhang auch die Möglichkeit des sogenannten „Retargeting". Per Cookie werden Website-Besucher wiedererkannt und bekommen auf anderen Websites oder in Social Media gezielt Werbung ausgespielt. Diesen Effekt kennen Sie sicher auch von Onlineshops: Einmal nach einem Artikel wie beispielsweise einem neuen Staubsauger gesucht, bekommen Sie anschließend verschiedene Fabrikate als Banner eingeblendet.

Custom Audiences

Über den Abgleich mit E-Mail-Adressen oder Handynummern können in „Custom Audience"-Kampagnen gezielt einzelne Personengruppen angesprochen werden. Voraussetzung dafür ist natürlich, dass die Genehmigung zur Datennutzung vorliegt!

In der Praxis werden oft sehr komplexe Kampagnenstrukturen verwendet. Der Vorteil: Die definierten Zielgruppen können immer wieder angesprochen werden.

So werden zum einen ständig neue Gästegruppen erreicht (zum Beispiel Touristen) und gleichzeitig Stammgäste zu Zusatzbesuchen animiert.

Tipp: Bewerben Sie doch Ihre Delivery- und Take-away-Angebote. Dafür können Sie Ihre Reichweite auf ein exakt definiertes Liefergebiet festlegen.

Im Idealfall fließen dafür in einem CRM-System (Customer Relationship Management) alle Gastdaten, Reservierungen, Restaurantbesuche und Interaktionen aus allen Quellen in eine Datenbank zusammen. Auf diese Weise kann ein automatisiertes Marketing mit allen Kontakt-Möglichkeiten aufgebaut werden. Mehr dazu lesen Sie auch im Kapitel *8. Kundenbindung: Tante Emma 2.0* ab Seite III.

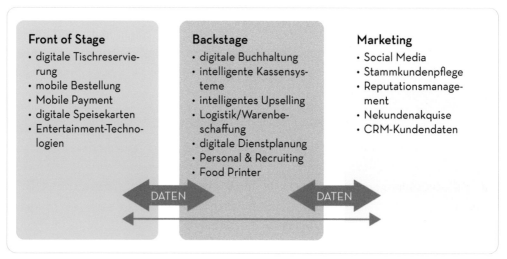

Abbildung 25.4: Datenaustausch zwischen den digitalisierten Bereichen der Gastronomie. Eigene Darstellung nach TNC Production GmbH

Innovative und Interaktive Formate im Social-Media-Bereich

Die Entwicklungen und Möglichkeiten auf den Social-Media-Plattformen schreiten stets voran. Für Gastronom:innen bieten sich ständig neue Möglichkeiten, mit innovativen und interaktiven Formaten auf sich aufmerksam zu machen.

Liveübertragungen

Bereits seit längerem gibt es beispielsweise die Möglichkeit bei Facebook, Instagram oder auch LinkedIn, eigene Liveübertragungen zu veranstalten. So könnte eine eigene kleine Kochshow direkt in der Küche produziert und live gesendet werden. Der technische Aufwand für eine solche Produktion ist sehr überschaubar. Als Grundlage wird nicht mehr als das Smartphone und eine stabile Internetverbindung benötigt. Aufmerksamkeit sollte zusätzlich auf eine gute Ausleuchtung und einen gut verständlichen Ton gelegt werden, sodass Hintergrundgeräusche weitestgehend vermieden werden.

Instagram Reels

Ein interessantes und eher neues Feature sind die Instagram Reels. Hierbei handelt es sich, analog zu TikTok, um kleine Kurzvideoclips von maximal 15 bis 30 Sekunden. Diese Reels lassen sich schnell und einfach produzieren und werden derzeit noch deutlich bevorzugt ausgespielt. Die Algorithmen belohnen frühe Tester mit hohen organischen Reichweiten und einer langen Sichtbarkeit.

Erfolgsmessung im Social Media Marketing

Social Media sollte gezielt und strategisch im Marketingmix integriert werden. Hierzu ist auch eine regelmäßige Auswertung sämtlicher Aktionen und Kampagnen notwendig. Der Werbeanzeigenmanager oder auch die Analysefunktion „Insights" geben dafür wertvolle Einsichten. Auf diese Weise können Kampagnen immer genauer auf die Zielgruppe angepasst und Streuverluste minimiert werden. Im Zusammenspiel mit dem richtigen Content, einem gewissenhaften Community Management und einer professionellen Kampagnen-Strategie können hier mit verhältnismäßig kleinen Budgets große Erfolge erzielt werden.

Content	Community Management	Advertising
Bilder	Kommentare	Kampagnen
Videos	Likes	Produkte
Storys	Nachrichten	Gewinnspiele
Texte	Links	
Hashtags		

Abbildung 25.5: Die drei Säulen des Social Media Marketing. Eigene Darstellung nach TNC Production GmbH

Expertentipp: Social Media Recruiting

Das Thema Fachkräftemangel ist eines der größten Probleme in der Hospitality. Auch im Recruiting können Social Media eine elementare Rolle spielen. Über die sozialen Netzwerke wird die Zielgruppe genau da erreicht, wo sie sich tatsächlich aufhält: Facebook, Instagram & Co. Diese Plattformen gehören in den Alltag der zukünftigen Mitarbeiter:innen. Genau hier kann sich das Unternehmen als potenzieller Arbeitgeber mit originellem Content von Mitbewerbern abheben. Plattformseitige Tools, wie beispielsweise Facebook Jobs, vereinfachen den Bewerbungsprozess, sind nutzerfreundlich und kostenfrei. Diese Chance sollten Gastronom:innen unbedingt für das eigene Unternehmen testen.

Schlusswort

Soziale Netzwerke bieten enormes Potenzial für die Gastronomiebranche. Die zahlreichen Möglichkeiten sollten in jedem Fall geprüft und in die Unternehmensstrategie eingebunden werden, damit Sie

am Puls der Zeit bleiben,
das eigene Unternehmen nachhaltig stärken,
mehr (potenzielle) Gäste erreichen und
diese an sich binden.

> **Wichtig:** Soziale Plattformen sind heutzutage ein Muss – nicht alle, aber die strategisch passenden in jedem Fall.

Gerade als Social-Media-Neuling passieren schnell Fehler. Da können Experten mit jahrelanger Erfahrung helfen. In Workshops unterstützen beispielsweise Media-Agenturen bei der Entwicklung der eigenen Strategie. Ob die Umsetzung dann vollständig intern abgedeckt werden kann oder an Dienstleister übergeben wird, hängt von den eigenen Kapazitäten und Zielen ab. Aus Zeitmangel gar keine Online-Strategie zu entwickeln, ist jedoch die falsche Entscheidung. Oft helfen schon kleine Impulse, um die Entwicklung voranzutreiben und die Chancen der digitalen Welt zu nutzen.

Checkliste: Digitale Kommunikation

- ✓ Relevante, digitale Tools festlegen: Reservierungssystem, digitale Speisekarte etc.
- ✓ Relevante Plattformen filtern und Strategie festlegen: Ggf. Experten befragen
- ✓ Social-Kanäle einrichten und Unternehmensinfos ständig aktuell halten
- ✓ Authentischen und emotionalen Content produzieren: Neue Content-Formate nutzen. Ein Content-Plan für die Kanäle hilft die Frequenz von Postings konstant zu halten.
- ✓ Community Management: Auf Fragen, Nachrichten, Bewertungen, Kritik antworten
- ✓ Werbekampagnen für Social Media: Stammgäste und Neukund:innen gezielt erreichen
- ✓ Custom Audiences: Nutzung von E-Mail-Adressen und Broadcastlisten
- ✓ Ständige Überprüfung der eigenen Online-Marketing-Strategie

Über den Autor

Michael Kuriat, Speaker & Marketing Expert, ist geschäftsführender Gesellschafter bei Family & Friends Marketing GmbH sowie TNC Production GmbH. Er ist Speaker, Autor, Berater und Dozent zum Thema Digitalisierung und digitale Kommunikation und verantwortlich unter anderem für das Marketing der Enchilada Gruppe. Daneben ist er Mitinitiator des Foodservice Digital Hub, einem Forschungsprojekt der Universität Leipzig, und berät – beispielsweise in Vorträgen und Workshops – diverse Unternehmensleitungen.

Nicht zögern: Nutzen Sie das Potenzial der digitalen Welt zu Ihrem Vorteil!

Digitalisierung und Social Media – neue Chancen erkennen & erfolgreich umsetzen.

Kontakt
michael.kuriat@tnc-group.de
0341- 355 850 20
michaelkuriat.de

Schlusswort

An dieser Stelle bedanke ich mich ganz herzlich für Ihre Aufmerksamkeit. Sie haben jetzt auf 350 Seiten detaillierte Tipps und Tricks bekommen, wie Sie von der Digitalisierung profitieren könnten.

Schließen möchte ich mit einer visuellen Verdeutlichung (zu finden auf den nächsten drei Doppelseiten), wie viel Arbeitsaufwand Sie durch digitale Prozesse einsparen können.

Infografik 1 zeigt eine Übersicht aller Prozesse in Ihrem Betrieb.
Infografik 2 hebt durch die Häkchen hervor, wie viel davon schon digital abbildbar (und damit schneller) ist.
Infografik 3 stellt mit zwei Häkchen dar, wie viele Prozesse sogar automatisierbar sind und dadurch keine Arbeitszeit mehr benötigen.

Sie sehen: Mit der richtigen digitalen Unterstützung können Sie viel Zeit, Ressourcen und letzten Endes auch viel Geld sparen. Bei aller Liebe zur Digitalisierung vergessen Sie bitte nie, dass ein schlechter Prozess digitalisiert auch nur ein schlechter digitaler Prozess ist. Bitte immer zuerst die Prozesse an sich optimieren und dann erst digitalisieren.

Wenn Sie Fragen oder Anregungen haben, können Sie sich gerne an uns wenden – wir freuen uns auf Ihr Feedback an vertrieb@gastro-mis.de!

Ihre Stefanie Milcke

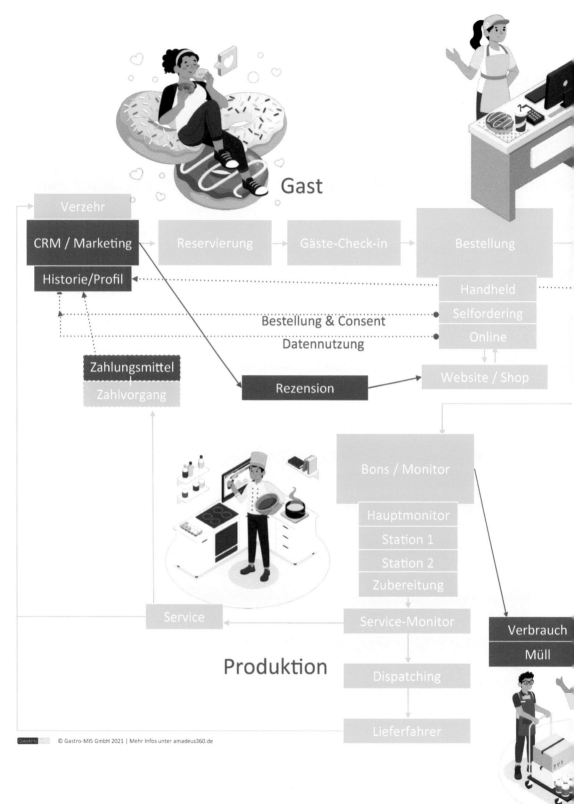

Gast

Verzehr

CRM / Marketing — Reservierung — Gäste-Check-in — Bestellung

Historie/Profil

Handheld

Bestellung & Consent — Selfordering

Datennutzung — Online

Zahlungsmittel

Zahlvorgang — Rezension — Website / Shop

Bons / Monitor

Hauptmonitor

Station 1

Station 2

Zubereitung

Service — Service-Monitor — Verbrauch

Produktion — Müll

Dispatching

Lieferfahrer

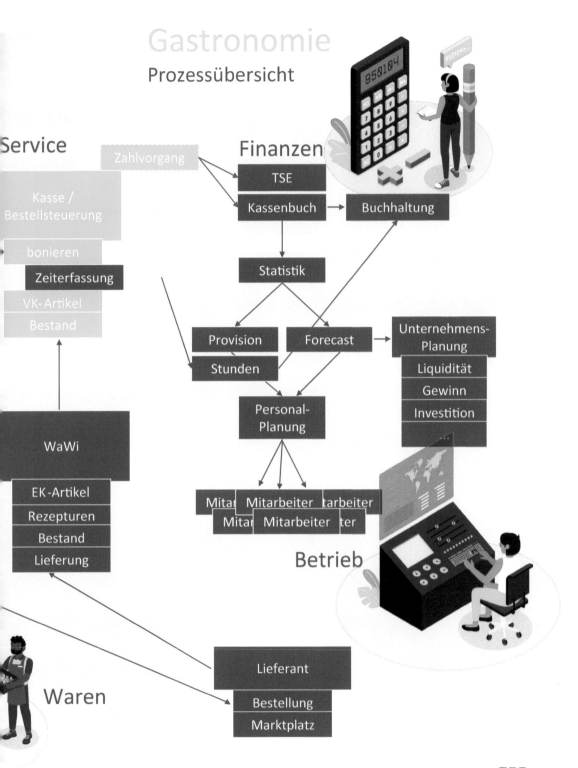

Gastronomie
Prozessübersicht

Service

Zahlvorgang

Kasse / Bestellsteuerung

bonieren

Zeiterfassung

VK-Artikel

Bestand

WaWi

EK-Artikel

Rezepturen

Bestand

Lieferung

Finanzen

TSE

Kassenbuch

Buchhaltung

Statistik

Provision

Forecast

Stunden

Unternehmens-Planung

Liquidität

Gewinn

Investition

Personal-Planung

Mitar Mitarbeiter tarbeiter

Mitar Mitarbeiter ter

Betrieb

Waren

Lieferant

Bestellung

Marktplatz

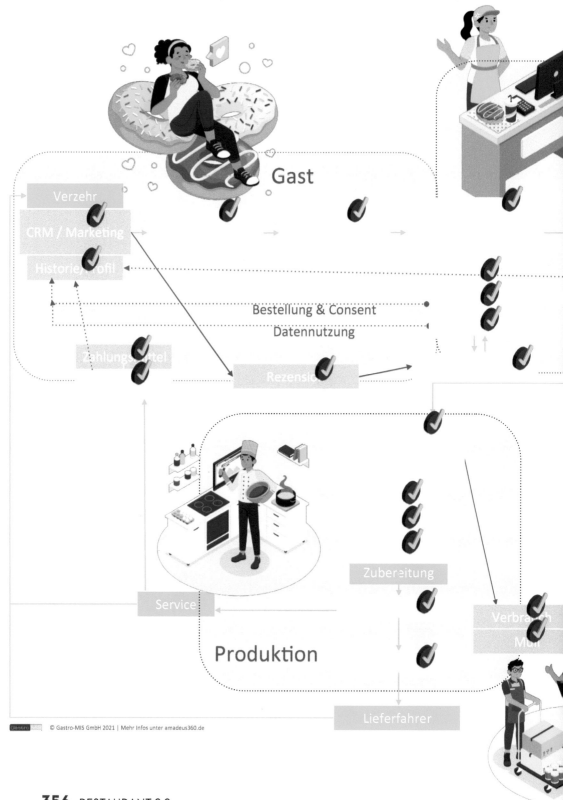

Gast

Verzehr

CRM / Marketing

Historie/Profil

Bestellung & Consent

Datennutzung

Zahlungsmittel

Rezension

Zubereitung

Service

Verbrauch

Müll

Produktion

Lieferfahrer

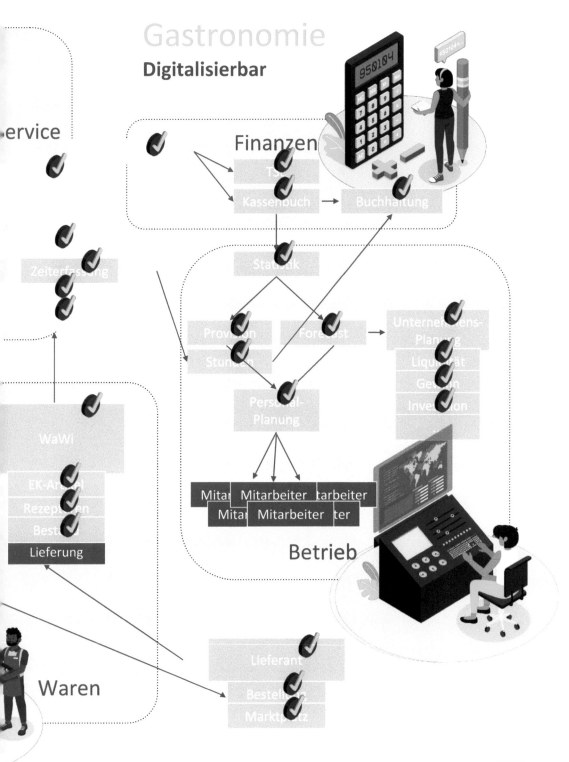

Gastronomie

Digitalisierbar

ervice

Finanzen

TSE

Kassenbuch → Buchhaltung

Statistik

Zeiterfassung

Provision   Forecast   Unternehmens-Planung

Stunden   Liquidität

                           Gewinn

WaWi   Personal-Planung   Investition

EK-Artikel

Rezepturen

Bestand   Mitar Mitarbeiter tarbeiter

Lieferung   Mitar Mitarbeiter ter

                                Betrieb

Waren

Lieferant

Bestellung

Marktplatz

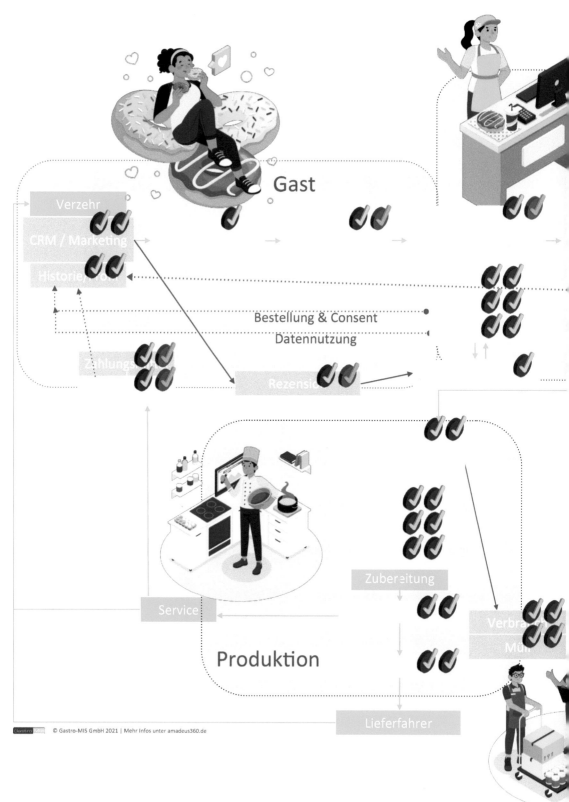

Gast

Verzehr

CRM / Marketing

Historie, POM

Bestellung & Consent

Datennutzung

Zahlungs

Rezensio

Produktion

Service

Zubereitung

Verbra

Müll

Lieferfahrer

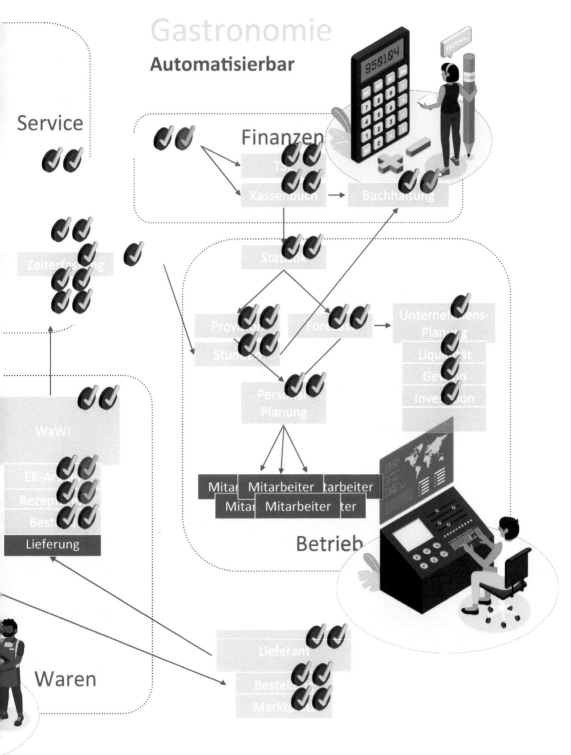

Gastronomie

Automatisierbar

Service

Finanzen

Kassenbuch → Buchhaltung

Zeiterfassung

Statistik

Provision

Forecast

Unternehmens-Planung

Liquidität

Gewinn

Investition

Stunden

Personal-Planung

WaWi

EK-Artikel

Rezeptur

Bestell

Lieferung

Mitar Mitarbeiter tarbeiter
Mitar Mitarbeiter ter

Betrieb

Lieferant

Bestellung

Marktplatz

Waren